三农书系

大学改变社会：

以大学为依托农技推广模式的演绎与阐释

College Changes Society:
Deduction and Interpretation of Agricultural Sci-Tech Extension Model Based on College

何得桂◎著

知识产权出版社
全国百佳图书出版单位

图书在版编目（CIP）数据

大学改变社会：以大学为依托农技推广模式的演绎与阐释/何得桂著.
—北京：知识产权出版社，2014.3
ISBN 978-7-5130-2603-1

Ⅰ.①大… Ⅱ.①何… Ⅲ.①农业科技推广—研究—中国 Ⅳ.①F324.3

中国版本图书馆 CIP 数据核字（2014）第 031639 号

内容提要

创新农业治理体系、提升农业竞争力是中国现代化进程中的一项重要课题。基于研究中国经验的"二维视野"和"双侧分析"方法，本书对大学参与中国基层农技推广的典型案例进行多维度的深度剖析，在展现大学改变社会的路径与图景的同时为探寻中国农技推广改革之路做出前瞻性思考。政府推动下，以大学为依托，以基层农技力量为骨干的"农林科大模式"之所以能够称之为一种"经验"或"模式"并不仅仅在于它的具体做法和微观经验具有代表性和创新性，还在于它所蕴含的普适性、规律性、前瞻性。

责任编辑：兰　涛　　　　　　　　　　责任出版：谷　洋

大学改变社会：以大学为依托农技推广模式的演绎与阐释
DAXUE GAIBIAN SHEHUI：YI DAXUE WEI YITUO NONGJI TUIGUANG MOSHI
DE YANYI YU CHANSHI

何得桂　著

出版发行：知识产权出版社有限责任公司	网　　址：http：//www.ipph.cn
社　　址：北京市海淀区马甸南村1号	邮　　编：100088
责编电话：010 - 82000860 转 8325	责编邮箱：lantao@cnipr.com
发行电话：010 - 82000860 转 8101/8102	发行传真：010 - 82000893/82005070/82000270
印　　刷：北京中献拓方科技发展有限公司	经　　销：各大网上书店、新华书店及相关专业书店
开　　本：787mm×1092mm 1/16	印　　张：15.75
版　　次：2014 年 4 月第 1 版	印　　次：2014 年 4 月第 1 次印刷
字　　数：257 千字	定　　价：45.00 元
ISBN 978 - 7 - 5130 - 2603 - 1	

献给为推进国家治理体系和治理能力现代化而努力者

献给中国大学主导型农技推广模式的支持者、领航者

献给"农林科大模式"的主要创建者和认真践行者

本书系国家社会科学基金青年项目“惠农政策效能分析与政策完善研究”（12CZZ042）、陕西省社会科学基金重点项目“陕西农业现代化进程中农业科技推广体制创新的社会学研究”（12G072）以及西北农林科技大学重大科研项目“西北农林科技大学农业科技推广研究”（QN2011180）的部分研究成果。

本书的出版得到“2011计划”农村改革发展协同创新中心的资助。

序

中共十八大报告中明确提出要"坚持走中国特色新型工业化、信息化、城镇化、农业现代化道路"。创新农业治理体系、提升农业竞争力是中国现代化进程中的一项重要课题。何得桂的著作《大学改变社会：以大学为依托农技推广模式的演绎与阐释》对大学参与基层农技推广的典型模式进行了多维度的深度剖析，在展现大学改变社会的路径与图景的同时为探寻具有中国特色农技推广之路作出努力和思考。这本书事实上讨论了一个关乎中国农业现代化是否能健康推进的大问题。

如果我国农业科技推广不真正"进村入户"、农业发展搞不好，中国未来发展将会缺乏坚实而持续的基础。过去农业经济学者总喜欢讲那么几条关于农业的"贡献"，我们已经耳熟能详。其实，从笔者的观察看，农业现代化对整个经济发展的贡献还是被低估了。

首先，农业现代化带来农产品价格相对降低，会产生国民实际收入提高的明显效应，并对国民择业行为发生积极影响，增强国民创新活力。研究表明，食品价格相对越低（恩格尔系数降低），国民在择业时越会受到兴趣偏好支配，增大职业岗位创新的概率。职业岗位不被国民当作"饭碗"，而被看作实现人生追求的平台，吃饱饭不再成为国民的难题，人们在选择职业时胆子就大，敢于为提高职业技能的提高作长期投入，全社会的人力资本水平提高就有了动力。一个社会有了这样的内在要素，才可能成为创新型社会。

其次，在提升效率的前提下相对降低我国主要农产品价格，使国民吃饭成本相对下降，还有助于改变我国国民的"消费—储蓄"模式，推动消费创新，扩大内需，增强经济发展的内在动力。我国国民的平均消费倾向显著低于发达国家，致使主要依靠投资拉动国民经济增长的模式长期难以改变。产生这一模式的因素之一是国民的"集体饥饿记忆"以及恩格尔系数过高对家庭财务预

1

算的影响。人们对未来的食品保障充满忧虑，会以高储蓄作为降低不确定性的应对手段。官方统计表明，自 2006 年以来，尽管我国经济增速不低，但城市居民的恩格尔系数却不降反增，这是我国国民家庭预算的不良刺激因素。基本食材价格相对低廉还可以减轻政府以食品援助穷人的财政负担，同时增加优化家庭财务预算的正向调节因素。美国的食材价格相对低廉，政府有能力给约 1/7 的家庭发放食物券，使美国社会基本上是一个吃饭无忧的社会，这种情形无疑对美国家庭的财务预算产生极大影响，使美国国民的实际福利与美国经济增长相适应。这是美国保持技术创新优势的秘密之一，这种机制值得我们注意。

再次，提高农业竞争力，使我国农民在整体上由兼业小农转变为职业大农，会让农民成为中产阶级，从根本上解决城乡分割问题，从而实现城乡一体化。小农兼业虽然也可以提高收入，但社会经济效率不高，不利于把我国建成经济强国。如果农民保持小农状态，在竞争规律的作用下，不论怎么样调整经济结构，其收入也不会赶上城市居民。依靠农产品的政府提价与政府财政转移支付，绝不是提高农民收入的长久之计。只有让农民与农业经济充分卷入世界分工体系，才能建立农民富裕、农村繁荣的可靠基础。

然而，现实情形是中国农业特别是粮食生产的局势颇令人担忧。这里不是指中国会有粮食的绝对供应能力问题，而是指在扩大开放的条件下，中国粮食经济的比较优势问题。这方面公开信息很多，这里不必费劲罗列。

从笔者这几年调查研究看，提高中国农业竞争力的关键路径有三条：一是改变农业技术进步路线，大力采用成本节约型的农业技术进步模式；二是稳固农民土地财产权，推动农业产业组织模式的改进；三是进一步提高政府支农强农效率。这三个方面的工作，都与现代大学有关，特别是与农业类大学密切相关。利用好农业大学的资源，充分发挥其优势，使农业大学成为我国农业现代化的主力军，会极大提升我国农业现代化水平。

从农业现代化的技术路线看，我国现行以灌溉为主的水利技术固然对粮食单产提高作出了贡献，但也带来了成本居高不下的困扰。据笔者调查，北方地区种植小麦的灌溉事项所费成本为每亩综合成本之首。由于这项成本，河北省越来越多地区不再种植小麦。如果发展旱作（雨润）农业，则可大大节约成本,并提高机械使用效率。按播种 17 亿亩❶谷物计,每亩产出 500 公斤,大体达到美国旱作农业的产出水平,我国即可产出 8.5 亿吨的谷物,远远超过我国人口高峰期对粮食的总需求。只要有了成本优势,我国还有潜力成为粮食出口大国。按笔者调查,我国甘肃定西地区发展旱作玉米生产,在没有灌溉的平常年景,每亩玉米产量也达到 600 公斤以上。近几年,我国科学家在荒漠治理上也取得了骄人成绩,数十亿亩的草地有望提高产出效率。另外,从国际比较看,荷兰这样一个小国家的人口密度超过我国 3 倍以上,但它通过土地整治,不断提高土地利用率,使其竟能成为世界第二大农产品出口国,我们这样一个传统农业大国有什么可以悲观的?

要改变农业技术推广模式,大力发展雨润农业。今后应改革与完善农业技术研究推广管理体系,大力提高现代农业技术的装备程度,把旱作农业技术开发作为农业技术进步的主要方向。国家应改革农业大学办学与管理体制,让农业大学全面直接介入农技推广,使其成为农技推广的主力军。现有政府系统的农业技术推广部门可归为农业大学系统。应考虑将农业水利投资集中于水资源充沛的地区,其他地区大力发展旱作农业。应以更积极的政策鼓励私人资本开发连片荒漠,提高草原的经济价值;以产权保护政策为核心,以国家扶持资金为补充,大力引进市场因素,鼓励私人资本大举进入荒漠改造领域,扩大各种类型的旱作农业。

农业组织模式的改进,也给农业大学发挥作用提供了巨大舞台。大力发展家庭农场与农民合作社,是提升我国农业产业组织效率的基本路径。从我国现实出发,要限制城市资本圈地搞大农场,尽可能在现有农民中间培育家庭农场主。目前,我国合作社发展的确不尽人意,主要问题如下:一是农户规模太小,使得农户从合作社得益少,农户参加合作社活动的积极性不高;二是国家发展农民合作社的指导思想有缺陷。有的官员错误地以为合作社数量越多越好,给基层下达合作社成立的数量指标;三是合作社管理水平低,经营人才缺乏。从何得桂的著作可以看出,农业发达国家的农业技术推广与管理人才的培训,大学发挥了关键作用。

如果以农业大学为依托,建立一个农业技术推广体系,还可以使之同时成

---

❶ 亩不是法定计量单位,1 公顷 = 15 亩。下同。

3

为国家支援农业的通道。目前，国务院系统有 20 多个机构分散拥有"三农"项目资金的局面必须改变。很多支农项目的设置并不合理，必须清理、缩减，例如休闲度假农业一类的项目必须废止，大部分农业龙头企业不应享受财政支持。支农资金应集中支持大类农产品生产的发展，降低其生产成本，使普通国民更好地享受到农业进步的好处，而不是满足少数高端人群享受高端食品。按这个思路，国家财政支援农业的管道将大为集中，改进后的农业大学系统，完全可以承接这项任务。在这个意义上，以"农林科大模式"为代表的大学主导型农业科技推广模式将具有广阔的发展前景。

推进农业治理体系和治理能力现代化，大力提升农业大学系统在农业现代化推进体系中的地位，殊非易事。推进这项改革涉及诸多方面改革，最终非改革的顶层设计者下决心不可。但要促进顶层设计者下决心，首先需要相关各界的艰苦努力。事实上，基于国家与社会互构学术立场的何得桂著作《大学改变社会：以大学为依托农技推广模式的演绎与阐释》已经介绍了农业大学系统内的种种努力，同时以微观透视宏观，演绎与阐释了大学全面参与基层农技推广的图景与路径，笔者希望这种努力能尽快结出硕果。

应作者的邀请，借此机会谈些个人的看法和体会，代为序！

党国英　研究员

（中国社会科学院农村发展研究所宏观室主任、

博士生导师，国务院政府特殊津贴获得者）

2014 年 1 月 15 日于北京

目　录

第一章　现代大学、社会服务与农技推广 ………………………… 1

　　一、选题的缘起及其意义 …………………………………… 1

　　二、大学的社会服务功能 …………………………………… 5

　　三、农技推广体系的治理 …………………………………… 8

　　四、研究方法与结构安排 …………………………………… 11

第二章　国外大学农技推广与经验借鉴 ………………………… 16

　　一、大学与印度农业科技推广服务活动 ………………… 17

　　二、大学在美国农技推广体系中的作用 ………………… 22

　　三、国外农技推广典型经验与中国借鉴 ………………… 29

第三章　"农林科大模式"发展历程分析 ……………………… 33

　　一、酝酿尝试阶段（1999—2003） …………………… 33

　　二、奋力推进阶段（2004—2007） …………………… 36

　　三、全面发展阶段（2008—2011） …………………… 66

　　四、持续深化阶段（2012—　　） …………………… 98

第四章　大学改变社会的"农林科大经验" ………………… 127

　　一、农业科技推广改革创新的"农林科大模式"分析 … 129

　　二、建构以大学为依托农技推广模式的价值与限度 …… 144

　　三、科技兴农中"试验示范站"推广服务的经验与反思 … 157

　　四、"农林科大模式"：大学农业科技推广的典型经验 … 165

第五章　研究结论与未来图景 …………………………………… 180

　　一、研究的基本结论 ……………………………………… 180

　　二、未来图景的展望 ………………………………………… 186

参考文献 ……………………………………………………… 191

附录　制度建构与模式创新 ……………………………… 201

后　记 ………………………………………………………… 228

致　谢 ………………………………………………………… 231

表 目

表 4-1　各个试验示范站设施建设情况　……………………… 132

表 4-2　部分试验示范站建站以来技术培训情况　…………… 133

表 4-3　地方政府提供的经费、车辆和参与推广人员情况　……… 135

表 4-4　试验示范站建立的种质资源圃和试验示范园　………… 137

表 4-5　试验示范站"十一五"期间选育通过审定的良种状况　…… 139

表 4-6　试验示范站承担实践教学人才培养情况　……………… 140

表 4-7　建站以来承办的各类学术会议和来站的国外专家　……… 141

表 4-8　试验示范站人员"十一五"期间主持完成
　　　　通过鉴定的部分成果　………………………………… 155

表 4-9　试验示范站建站以来示范推广主要经济效益统计　…… 171

表 4-10　接待上级检查和交流参观的单位和人数 ……………… 175

图 目

图 1 - 1　本书作者在眉县猕猴桃试验示范站调研 ················· 13

图 2 - 1　美国乔治亚州立大学农业与环境学院推广、

　　　　　教学与科研集合为一体示意 ·················· 25

图 4 - 1　孙武学校长（左一）向全国政协副主席、科技部长万钢介绍

　　　　　"农村科大模式" ·················· 128

图 4 - 2　时任陕西省委书记李建国视察白水苹果试验站 ········· 128

图 4 - 3　孙其信校长到合阳葡萄试验示范站检查工作 ·········· 131

图 4 - 4　西北农林科技大学农业试验示范站信息服务平台 ······· 136

图 4 - 5　梁桂书记到眉县猕猴桃试验示范站调研 ·············· 137

图 4 - 6　甜瓜试验示范站瓜农李广义、张小平等 50 多人

　　　　　敲锣打鼓来校送锦旗 ·················· 138

图 4 - 7　清涧红枣试验示范站科技示范户惠国海在哈佛大学演讲 ··· 140

图 4 - 8　中共中央政治局委员、国务委员刘延东视察

　　　　　"农林科大模式"及成果 ·················· 143

图 4 - 9　农技推广改革创新的"农林科大模式"表述 ·········· 147

图 4 - 10　陕西省人大常委副主任李晓东视察阎良蔬菜试验示范站 ······ 149

图 4 - 11　时任陕西省常务副省长娄勤俭参观西北

　　　　　农林科技大学科技推广工作展 ·················· 152

图 4 - 12　山阳县王立栋副县长将小汽车钥匙交给

　　　　　核桃试验示范站首席专家翟梅枝 ·················· 160

图 4 - 13　果农赵耿生向白水苹果试验示范站赠送锦旗 ·············· 163

图 4 - 14　"农林科大模式"运行示意图 ·················· 167

图 4 – 15　张光强书记在安康水产试验示范站考察
　　　　　网箱匙吻鲟养殖情况 …………………………………… 169
图 4 – 16　孙武学校长向时任陕西省委书记赵乐际
　　　　　介绍白水苹果试验站的总体情况 …………………… 173
图 4 – 17　红枣试验站首席专家李新岗向时任陕西省
　　　　　省长赵正永汇报试验站情况 …………………………… 176

第一章　现代大学、社会服务与农技推广

一、选题的缘起及其意义

在现代社会发展进程中，大学与社会之间如何实现良性互动，特别是大学如何主动融入社会、服务社会以及影响社会是一项重要的研究课题。纵观历史，大学的职能一直在发生着改变。从传授知识、培养绅士，到发明新技术、发现新知，再到运用技术、服务社会，大学的职能经历了多次变革。如果说传统大学更多弥漫的是所谓"象牙之塔"的古老风范，经常扮演着"自娱自乐"的角色，那么现代大学就不能仅仅局限于"围墙之内"，而是要不断突破"樊篱"制约、打破墨守成规，主动迈向社会、影响社会，切实承担起其应有的社会服务功能。换言之，随着知识经济的到来，现代大学已不能，也不再是"象牙塔"，牢固树立服务意识和贡献精神，推动和引领社会前进已经成为现代大学的一项新职能，现代大学教育功能延伸已是客观现实，难以否认。作为知识运用和创造的孵化机构的现代大学，理应成为社会发展的动力与核心。当今社会对现代大学充满了种种的期待，公共部门、企业组织、社会团体、社会公众等都对大学提出了不同的利益诉求。大学的服务模式需要从传统的"自我中心"模式转向"社会中心"模式，从被动式服务向主动式服务转变。这不仅是时代的呼唤、历史发展的潮流，同时也是现代大学增强自身发展能力和有力型塑社会的内在需要。

古希腊哲学家、史学家色诺芬（Xenophon）的名言"最富足的人也不能离开农业"，体现出农业作为国家之本的重要性。有竞争力的农业是我国经济社会长期稳定发展的基础。中共十八届三中全会所提出的"推进国家治理体系和治理能力的现代化"既离不开对农村现代化、现代农业发展的关注与支持，也离不开对基层农技推广体系的有效治理与重构。现代大学服务社会的途

径无疑是多种多样的，但是它主动服务区域经济社会发展，投身国民经济主战场和产学研紧密结合是最为核心和有效的路径。虽然国内学者对大学参与农技推广的相关研究已取得了不少成果，但既有研究还存在研究视野不够开阔、研究深度不足、方法相对欠缺、研究资料不扎实以及对部分问题认识不清等方面的缺陷。在构建我国新型的基层农技推广体系进程中，大学将扮演着日益重要的角色。因此，研究作为我国公益性农技推广体系重要组成部分的大学主导型（或称为依托型）农技推广服务模式将是大势所趋，已有的丰富实践也将为本项研究的开展提供极好的素材。爱尔兰知名学者瑞雪·墨菲（Ruisho Murphy）的代表作之《农民工改变中国农村》❶借助个案实证等方法对农民工返乡——这已开始改变中国农村地区——的影响进行了领先的、深入的研究，给许多读者留下了深刻的印象。中国知名农村研究专家、"长江学者"特聘教授徐勇先生基于多年的敏锐观察和深刻思考，创造性地提出了"农民改变中国"这一重要学术命题❷，也给笔者以深刻的方法论启迪。农业现代化是"四化协同"的短板，实现农业现代化要解决好农业技术推广"最后一公里"问题；通过加快推进农业科技成果转化应用，加强基层农技推广体系改革与建设，使得科技成果和关键技术能够"进村入户"并产生更大的经济社会效益。

基于上述认识以及受它们的启发，本书将从国家与社会互构的学术立场出发，采用自上而下和自上而下相结合的学术理路，尝试性地提出并努力论证：健全基层农业科技推广体系是推进国家治理体系现代化的重要组部分，提升国家治理能力离不开对"农业治理"的关注和改善；在推进农村现代化和农业现代化进程中，以大学为依托、以基层农技力量为骨干的农技推广改革创新的"农林科大模式"❸展现出的是一幅"大学改变社会，而不是社会改变大学"的图景；大学依托型农技推广模式具有广阔发展前景，中国农业科技推广体系要在改革实践中不断完善、持续提升。这项研究旨在通过对基层农技推广改革创新"农林科大经验"或"农林科大模式"的个案实证分析来回答以下问题：大学在国内外基层农技推广体系中的作用如何？以大学为依托农技推广模式在

---

❶ ［爱尔兰］瑞雪·墨菲. 农民工改变中国农村 ［M］. 黄涛，王静，译. 杭州：浙江大学出版社，2009.
❷ 徐勇. 农民改变中国：基层社会与创造性政治 ［J］. 学术月刊，2009 (5).
❸ 何得桂. 农业科技推广服务创新的"农林科大模式"［J］. 中国科技论坛，2012 (11).

中国是如何发生与发展的？这种模式对原有的农技推广体系形成哪些冲击以及对构建中国特色农技推广体系带来何种启示？大学通过参与"农业治理"等路径改变社会的内在机理与愿景对于全面深化改革有何启发价值？在笔者看来，大学与社会之间的互动性、互构性的增强，是大学之所以被称为"大学"的重要原因，更是它存在的意义和价值。事实上，从2011年开始，笔者就一直对西北农林科技大学在政府推动下积极探索的"以大学为依托、基层农技力量为骨干的农业科技推广新模式"进行了较为详细的考察并作了一定程度的思考和总结。在对基层农业科技推广改革创新的"农林科大模式"开展研究的过程中，不仅发现对中国基层农业科技推广体制改革的研究较为薄弱，特别是这些新兴的基层农技推广模式的关注明显不足，作者还日益感觉到"大学改变社会"的成长力量和未来发展图景。发展现代农业离不开"科技的力量"，更离不开农业科技成果转化率的提升。推进农业现代化的核心任务就是要不断地运用现代生产要素替代传统的生产要素，在农业科技创新体系中，基础研究、应用研究和推广应用缺一不可，否则会极大地削弱农业科技对社会发展的推动力量。农业科技推广所扮演的角色是将各种先进的、低成本的农业实用技术通过试验、示范、培训、宣传等一系列方式和方法向农业生产领域进行转移和扩散。为了更好地记述我国基层农技推广模式改革创新的生动实践，有力展现"一主多元"农技推广格局的形成与发展，尤其是充分展示大学在我国基层农技推广体系中的重要作用、逻辑演进、实践状况与未来发展态势，笔者决定对此展开较为系统的梳理和研究。

从1978年12月到2013年11月，中国的改革开放之路走过了超过1/3个世纪的历程，"改革是由问题倒逼而产生，又在不断解决问题中而深化"[1]。当前我国现代化建设中最薄弱的环节仍然是农业现代化滞后，经济社会体制中最突出的矛盾仍然是城乡二元体制障碍明显，全面建成小康社会进程中最严重的制约仍然是城乡发展和居民收入差距过大。[2]在中国农村改革开放35周年之际，在推进国家治理体系和治理能力的现代化进程中，关注大学主导型农业科技推广模式的生成、现状、发展与前景，以农业技术推广为"中国梦"做贡

---

[1] 改革由问题倒逼产生 在不断解决问题中深化 [N]. 人民日报, 2013 – 11 – 13.
[2] 回良玉. 坚持不懈做好"三农"这篇大文章 [J]. 求是, 2013 (3).

献。这无疑具有重要的理论价值与现实意义。它主要体现在以下几个方面：

一是有助于丰富和拓展基层农业科技推广体系（模式）研究。从已有文献来看，目前学界对政府主导型的农技推广改革模式关注较多，相关成果也层出不穷，但是对其他形式农技推广模式的考察尚显不足，特别是对以大学为依托的基层农业科技推广新模式的研究还比较匮乏。尽管也有不少文献对以大学为依托的农技推广模式进行了探讨❶，但是大都没有从宏观与微观相结合、历史与现实相对照、中国国情与外国经验相结合等方面展开，由此造成既有研究往往缺少应有的深度和广阔的视野，所得出的结论缺乏科学性，常常受到一些质疑。运用多学科的视角，通过扎实的调查和翔实的数据，基于"中国经验"以微观透视宏观，本项研究对于这一主题进行系统的探讨，无疑将有助于既有研究的丰富，展现多元化农技推广的发展历程及其发展前景。

二是有助于为中国农村改革发展研究领域添砖加瓦。最近20年来，中国农村研究倍受学术界和社会的关注，且已逐渐成为一门"显学"。从最初的村民自治研究，发展到后来的乡村治理、农村综合改革研究，再到当下的新型城镇化、社会治理研究，对农村改革与发展的探讨为中国社会科学学术本土化做出了重要贡献，也为增强"道路自信、理论自信、制度自信"奠定有力的基础。农业现代化归根结底要取决于"农民现代化"或农村现代化。在农业技术传播与推广中不能还是"见物不见人"❷，而要嵌入社会、直面农户；同时要注意技术推广背后的"社会性"问题，要思考农技推广与乡土社会之间的内在逻辑。基层农技推广体系作为一项重要的公共资源，如何进行有效、科学的配置事关农村改革发展的步伐。在农业现代化持续持续推进的背景下，探讨基层农业科技推广体制改革与发展问题，有助于丰富和深化中国农村研究的领域，从而为更好、更全面地考察和研究农村社会经济变迁提供多样化的典型素材。

---

❶ 例如，聂海，郝利：《以大学为依托的农业科技推广新模式分析——农业科技专家大院的调查与思考》，《中国农业科技导报》2007年第1期；黄国清，宋心果，邱波：《中国大学农业科技推广的典型模式分析》，《南方农村》2010年第1期；孙武学：《围绕区域主导产业建立试验站 探索现代农业科技推广新路径》，《农业经济问题》2013年第4期；等等。

❷ 以往的很多农技推广模式在实践中只注重对"技术"或农资产品等实物性内容的推广，而相对忽视"人"，不重视咨询和培训，缺乏对主体性的关怀和重新塑造。事实上，这是一个涉及谁是"推广主体"的问题。

　　三是有益于为我国全面深化农村改革提供一定的经验借鉴。"必须更加注重改革的系统性、整体性、协同性"的新要求，中共中央《关于全面深化改革若干重大问题的决定》这一纲领性文件的通过，为今后一个时期我国各个方面、各个领域的改革描绘了美好蓝图。通过对本项研究主题的探讨，无疑有助于深化基层农业科技推广服务的体制机制改革，为突破我国农技推广的"最后一公里"问题提供可行的和更加多样的选择路径。它既有利于高等学校社会服务功能的拓展，也有助于激发制度潜能，促进农业现代化发展，使农民平等参与现代化进程、共同分享现代化成果。更为重要的还在于，可以为深化农村改革提供一定的借鉴，促进社会主义新农村建设和"美丽中国"建设。

　　四是可以更好地提升农业竞争力与拓展大学的社会影响力。中国经济的长期稳定发展有赖于农业国际竞争力的提高，农业竞争力弱是我国农业现代化进程中的核心问题。通过"农林科大模式"这一具体的、活生生的案例剖析来进行宣传和推广基层农技推广改革中的先进做法和有益经验，不仅有助于激活基层农技推广组织的活力，还有利于增强我国农业竞争力；既可以总结和提升基层的创造性做法所蕴含的理念、经验或模式，也可以提高大学这一重要社会组织在社会服务的进程中发挥应有的、更大的作用和贡献。与此同时，大学在提供有效的社会服务中也可以促进学科建设与发展，从中汲取"营养"和"正能量"，进一步提升大学的社会影响力，也是高校长远声誉的重要基础。

　　由此可见，大学服务社会既是大学有力"嵌入"社会的过程，同时也是大学改变社会、塑造社会的一种展现。只有基于这种互动、互构的视野，才能更好地探讨相关主题。本研究将力争避免对基层农技推广改革创新，特别是大学主导型农业科技推广模式进行泛化的讨论，而是要注重通过微观经验的科学考察和学术思考，来回应学界和社会对推进基层农技推广体系改革和农业治理能力现代化问题的重要关切，努力使这一问题的探讨有所深化、有所拓展、有所启示，进而能够对提升"农业治理"能力有所裨益。

二、大学的社会服务功能

　　现代意义上的大学诞生于文艺复兴时期的欧洲，其最初的意思是教师社团或学生社团。考察大学发展历史可以发现，现代大学制度已经延绵了800多年，其间受到了皇室、教会等各种力量的影响，经历了较为深刻的变化。但是大学作为教师和学生学习共同体的本质至今没有发生改变，培养人才始终是大学的首要功能。技术发明和科学研究也是大学的一项重要功能。但是明确赋予大学科学研究功能则始于德国。19世纪初，一批受新人文主义影响的德国教育家、思想家如洪堡、费希特等，力图使国家从普法战争失败的阴影中重新崛起，着手建立柏林大学等一批以科学研究为主要功能的新大学，同时强调通过科学研究和科学发现获得知识是大学的重要功能。

至于大学服务社会早已有之。美国著名教育学家克尔将这种现象追溯到了古希腊时期诡辩学派的学府，这些学府专门讲授修辞学等实用技能。从19世纪中期到20世纪中期，美国通过《莫里尔法案》（Morrill Act）及赠地学院运动等举措为大学增加了农业学院、家政学院、工程学院、企业管理学院等，从而极大地促进了大学与社会之间的融合与发展。着眼于这一新趋势，克尔还进一步指出，大学作为行会或学院联合体的时代已经结束，成为不同社会群体的联合机构、应对社会的多样诉求是大学的重要功能。随着社会的进一步发展，大学的社会服务职能（含服务社会、引领社会的功能）也逐渐得到了社会公认。例如，从19世纪末诞生之初，中国的大学就肩负着挽救民族危亡的重要使命。从那时候起，服务国家、造福社会一直是我国大学的一项重要功能。特别是改革开放以来，我国高等学校显著引领科技创新，为社会培养大量的优秀人才，为社会主义现代化事业作出了突出贡献。

当然，作为高等教育主阵地的大学需要在巨大变化之中勇于担当、坚守其核心使命。一般来讲，大学主要有人才培养、科学研究、服务社会这三大功能。也有的专家学者将"文化传承"列为大学的第四项重要功能。其中人才培养是大学的核心工作和根本；科学研究是大学的重要职能，也是人才培养的重要载体；至于服务社会则是人才培养和科学研究功能的拓展与延伸。纵使大学的职能经历万般的演变，但是通过高水准的教学、卓越的学术研究和良好的社会服务，始终是大学的最为核心的使命，这是现代大学对国家和社会做出以及需要做出的最大贡献。从目前的发展趋势来看，大学的这三大功能相互联系、不可分割、相互促进。《国家中长期教育改革和发展规划纲要（2010—2020年）》明确强调，要在提高人才培养质量、提升科学研究水平、增强社会服务能力等方面重点着力，不断提升高等教育的国际竞争力。大学如何进一步明确自身的功能和使命，更好地发挥其应有的作用并作出相应的努力和贡献值得全社会和中国学人的关注与思索。

从已有文献来看，有不少学者探讨了大学的各项功能。例如，有学者基于文化变迁的视角论述了国内外大学教学、科研、服务社会和引领文化四大功能的演进历程和特征；根据社会需求多样化和人才成长的客观规律，将我国高等教育院校分为研究型、教学型和社区型大学，给出了这三类大学在四大功能层面的特殊定位；基于价值链增值原理构建了大学四大功能的实现途径，提出了不同类型大学功能实现途径的必备条件和策略❶。有学者基于大学服务社会的历史专门对"大学社会教育"进行了研究并认为通过拓展与提升大学社会教育的效能，通过大学与社会的协同创新，实现社会教育的发展，破解终身教育的难题，找到实现学习型社会的路径❷。这样的研究无疑对于深化大学功能认识和推进大学功能发挥具有促进作用，但是它们对于大学服务社会的具体路径和运行机制等方面的探讨还略显不足。

现代大学直接和间接服务于社会的途径丰富多彩。它服务社会的方式主要体现在：一是要主动地融入社会、服务社会。大学与社会之间的有机衔接与良性互动，客观上就要求大学要主动地融入社会，以人才培养、科技成果、科技产业等投身国民经济主战场，服务于社会主义现代化建设。致力于高科技开发、科技成果转化以及突出产学研紧密结合，是大学发挥第三功能的最有力的措施和发展方向之一。二是要不断增强高校为社会直接服务的理念，不论是哪种类型、哪种层次的大学都需要增强为社会直接服务的理念，在微观上要强化学生的服务理念，并在其中培养服务精神，强化学生的实践教学和社会调查环节；在宏观上则要改造教育行政管理的机构或组织。大学和它的教师以主动参与社会变革、参与发展经济的积极姿态，直接与外界交流，这种氛围有利于持续改变传统大学"象牙之塔"的古老风范，增强现代大学与社会相容的特征。三是可以间接的方式服务社会。譬如，主要可以通过人才培养和科学研究来实现上述目标。尤其需要指出的是，服务社会不完全等同于一味地满足社会需求。这是因为大学还肩负着社会批评的功能。对于现代大学而言，社会服务和

❶ 席酉民，郭菊娥，李怀祖. 现代大学功能和创新文化研究［M］. 北京：中国人民大学出版社，2008.

❷ 王雷. 大学社会教育研究——基于大学服务社会的历史考察［M］. 北京：人民出版社，2013.

社会批评是同一功能的不同面向而已。这是在实践中需要注意的。四是要进一步树立高等教育新的社会价值观进步的使命。适应知识经济时代的现代大学办学理念至少应包括以下内容：大学既要与社会大系统相适应，以自己的知识生产推动全社会的可持续发展；又要借助社会力量为我所用，以自身的社会服务和贡献形成与社会的良性互动，从而求得自身的可持续、健康发展。与此相适应，大学社会职能的内涵也需要不断发展和完善，大学在社会经济生活与国家发展中的重要地位也日益为人们所认识，社会要求大学承担起更大职责，发挥更多的功能。由此可见，现代大学的基本社会职能是促进社会的可持续发展和进步。

三、农技推广体系的治理

古今中外，对于"农业治理体系"的关注与改造现象并非鲜见。仅就中国而言，中国的基层农业科技推广格局经历了从"政府单打独斗"时期到进入 21 世纪以来逐渐朝向"一主多元"的发展阶段。纵观中国改革开放以来，基层农业技术推广体系在不断发展。1979 年，国务院农林部在全国 29 个县试办县级农业技术推广中心，收获了积极成果。1982 年中央 1 号文件《全国农村工作会议纪要》（中发［1982］1 号）明确提出："要恢复和健全各级农业技术推广机构，充实加强技术力量。重点办好县一级推广机构，逐步把技术推广、植保、土肥等农业技术结合起来，实行统一领导，分工协作，使各项技术能够综合应用于生产"。该文件的出台无疑为全国县级农技推广体系建设指明了方向。同年，农牧渔业部组建全国农业技术推广总站，将植保局、种子局分别转为全国植物保护总站、全国种子管理总站，并于 1986 年组建了全国土壤肥料总站❶。这不仅标志着现代农技推广体系雏形的形成，也意味着政府推广机构在基层农技推广中占据绝对主导地位的格局基本形成。

在此之后，基层农技推广体系还历经了多次改革。例如，2003 年中央 3 号文件，2004—2006 年的中央 1 号文件，都对我国基层农技推广改革发展提出了具体要求。特别值得一提的是，《国务院关于深化改革加强基层农业技术

---

❶ 全国农业技术推广服务中心. 前进中的中国农技推广事业——中国农业技术推广工作回顾与展望［M］. 北京：中国农业出版社，2001.

推广体系建设的意见》（国发［2006］30号）文件则对加强基层农技推广体系建设作出全面的部署。但是政府主导的色彩始终十分明显，多元化推广尚未有效构建出来。众所周知，现行的农技推广机构主要是"政府性质"的组织，国家已经在全国建构起"省—市—县—乡（镇）"的四个层级的农技推广体系，这个体系涵盖了农、林、牧、渔等农业中的各个行业部门。但是这种体系无论是在推广理念、体制机制、方式方法、队伍素质、保障条件等方面都呈现出"不适应"的特征❶。据不完全统计，截至2007年年底，全国乡镇种植业技术推广机构中归县农业主管部门管理的仅占乡镇推广机构总数的13.3%，归乡镇政府管理的占70.5%，实行以乡镇政府为主双重管理的占16.7%。由于管理体制的不顺，形成了条块分割、人事分离，出现了"管人的不管事，管事的管不了人"的现象，造成技术指导与农业生产实际严重脱节，技术推广普及不能很好地向基层和农村延伸，影响了农业科技成果的有效转化和农村现代化进程的推进。

在上述情势下，我国对基层农技推广体系的改革并没有停止步伐，而是继续探索具有中国特色的基层农技推广改革之路。2009年科技部、人力资源社会保障部、农业部、教育部等八部门联合出台的《关于深入开展科技特派员农村科技创业行动的意见》明确提出了推进农村科技创业链建设和建立新型农村科技服务体系两大任务是事关破解城乡二元结构、推动"三化同步"的战略性系统工程。"三位一体"新型农村科技服务体系在总体上是包含公益性推广体系、社会化创业体系、多元化科技、金融、信息服务体系三个部分，并通过信息化、创业链和产业链连成一体；大学农业科技推广服务是公益性推广体系的重要组成部分，要从法律上确立其在公益性农技推广服务体系中的地位。在2012年新修订通过的《中华人民共和国农业技术推广法》就明确规定，我国目前实行的是国家农业技术推广机构与农业科研单位、有关学校、涉农企业、群众性科技组织、农民专业合作社、农民技术人员等相结合的推广体系，即所谓的"一主多元"。"一主多元"是我国基层农业科技推广体系发展方向的形象表述。其中的"一主"主要指的是政府农技推广机构和力量要起到主导力量或核心作用，切实突出其公益性农技推广的特征。"多元"则意味

---

❶ 夏敬源. 中国农业技术推广改革发展30年回顾与展望［J］. 中国农技推广, 2009（1）.

着多种推广模式并存并对政府主导型农技推广组织构起到很好的补充作用，从而使各方面力量和各种模式得以发挥出最佳价值。按照"一主多元"的建设思路和发展方向，未来中国的农技推广体系将是以国家农技推广机构为主导的公共服务体系和市场化服务体系相互协调、相互依存、共同发展的新型农业社会化服务体系。

然而，在基层农技推广实践中原有的四级推广网络已经远远不能满足现代农业发展和广大农业生产者的技术需求。更值得关注的是，在现行的农业技术推广体系中，行政性农业推广服务组织有推广的责任，但缺乏相应的技术和人员，而有技术的高校及科研院所不仅缺乏推广任务，也没有将推广职能予以充分发挥出来。由此导致的是作为科技创新源头的高等学校和作为服务对象的农民之间是相互脱节的。可见，治理基层农业科技体系的任务尚未完成，还需要政府组织和社会的共同努力推进。2011年，科技部、教育部为推动我国新型农业科技服务体系建设，促进科技成果推广的转化，提出了"高等学校新农村发展研究院建设计划"。这是国家层面关于提升农业科技创新和推广能力的重要制度安排。"高等学校新农村发展研究院建设计划"旨在整合多方资源，将新农村发展研究院建成为大学农业科技服务体系的龙头、推进新农村发展的智库以及培养农村创业人才的基地。此后，2012年中央一号文件则鲜明提出，"在农业科技推广方面，要深化基层农技推广体系改革建设，鼓励社会力量参与农技推广服务，大力推广先进实用农业技术，着力打造一批农业科技试验示范基地"。这很大程度上是对西北农林科技大学以"试验示范站"为核心载体的基层农业科技推广新模式及其经验的肯定与"复制"。大学农业科技推广新模式的发展终于迎来了"春天"。

随着基层农业科技推广体系治理的有力推进，大学农技推广作为"多元力量"的一极，从2012年以来获得了国家有力的政策支持并呈现出蓬勃发展态势。2012年4月23日，教育部、科技部下发通知，同意包括西北农林科技大学在内的10所高校成立新农村发展研究院。此次获得批复同意成立新农村发展研究院的，除了西北农林科技大学外，还有浙江大学、中国农业大学、华中农业大学、四川农业大学、沈阳农业大学、东北农业大学、南京农业大学、安徽农业大学和湖南农业大学这9所大学。该通知还要求：努力把新农村发展研究院建设成为带动和引领区域新农村建设与发展的重要力量。新农村发展研究院的首要任务是农业科技推广服务，它要吸收美国、印度等国大学农技推广模式的经验，努力突出中国特色，强化体制机制创新，实现教、科、推有机结合。2013 年 10 月 22 日，在科技部、教育部主办的新农村发展研究院建设经验交流暨现场考察会上发布了由科技部联合教育部出台的《新农村发展研究院建设工作规程》。2013 年 12 月 19 日，科技部、教育部联合下发文件《关于同意北京大学等 29 所高等学校成立新农村发展研究院的通知》，公布了第二批获准成立新农村发展研究院高校名单，福建农林大学、北京大学等 29 所高校名列其中❶，同时要求获批高校要努力把新农村发展研究院建设成为带动和引领区域现代农业和新农村建设与发展的重要科技支撑力量。

根据 2012 年 8 月修订通过的《中华人民共和国农业技术推广法》第十六条：农业科研单位和有关学校应当适应农村经济建设发展的需要，开展农业技术开发和推广工作，加快先进技术在农业生产中的普及应用。农业科研单位和有关学校应当将其科技人员从事农业技术推广工作的实绩作为工作考核和职称评定的重要内容。上述法律政策的制定和执行对于农技推广"一主多元"的发展无疑具有显著的推动作用和引领导向。本书所要探讨的"农林科大模式"在探索实践中印证了大学参与农业科技推广是我国农技推广体系的重要力量。它还在一定程度上弥补了既有体制机制的不足，同时促进了基层农技多元化的有力发展。显然，对于这样具备摸着石头过河与顶层设计相结合的案例开展研究，具有较强的代表性和说服力。

四、研究方法与结构安排

本项研究以基层农业科技推广改革创新的"农林科大模式"发生与发展为主线，以现代大学与社会之间的互动、互构为观察点，以田野调查、对比分析与文献研究为主要方法，运用社会学、经济学、管理学、推广学、政治学等多学科的知识以微观透视宏观，重点探讨大学主导型基层农技推广改革创新的

---

❶ 第二批获批的 29 所高校是：北京大学、吉林大学、复旦大学、上海交通大学、同济大学、江南大学、广西大学、西南大学、贵州大学、青海大学、宁夏大学、石河子大学、中国青年政治学院、天津科技大学、河北农业大学、山西农业大学、内蒙古农业大学、黑龙江八一农垦大学、江苏大学、福建农林大学、江西农业大学、山东农业大学、河南农业大学、华南农业大学、云南农业大学、西北师范大学、新疆农业大学、大连海洋大学、青岛农业大学。

内在机理与发展态势，有力展现大学改变社会的路径与图景，进而剖析基层农技推广体系的发展道路以及农村全面深化改革的着力点与机制创新，旨在为构建和推进具有中国特色的农业治理体系和农业治理能力现代化而进行认真探索与思考。

（一）研究方法的选择与应用

研究方法不仅是进行科学研究的基础，也是决定研究规程是否符合科学逻辑的关键。这正如马克思所言："不仅探讨的结果应当是合乎真理的，而且引向结果的途径也是应当是合乎真理的。"❶"工欲善其事，必先利其器"。"研究方法应当是实用而灵活的，由令人满意地描述和解释所研究的课题加以确定"❷。探讨基层农业科技推广服务创新的"农林科大模式"并非一件容易的事情。由于西北农林科技大学在 1999 年 9 月合并组建的时候，就将产学研紧密结合作为创建具有中国特色、世界水平的办学思想和重要举措，大学通过农业科技推广服务社会的理念和做法已经初现，尽管 2004 年才正式使用"政府推动下，以大学为依托、基层农技力量为骨干的大学农业科技推广模式"这样的表述并积极探索。这同时也意味着"农林科大模式"至少有 10 年的发展历程。为了更好地把握大学主导型的基层农业科技推广服务新模式，在本研究以及资料收集的过程中，主要涉及以下几种研究方法：

1. 文献研读。进行大量的文献阅读是发现问题和提出问题的前提和基础，也是发掘和深化学术研究的客观需要。尽管目前学界探讨大学主导型基层农技推广模式和机制的文献还较为有限，但是研究其他类型，特别是政府主导型的基层农技推广体系和机制改革的文献可谓汗牛充栋。只有在对相关文献进行认真研读的基础上，才能更好地把握整个趋势并开展问题的探讨。事实上，"农林科大模式"的提出就是这一做法的具体体现。因为笔者在研究西北农林科技大学探索的农业科技推广新模式的过程中发现，原有的名称表述有些太长，不太适合记忆、提升和推广。如果采用一个更加简洁的名称，则有助于解决上述问题。需要指出的是，本想研究过程中，作者研读的文件类型是多样化的，既有著作、论文，也有网络资料、电子文献，还有政府和学校的相关重要文献

---

❶ ［德］马克思，恩格斯. 马克思恩格斯全集（第 1 卷）［M］. 人民出版社，1956：8.
❷ ［俄］列宁. 哲学笔记［M］. 北京：人民出版社，1974：285.

（如会议纪要、笔记）。

2. 田野调查。开展田野调查是获得学术灵感和收集资料的重要手段和基本途径之一。由于"农林科大模式"是书写在西北大地上，是活生生的实践，更需要借助田野调查的方法来获得第一手的资料，从而取得更加生动、翔实的例子，用事实和数据说话。为此，笔者客服了各种困难主动深入到西北农林科技大学创建的多个农业试验示范站及其周边地区走村入户进行调查研究。通过田野调查，获得了厚实的基础经验，为本研究的开展铺垫了坚实基础。

图 1-1 本书作者在眉县猕猴桃试验示范站调研，2013 年 7 月

3. 个案访谈。个案访谈是增强研究深度的有力保障，也是近年来社会科学研究经常采用的一种研究方法。这与毛泽东同志倡导"解剖麻雀"的思想具有高度吻合。由于研究者的时间、精力和经费有限，不可能对所有的研究对象（当然也没有必要）进行全面而深入的调查，个案访谈法此时具备了大有用武之处。更为重要的是，个案访谈还可以有效深化研究，展现更加鲜活的案例和获得清晰全面的资料。这有助于与其他的研究方法形成互补效应，乃至深化效应。

4. 档案查阅。由于笔者到西北农林科技大学工作时，"农林科大模式"已开展多年，再加上当时本人对这方面的资料收集意识并不很强，所以需要借助档案查阅这一有力工具和方法。为此，笔者专门多次到学校档案馆查阅相关文件、会议纪要等。通过查阅校长办公会纪要、年鉴、专题会议纪要、重要请示等资料以及政府部门对该模式探索的关注与支持的若干文献资料，使得对研究材料的占有更加全面，同时也使得该模式的形象变得日益丰满。

5. 比较分析。"谨慎的社会科学家，就像明智的发明家一样，必须依靠多元化来增强任一单一工具力量，并弥补其不足……为了理解一个制度的运作——以及不同的制度为何功效不同——我们必须应用各种技术"❶。比较分析法则是贯穿本研究过程的重要方法之一。社会科学研究只有通过对比，我们才能加深对研究对象和探讨主题的理解和认识。对大学主导型农业科技推广模式的研究，不能仅仅就事论事，而需要在通过中外对比、与其他农技推广模式进行恰当比较才能获得全面而科学的认识，促进学术增量和为改革实践更好地服务。

此外，本研究依据研究对象的客观需要，综合运用经济学、管理学、社会学、推广学、历史学、统计学等。之所以以问题为导向，而不是单一运用某一学科知识，主要是由研究对象的特性所决定的，基于以下的思考：采取多学科进行研究的优点是可以打破各学科之间的研究藩篱，采用多学科的知识背景和理论来分析基层农技推广改革创新之路。

（二）本书的结构安排

规范研究与实证分析相结合，突出实证研究，用事实和数据说话，有理性思考以及"以小见大"、深入浅出等都是本书的重要特点。结构产生和决定功能，至于本书的结构是进行如下安排的。

全书除了参考文献、附录、后记与致谢之外，还有五章的内容。各章之间是按照逻辑的演进顺序逐一展开认真分析与严密论证，它们内部之间具有逻辑的自洽性以及关系的递进性。其中第一章属于导论部分，主要介绍了研究的缘起及其意义、大学的社会功能、基层农技推广体系的治理以及本书的研究方法、研究视角等内容。这一章是作为铺垫，使读者可获得一定的全景式了解和相关认识。第二章则主要探讨国外的大学农业科技推广及其经验借鉴，由于大

❶ ［美］罗伯特·D. 帕特南. 使民主运转起来——现代意大利的公民传统［M］. 南昌：江西人民出版社，2001：12.

学在美国农业科技推广体系中具有极其重要的作用，本章主要论述了它的一些
理念、做法。之所以要书写这些内容，主要是为了从更为广阔的视野来考察基
层农业科技推广体系改革，力争对农技推广模式创新趋势的把握具有一定的科
学性和前瞻性。第三章主要通过翔实的资料，以时间发展为顺序，作者花了大
量的心血和时间对"农林科大模式"的发展历程及其特征进行了较为系统的
分析和一定的归纳，从而有助于读者更好、更清晰地认识该模式演变、发展与
未来走向。不少资料是首次披露，这一章相对于已有研究成果而言，至少在资
料的占有、梳理和考证上做出了重要贡献。第四章是在第二、三章的"肩膀"
上的自觉延伸，它主要是从不同维度对"农林科大模式"进行适当的总结与
提升，力争在理论层次上搞清楚其内在机理、创新性和可复制性，以获得有益
的启发，使之得以进一步的移植推广，从而也将有助于加深对"大学改变社
会"和推进"农业治理"等论点的理解与论证。这一章可以说是本书非常重
要的组成部分，与以往的同类研究成果相比，具有较为显著的探索性、创新
性。第五章是本书的总结部分，对本书的研究结论进行深刻总结和提炼，同时还
对本项研究的未来图景与大学主导型的农技推广模式的发展前景进行了适当展
望。此外，本书的附录部分也具有较强的史料价值、可读性与政策意义，选择的
那些政策文本在很大程度上影响着"农林科大模式"的发展以及未来走向。

　　总地来看，本项研究基于国家与社会互构的学术立场，采用自上而下和自
下而上相结合的学术理路，综合运用多学的方法来对大学参与基层农技推广的
典型案例进行多维度的深度剖析，在展现大学改变社会的路径与图景的同时为
探寻具有中国特色农技推广之路做出努力和思考。本书选题具有很强的现实性
和前瞻性，注重理论联系现实，结构设计合理、科学，资料占有丰富、论证也
较为充分，其内容具有较强的可读性、领先性、系统性等特征。综观中外经
验，探求中国道路。作者争取将它打造成一部研究基层农业科技推广体制改革
创新，特别是探讨中国大学主导型农技推广模式的力作，努力促使它占据中国
基层农技推广与农业治理研究领域的制高点，为推进农业治理体系和农业治理
能力现代化以及基层农业科技推广改革创新开辟出一条新的、更加广阔的道
路，以此来纪念中国改革开放三十五周年，推进中共十八届三中全会确立的
"全面深化改革"目标的实现，同时也要献给"农林科大模式"的主要创建者
和认真践行者以及中国大学主导型农技推广模式的支持者、领航者！

第二章　国外大学农技推广与经验借鉴

"他山之石，可以攻玉"。考察和学习国外农业科技推广的成功经验，尤其是关注大学在各国农业技术推广体系中的作用，不仅对于我国构建和探索具有中国特色的农技推广之路以及促进现代农业体系的建设和高效运转具有重要的价值，还有助于中国经验与国际普适做法之间的融合发展。综观全球，目前世界上实行的农业技术推广体系主要有三种类型：一是以政府推广机构为主导的农技推广体系，荷兰等国是这方面的代表❶；二是非政府组织主导的（如农业龙头企业、农民专业合作社等）农技推广体系；三是政府指导和推动下、农业院校参与的农业科技推广体系。对于最后一种，有时也称为以大学为基础（依托）的农业推广体系。它在很大程度上是"背靠政府、面向社会、扎根基层、服务农户"，依托农业大学的优质科技资源和专业优势，以项目为纽带，联合、利用有关科研院所和基层农业科技推广组织，向农民科技示范户、涉农企业、农村经济合作组织和广大农民开展先进、适用的农业新技术示范推广和农业高新科技成果转移的新型农业科技推广形式。这种模式以美国最为典型，印度、菲律宾等国也部分地采用了这种推广体系。从发展趋势来看，以大学为依托的农业科技推广模式具有广阔的发展前景，它的产生与发展可以很好地弥补已有推广体制的不足，进而对于整个农技推广体系能力的增强有明显推动作用。大学是农业科技的主要创新源和辐射源，肩负着促进中国现代农业发展和新农村建设的重要使命。然而，大学在中国推广体系中的作用，整体上还是微弱和分散的；"十一五"期间，中国"农业科技成果转化率只有40%左右，远

---

❶ 需要指出的是，目前荷兰农技推广的社会化、市场化程度也在逐步提高。

低于发达国家 80% 以上的水平。"❶ 如何解决好农技推广"最后一公里"问题，化解好农业科技和生产发展"两张皮"现象，充分发挥大学在农技推广中的作用是一项重要而紧迫的任务。

从已有的经验和文献来看，美国是目前世界上以大学为依托农业技术推广模式的典型代表和领航者；大学在美国农业科技推广体系中处于核心地位，并在合作推广服务和现代农业发展中发挥着显著作用。美国大学在推广体系中发挥作用的方式具有强调和凸显推广体系的"教育性"，可谓"见物又见人"，重视和采取多元化的、有效的农技推广方式方法，十分注重多方面的"合作"而不是搞"单打独斗"以及能够充分利用大学的自身资源等方面的突出特点。印度的大学，尤其是农业院校在该国的农业技术推广体系之中也发挥着十分重要的功能，具有一定的代表性。印度与中国同属于发展中的大国，在农业发展上也较为相似，认识印度农业技术服务主体及其在农业推广服务中发挥的作用，分析其农技推广服务存在的问题，对于促进和完善我国农业科技推广服务体系建设不无裨益。由此可见，适当借鉴美国、印度等国农业技术推广的成功经验，有助于完善中国农业科技推广体系，进一步明确和提升大学在农技推广中的作用，进而不断提升基层农业科技推广能力。运用全球的视野吸取他国经验，是探索适合本国国情基层农技发展道路的重要保障，也是全面深化改革，特别是深化农村改革的应有之义。有鉴于此，本章将对印度和美国的农技推广体系，特别是大学在其中扮演的角色分别进行适当的阐述。

一、大学与印度农业科技推广服务活动

印度是世界上人口第二大国，属于典型的发展中国家，同时也是一个由农业社会向工业社会转变的国家。印度属于联邦制国家，其中省级行政区划包括 28 个邦和 7 个中央辖区。作为四大文明古国的印度不仅农业历史悠久，农业技术推广体系发展的历史也较长。如果回溯历史可发现，印度在独立以前是一个殖民地国家，与美国、日本不同的是，印度政府当时并没有通过正式制度确立起自身的农业技术推广体系。然而，民间的一些组织自发的一些推广行为却

---

❶ 余靖静，王政. 我国"十一五"期间农业科技成果转化率仅四成左右［OL］. 来源：Http：//www. gov. cn/jrzg/2011－11/08/content_ 1988343. htm. 2011－11－08.

为印度农业科技推广体系基础性制度的形成奠定了重要基础。

（一）结构分析

印度 1947 年独立之后，中央级政府❶仿照美国的方式，通过《宪法》以正式制度确立了农业技术推广的地位和不同部门之间的分工。宪法规定：农业是邦管事物，农业技术推广主要由各邦农业厅负责。自 20 世纪以来，印度已经成功地推广世界闻名的"绿色"、"蓝色"、"白色"、"黄色"四次科技革命，农业取得快速发展，水稻产量翻了两番，水果和牛奶产量已居世界第一。印度农业的迅速发展主要得益于农业科技的不断进步，但是农业科技进步成果的有效应用和较高的成果转化率则要归功于其具有较为完备的农业技术推广体系和高效运转的制度结构。

如果考察历史能够发现：印度政府的农技推广体系事实上最初是在模仿美国合作农业推广体系基础上建立的。1950 年，印度的地方政府建立了乡村工作者体系。通过在每个邦选择一个试点县，再逐步推行到基层社区，每个社区建有一个推广员小组。实践表明，乡村工作者体系的建立并没有实现预期目标，这是因为它并未做到与农民、科研人员的有效沟通。基于此，20 世纪 70 年代初期，世界银行顾问丹尼尔·贝诺尔（Daniel Beinuo）建议改革推广服务系统❷，把乡村工作者体系改为专职农业技术推广的培训和考察体系。这一体系的建立使印度的农业推广成为了一个专门的体系。在该体系下，中央级政府组成部门——联邦农业和农村发展部下属农业局、农业科研教育局、农村发展局以及粮食和民用供给局，前 3 个局负责农业技术推广工作。在邦政府一级，则是邦农业局对农村的生产推广工作负全责。邦农业局下通过设立推广办公室来负责各自的推广工作。邦农业局负责在各县建立农业技术管理局，截至目前已在 28 个州和 3 个中央直辖区的 603 个县中开始运行。从组织结构来看，农业技术管理局是一个县级自治机构，主要负责县域范围内的农业技术管理，针对当地特定情况而因地制宜地制订农技研究和推广重点等，它享受政府拨付的专项经费，并有订立合同、收取服务费用、维持发展基金等方面的权力。需要

---

❶ 这里指的是印度联邦政府，这种表述更为严谨。由于印度实行的是联邦制，而不是单一制，没有"中央政府"，只有"中央级政府"。

❷ 李冬梅，刘智，唐姝. 印度农业技术推广体系制度结构分析及其启示 [J]. 世界农业. 2009 (5).

注意的是，各国政府为提高农业技术水平，使农业科研成果尽快转化为农业现实生产力，用于农业科研、教育和推广的财政投资力度一直在增强❶。但是在1989—2006年间，印度公共部门的农技服务支出占GDP的份额基本上没有增长。尽管印度州政府农业部门在整个农技推广体系中是占主导地位的，但是调查表明，27个州的政府农业部门143 863个职位中，有36%属于空缺。由此就导致在职工作人员任务繁重，承担着实施政府补贴计划、项目等多项任务，进行农业科技服务工作的时间和精力相应减少。受到人力资源紧缺和经费保障不足等因素制约，导致基层农技服务人员的服务能力难以得到提升，整个农技服务的覆盖范围还比较有限。

但是经过近几十年的发展，目前印度已经形成了政府、科研部门、农业大学相结合，公共部门与私人部门相补充的农业技术推广体系❷，这是客观的事实。例如，印度农业科研教育系统做的农业推广工作，主要是由印度农业研究理事会（Indian Council of Agricaltural Research，ICAR）及其下属的研究机构和农业大学等承担。ICAR的工作包括科学研究、教育与培训、技术推广三个方面。印度农业研究理事会目前已有49个研究所、6个办事处、25个项目处和17个国家研究中心，并已在全国各地建立52所农业大学。需要指出的是，印度现行的农技推广服务的整体效果还不太理想，农民面临的许多农业问题依然得不到及时的、应有的技术支持，甚至一些农民还处于信息相对闭塞的状态。从内容上看，印度农业科技推广服务的重点主要集中在提高粮食产量等生产性环节的技术传播上，而很少涉及诸如市场营销、金融、组织管理等方面。可以预见，这些将是印度未来需要努力改善的。

（二）功能剖析

印度农业科技推广体系运行制度的设计主要是以政府为主导，中央与地方合理分工，科研教育推广紧密结合，公共部门与私人部门共同参与的多元化农业科技推广体系的运行制度。印度农业科技体制运行机制的最大特点是中央和地方各种研究、教育和推广机构既有明确分工又有紧密合作，运行效率较高。

---

❶ 在农业技术推广服务方面，西欧有着悠久的传统，近几十年来更是不断发展，从初期的一般性技术推广发展到针对具体每个农场的需求，提供技术、管理、营销等全方位的咨询服务。2001—2002年度推广咨询和培训服务的支出达3.8亿欧元。

❷ 陈世军. 印度的农业技术推广［J］. 中国农技推广. 1996（5）.

印度对从事农业研究和推广的科研机构实行政府全额拨款，经费主要来源于中央政府和邦政府的财政预算。据时任全国人大农业与农村工作委员会副主任万宝瑞对印度的考察●，印度对从事农业研究和推广的科研机构实行政府全额拨款，经费主要来源于中央政府和邦政府的财政预算。农业科技投入中政府占90%左右（其中中央政府50%，邦政府40%），私营部门占10%左右。政府农业科技投入占农业 GDP 的 0.6% 左右。在基层农技推广服务活动中，印度非常重视将农业科研、教育和推广三者予以有机结合起来。印度农业研究理事会除了通过其下设的国家级研究机构开展农业研究之外，还承担着支持和指导各邦农业院校的任务，并建立了一套从科研到推广的完整体系，向农业和农村转移其研究成果。换言之，印度高等农业教育所遵循的理念是印度农业科研委员会提出的"为农业和农村社会服务，着重加快解决农村的社会经济问题"；邦农业大学在不同邦组织的推广项目和实施方式不尽相同，他们主要是通过与邦政府部门合作开展农技推广服务，少数则直接面向农户服务；在实施印度农业研究理事会项目的同时，印度农业大学还通过建立农业技术推广培训体系以及农业咨询和交流体系，创造了新型农技推广模式。

由于印度覆盖多个农业气候区，农业生产条件各异，长期以来，印度各邦高等农业院校都根据所在邦实际需要，以解决当地农业生产面临的实际问题为导向，独自或与国家其他协作中心共同开展具有地域特色的科学技术研究与应用❷。各邦农业大学既是农业高等教育机构，也是地方主要农业研究机构，同时还承担技术推广的职能。印度的各邦都有农业大学，各大学通过设立学术、研究和推广教育等三个委员会来进行农业技术推广活动。其中推广教育委员会包括各种推广组织、函授课程、广播、电视、展览、情报资料等部门。农业大学一般下辖 40 ~ 50 个专业性试验站，主要为学生提供实习和研究场所。农业大学中的教学、研究、推广人员实行轮换制，并不是固定不变的，而是每 2 ~ 3 年调整或轮流一次。其中推广人员 70% 的时间用于开展推广，30% 的时间要用于从事科研。一般来说，印度农业院校从事推广活动主要采取四种方式：一

● 中国农业考察团. 印度农业科技体制的组织框架、运行机制及其启示——印度农业科技体制考察报告［J］. 中国农村经济，2007（9）.

❷ 秦佳蕾，李国杰. 印度高等农业教育支撑农业科技进步的经验与启示［J］. 世界农业. 2012（8）.

是推广专家培训计划。每年大约要求 500 名左右专家接受本专业严格的推广技术培训；二是农业科研单位、大学、机关和志愿者对农民及推广员的培训；三是开展试验计划，通过试验室公开向农民提供咨询和示范服务；四是参加全国性的示范活动。每年或每个季节在农田进行现场示范，结合农民咨询和参观。

印度的大学在农业科技推广服务方面做得较成功的主要有旁遮普农业大学（PAU）和安德拉邦农业大学❶，其他农业大学如泰米尔纳德邦农业大学、哈里亚纳邦农业大学、北方邦农业大学、喜马偕尔邦农业大学都根据实际需求承担着与农业生产紧密结合的科学技术研究与应用，以推动本邦及国家农业科技进步、实现农业快速发展为己任。

旁遮普邦农业大学位于印度旁遮普邦，它除教学单位外，专门设有研究主任、推广教育主任，直接由校长领导。承担着多项高新技术的开发与应用，并取得重大进展，为旁遮普邦以及整个国家的农业发展和农业科技进步作出较大贡献。旁遮普邦农业大学成立了推广教育办公室，其技术服务将研究机构、邦农业部门工作人员和农民们联系起来。推广教育主任下设有负责培训、交流、小麦生产技术及推广专家管理的副主任。旁遮普邦农业大学推广教育办公室通过它下属的推广培训处、农业咨询处和交流中心传播新技术、新知识。它的推广教育办公室所做的主要工作包括：组织大量培训课程，面向农民和基层推广工作人员开展涉农相关教育以及组织面向官员的研讨班；设立诊断作物病害的农民服务中心。在作物诊所里，推广专家们能诊断出各种不同类型的作物病害，同时给农民提出相应的治疗建议和提供技术指导。农民能在这里获取秋收和冬播作物新品种的种子；在田间试验新技术的运用，并负责管理技术的示范工作。高等农业院校注重对农民的技术培训，在各所在地区设置多个农业科技中心，即印度当地的"草根学校"，学校对文化程度偏低，甚至是文盲、无地、贫困农民进行长期或短期培训，使他们学有一技之长或增强谋生的能力。旁遮普邦农业大学还有专门针对农村妇女的特色培训课程，该校推广教育处每年举办为期 10 天的专门培训班，内容涉及家禽、养蜂、养鱼、养牛养殖，以

---

❶ 安德拉邦农业大学是印度一流水平的高校之一，它主要从事种植业、养殖业和家用科学 3 个领域的教学、科研和推广应用，其种植业研发已经取得了重大成果。在 21 世纪之初，该校在水稻、甘蔗、芝麻、向日葵、花生、棉花等 14 种作物方面，培育出 34 个新品种，其中尤以水稻新品种居多，在安德拉邦水稻生产中发挥着重要作用。

及蔬菜种植、蘑菇栽培、除草剂的正确使用等。此外，它还出版农民杂志和其他有关种植技术的书籍和视频资料等。在印度的很多农业研究机构和农业大学从事农技服务的研究人员中，他们的研究任务大多来自所属机构的课题或学位论文等。然而，这些研究成果相对很少考虑农民的实际需求，提供的还是较为宽泛的技术建议，对农业生产实际的指导意义并不强。行文至此，细心的读者会发现的不仅仅是大学在印度的农技推广体系中作用发挥的并不充分和显著，而且还会注意到印度的整个农业技术推广体系还有待进一步完善其功能，只有如此才能形成更加强大的农技推广能力。

二、大学在美国农技推广体系中的作用❶

综观世界，尽管大学在印度等不少国家农技推广体系中扮演重要角色，但美国是以大学为基础农技推广体系的典型代表。为有力推动农业发展，有效解决农村问题，美国国会于1914年建立以赠地大学为核心的推广体系极大地提高了农业生产力和推动现代农业发展。"美国的农业科技成果推广率达80%以上，农业科技对农业总产值的贡献率超过75%。"❷ 美国如此成功的农技推广模式引起学界高度关注，并在组织机构、推广内容、人员管理、资金保障、推广目标以及政策建议等许多方面取得可喜成果，但既有研究对大学在美国农业推广体系中发挥作用的方式及特点缺少足够的关注，有关研究成果也缺乏系统性。"他山之石，可以攻玉"，认真分析和归纳美国的相关经验不仅对进一步明确中国大学在农技推广中的作用有良好示范功能，还对增强农技推广能力，特别是建构政府支持下以大学为依托的农技推广新模式有很高的借鉴价值。

（一）大学在美国农业推广体系中的地位表述

美国现行的以赠地大学（州立大学）为核心组建起来的合作农业技术推广体系的典型特征是大学集教学、科研和推广于一体，并负责组织、管理和实施基层的推广工作。该农技推广体系是1862年《莫里尔法案》（Morill Act，

---

❶ 本部分与高建梅合作，特此致谢！
❷ 王川. 美国农业推广项目的管理［J］. 世界农业. 2005（12）.

也称赠地学院法)❶、1887 年《哈奇法案》（Hatch Act，也称农业试验站法)❷和 1914 年《史密斯 - 利弗推广法》（Smith - Lever Act，又称农业推广法)❸等3 部法律的产物。上述 3 个法案为美国的农业技术推广体系奠定了法律基础❹，标志着美国农技推广体系的正式形成，并基本确立赠地大学在推广体系中的核心地位。大学主导的推广体系在两次世界大战和美国大萧条时期都显著提高了美国农业生产水平，有效地促进了农业和经济发展。

美国农技推广体系是一个立体结构，主要由联邦推广局（ NIFA）、州农业推广中心、州立大学区域农业试验站和县农业推广站（办公室）等 4 个层次组成。农业部联邦推广局负责全国农业推广体系的宏观管理和协调，向州推广中心提供资金和帮助。州一级的推广服务，一般由州农业推广中心（隶属赠地大学）负责，其集科研、教学、推广于一体，上对联邦推广局和赠地大学负责，对下管理全州推广工作。区域农业试验站由农学院依据区域生态环境特点和农业产业发展需求而建，负责人由农学院院长聘任。县推广站是面向农场主、农业企业、城镇市民和志愿者服务的基层单位，由州推广中心负责。可见，赠地大学及其农学院是推广体系的主体，居于核心地位，负责组织开展全州的推广服务工作。它拥有"州推广中心（学院推广中心）—区域试验站（研究与教育中心）—县推广站（办公室）" 3 个层次的组织体系，职能机构

---

❶ 该法案规定，联邦政府依照 1860 年各州参加国会的议员人数每人拨给 3 万英亩土地，并将这些赠地所得的收益在每州至少资助开办一所农工学院（又称赠地学院），主要讲授有关农业和机械技艺方面的知识，为工农业的发展培养所需的专门人才。1890 年颁布的第二个《莫里尔法》进一步补充和发展了第一个《莫里尔法》。它规定联邦政府每年从国库中给各州拨款 1. 5 万美元支持赠地学院建设，以后按比例逐年增加，到 1907 年该项费用已增加到 5 万美元。这使得联邦政府对赠地院校年度拨款制度化，并持续至今。目前，美国的赠地大学已达 106 所，在校学生约占全国大学生总数的 20%，典型的赠地大学农学院一般都设有 20 个左右的专题系，是赠地大学中规模最大的学院。

❷ 该法案规定，每个州都要在赠地院校农学院领导下成立一个农业试验站，在产区研究农业生产中的问题，并向农民示范该校的研究成果，及时有效地获取和传播有价值的农业情报，并把它传授到民众中去；联邦政府开始时每年向各州的试验站拨款，后逐年增加。各州也专门拨出款项资助试验站。到 1887 年已有 14 个州建立了农业试验站，并在此基础上成立了"农学院与试验站协会"。农业试验站的设立，密切了教学和科研的联系，使得一系列与农业有关的良种、化肥、土壤改良、种植和饲料等农业科技成果大量涌现并应用于生产，使农产品的价值每年都有千百亿元的增加。

❸ 农业推广法进一步确立了赠地院校在美国农业推广体系中的核心地位，促进农业实用技术信息的传播，推动美国农业的发展。该法案颁布后，有农业推广站的县由 1914 年的 928 个发展到 1917 年的1434 个，参加推广的总人数达 4100 名。

❹ 朱方长. 对国外农业技术推广体系构建经验的再认识 [J]. 中国经济与管理科学. 2008(10).

体系完善。

（二）大学主导型农技推广模式的服务开展

大学主导型农技推广体系为美国农业发展作出了巨大贡献。但总体而言，各州赠地大学的推广体系服务内容、运行管理和组织形式都大同小异。

首先来考察一下戴维斯加州大学农业推广的有关情况。位于美国加州戴维斯市，建立于1905年的戴维斯加州大学很重视将教学、研究、推广等方面的高度结合。在全美3 300所大学中，该校的农业、兽医、环境等学科属全美第一。1909年开始招生的戴维斯加州大学属于赠地大学，它有责任在农业教育、农业科研、农业推广方面服务于社会，实现教学、科研、推广相结合，这也是赠地大学的最大特色。加州是美国农产品种类最多的州，约250多种，四分之一的农产品出口国外。戴维斯加州大学的科教人员在接受聘任时就明确了他们必须在教学与科研、科研与推广、教学与推广等方面很好地结合，这是每个科教人员必须做好的重要工作职责。每个科教人员既要搞好教学，还要做好科研；既要做好科学研究，还要更好地使科技成果很快转化，把自己的教学科研成果很快地带出校园，服务农民、服务社会；同时，还要把农民在农业生产中遇到的问题带回校园，通过分类研究，提出解决问题的办法，增强科教人员服务农民、服务社会的针对性。这些是规定，也是科教人员的职责和义务，没有做好推广工作的教学和科研人员是不称职的。在戴维斯加州大学，越是著名的教授，它们在教学、科研和推广三方面的工作越要做得更好，在这三方面不能很好结合在一起的就不是好教授。

在美国赠地大学看来，科研、推广与教学这三者之间具有互补的积极推动作用。科研对农技推广有支撑作用，农技推广对科研和教学具有引导作用。教学和科研的作用通过推广工作来体现。县推广办公室是戴维斯加州大学推广作用发挥的主要环节。县推广办公室的推广人员属于学校的雇员，推广办的秘书由县上配备。在每个县，学校有示范基地，供农民参观学习，每个县推广办公室有1名主任，2至3名农业顾问，1名4H服务❶，1名家政服务。2005年戴

---

❶ 所谓4H，是美国设立的一个农村青少年教育项目的简称，字面指英文中Head（头脑）、Heart（心脏）、Health（身体）和Hands（双手）四个单词的词头，中国台湾地区将其译为"四健会"，意在从身心手脑四方面对农村青少年进行教育，开发其智力，锻炼其体魄，从小培养其动脑动手的能力。

维斯加州大学有 120 名推广教授,推广专家隶属于学院主要从事研究与推广工作。戴维斯加州大学的推广经费由县政府、州政府和联邦政府各资助 33.3%。其中,县政府资助经费主要用于县推广办的运转,州和联邦政府资助的推广经费拨给戴维斯加州大学,由科教人员支配用于农业科技推广工作。戴维斯加州大学现有 5 个农业试验站,主要从事科研示范和技术推广工作,有 380 个推广工作人员,10 000 多英亩土地,这些土地均属学校资产。位于美国纽约州依萨卡市的康奈尔大学属私立学校,但在农业方面则属赠地大学,具有公立性质,有责任和义务将农业科技推广服务于社会和农民。康奈尔大学农学院有 16 个系和 2 个农业试验站,25 个农场分布在全纽约州,每个县都有推广基地和合作推广办公室,有 400 多名推广人员、1 700 名推广雇用人。此外,美国乔治亚州立大学农业与环境学院推广、教学与科研集合为一体的状况可以通过图 2-1 清晰地显示出来,这里不再赘述。

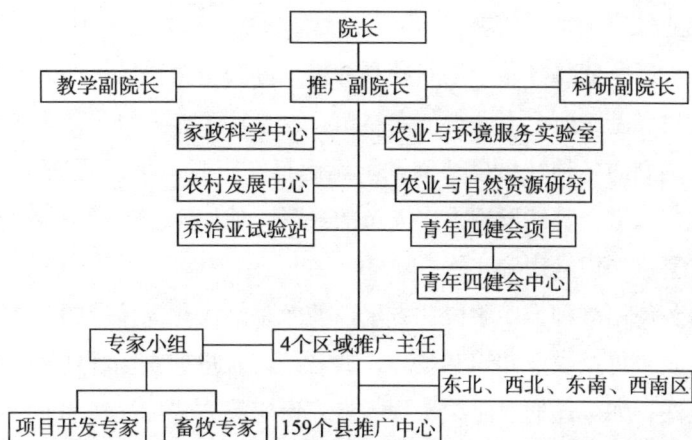

图 2-1　美国乔治亚州立大学农业与环境学院推广、教学与科研集合为一体示意❶

为了更好地表达大学在美国农技推广体系中的作用,下面选择密歇根州立大学作为个案来进一步阐述赠地大学主导的农技推广服务,这种安排具有可行性。密歇根州立大学是根据《莫里尔法》于 1855 年建立,是美国第一所根据《赠地法》成立的综合性大学。密歇根州立大学农学院秉持"科学是普通教育

---

❶ 刘光哲. 中美大学主导型农业科技推广体系的比较研究——以西北农林科技大学农业科技推广模式为例 [J]. 西安电子科技大学学报 (社会科学版). 2010 (3).

的一个组成部分，知识的价值就在于它能够解决世俗问题"的办学理念，它致力于将推广服务深入到全州基层各个地方。这其实也是其他州立大学的共有观念，它们认为推广就是要将知识和技能直接传播到民众生活和工作的地方。密歇根州立大学农学院下设农业试验站和合作推广服务中心，前者主要负责研究工作，后者负责将相关技术和信息传递给全州需要的民众。

农学院共有 3 个校区、4 个区域研究推广中心和 7 个分支试验站，在全州83 个县都分别设立农业推广办公室。分支试验站协助试验站研究人员在不同环境下做若干田间实验。县推广办公室与当地县政府合作进行推广工作。农学院的基本使命是帮助纤维、食品和生物能的生产和加工者获取和使用恰当的技术。随着实践的发展，农学院推广任务不断扩大，包括农业科技服务、青年"4H"服务、家政服务、自然资源和农村地区开发等方面。其中，农业科技服务是推广的基础和重心。

大学农业推广的服务对象广泛，涉及农场主、市民、农村妇女和青少年等。合作推广服务依靠分布于全州各县的推广办公室为密歇根州人提供教育项目、培训项目和基于研究而获得的农技信息。推广工作者每天致力于解决当地居民和社区遇到的各种社会生活问题。无论是在田间地头，还是在大学校园、会议中心或实验室，都能发现推广人员的身影。他们深入生产一线，通过解决实际问题将科研知识运用到实践。

推广服务使用多种推广手段和方法以使效果最大化。传统的方式是推广人员面对面向农户传授农业知识和技巧，或者拜访农户和农场，帮助他们寻找解决问题的办法；如今还通过组织培训、专家讲座等方式传递实用农业技术和信息。随着信息技术的发展，推广服务形式更加多样化。除涉及内容广泛的视频会议和广播电视为农民提供信息外，联邦政府农业部联合各州立大学农学院及区域试验站，建立全美农业推广网站和覆盖 50 个州的农业环境信息监测网。各州还以赠地大学为基础建立内容丰富的推广网站，州立大学教授和县推广站专家可随时利用"3S"技术对农业土地资源利用、灾害损失情况等进行监测与分析。这使得农民能全天候获取需要的信息，扩大推广的覆盖面。

哈奇农业试验站法规定为州农业试验站提供联邦基金以帮助赠地大学维持试验站有效运作。当地农业试验站是根据《哈奇法》于 1888 年建立。它的使命是创造、诠释和传递供个体、家庭、社区和商业使用的信息和技术，提高密歇根州农业的竞争力。农业试验站与农业组织的合作以及在当地特定条件下进行的实验能够解决农业生产的实际问题。赠地大学集教学、科研和推广于一体，农业试验站的人员除完成研究任务外，还拥有大学教师的角色，承担推广任务。试验站通常位于赠地大学的校园内，这有助于充分利用大学包括图书馆、各学科实验室和相应的专业人员等相关资源，促进研究和推广取得更好效益。

（三）大学在推广中发挥作用的突出特点

通过上述分析可发现，大学在美国农业推广体系中发挥作用的方式至少具有以下五个方面的突出特点。

1. 强调和凸显推广体系的"教育性"

在美国，农业推广人员是被定位为教育者的角色，而不仅仅是技术推广者的角色。这是因为美国农业推广活动是以教育的方法而不是以行政的方法来完成。整个推广体系以赠地大学为核心，是作为教育体系而不是政府体系为个体、组织和联邦政府服务。州立大学农学院教师既承担科研和教学工作，还负责成果的推广，从而确保科研、教育、推广三位一体。换言之，农业推广是以教育方法而不是财政方法或行政方法进行，"教育"已成为重要理念。推广工作通过教育的形式传授有关人类、动植物的专业知识，将研究成果及时传到基层。推广人员严格遵守自身作为教育者的角色，不能代替农场主进行决策或思考。他们仅提供无倾向性的实用知识，采用与否均由农场主决定。教育机构以非正式的形式提供无偿服务，个体和组织根据自身需要自愿参与，推广形式易于接受，从而保障了推广工作的有效性。

2. 重视和采取多元化、有效的推广方式方法

上下结合是美国农业技术推广的主要方法。美国大学采取的推广方法既有自下而上的"农户—推广人员—推广专家—科研"推广方法，还形成由市场信息中发现有价值的科研内容，交由专家立项研究，然后再自上而下推广到农户。推广过程自下而上了解技术需求，技术应用针对性极强，能有效解决生产中存在的技术问题。当然，上述交叉式推广方式的运用将推广和科研紧密联系起来，避免了科研内容与农民实际需求脱节的现象，从而提高了推广效率。

通过多种形式的推广服务实现技术和信息的有效传播。有推广人员在田间地头面对面的向农场主指导和示范技术的使用，也有农民根据需要自愿参加在

大学举办的各类培训课程。在日常的培训、教育活动中，有专家提供咨询服务和参与式培训，也有社区交流会议和现场观摩等一系列灵活的方式。推广工作广泛采用网络、广播电视、卫星遥感等高科技手段。其中，赠地大学的推广网站和 YouTube、Twitter 等网站有丰富的内容。在线服务和远程教育等使农户足不出户就可享受推广服务，提高工作效率、拓宽覆盖面并节约推广成本。

3. 充分利用大学资源，选聘优秀推广人员

在美国，州立大学农学院的科教人员是美国农业推广的核心力量，农业推广体系被当作州立大学的教育体系来看待，农业推广活动被当作技术传播项目来开展而不是可有可无的。赠地大学是农业人才的输出源，赠地大学的农业教育为美国农业发展奠定了良好基础。[1] 赠地大学曾规定，"所有在校生都必须完成规定的农业教育才能顺利毕业。"农业专业教育培养了大量的专业农业人才为农业的教学、科研和推广服务，同时农业基础教育的普及也降低了农技推广难度。大学拥有学科门类齐全、多学科相互渗透，人才和设备齐全、科研条件优越，科研手段和经验丰富等优势。这使得大学在进行综合性的应用研究、基础研究和新技术的突破研究上具有投入低、收效快的比较优势。

基层推广人员由赠地大学农学院负责招聘和管理。推广人员选聘程序规范、条件严格。通常要求应聘者具有高学历和农学专业背景；有较好的思想品质、工作态度和人际关系；面试考察应聘者在教育与培养、技术能力、工作经验、交际能力、领导能力、组织能力、表达能力、分析能力、举止作风和工作积极性等 10 个方面的表现；合格者签约并分配上岗，一次聘用期为 2 年，每年进行述职考评，根据考核结果决定工作晋升、解聘和续聘。

4. 注重推广工作的多方面"合作"

合作推广是美国农业推广体制的特色，合作是大学主导型农技推广体系的本质特征。大学在美国推广体系和运行中的"合作"是多方面的，但主要体现在联邦、州政府、县政府与志愿者在项目工作中的合作以及大学科教人员与志愿推广人员的合作，不同专业和项目的合作以及经费上的合作。"这是规范美国联邦农业技术推广机构与州农业技术推广站之间关系的基本原则，也是美

---

❶ 徐继宁. 赠地学院：美国高等农业职业教育的开拓者［J］. 中国农业教育. 2008（5）.

国农业技术推广体系的灵魂和核心。"❶ 依托大学的农业试验站与州、联邦和国际机构或专业协会的合作使其能够接触全球的科学进展，获得最新技术。农技推广服务对象广泛、工作内容全面，实际的推广工作中大量使用志愿者和兼职人员。各县农业推广站的推广人员虽由赠地大学农学院委派，但推广计划助手和辅助人员则由县政府配备，有些县推广站的推广人员报酬也由赠地大学和县政府联合筹集发放。有的县还和州立赠地大学签订协议，为县农业推广站建设无偿提供土地和设施。大学的县推广站专家还与农业部和州农业部门（或有关机构）驻县推广中心的官员进行紧密合作，共同开展灾害评估、土地资源利用监测等工作。

三、国外农技推广典型经验与中国借鉴

各国基层农技推广的共性是，立足本国国情，依靠政府、社会、市场等多方力量发展农技推广事业。多元化主体的共同参与、相互配合是促进基层农业科技推广发展的不竭动力。与美国大学在农技推广体系中的作用方式和服务内容有效解决农业科技与生产发展之间"最后一公里"难题，实现农业产业全过程全产业链服务的局面相比，中国大学农技推广目前还处于探索发展阶段，大学在推广体系中的作用整体上还是零星而分散的。本着精简的原则，这里主要以中国与美国进行对比。尽管中美两国的国情不同，但中国在推进农业现代化的进程中，特别是构建和完善基层农技推广服务体系从中至少可以借鉴以下六个方面。

（一）健全法律法规，明确大学在推广体系中的地位

美国以大学为核心的协调高效的推广体系使现代农业科技广泛而大规模得以推广应用，最大限度实现了大学的社会价值。但目前中国大学参与农技推广还主要出于自身的发展需求，对整个农技推广体系的推动作用还十分有限。有学者指出，"公益性推广体系不仅包括五级农技推广体系，还要包括大学、科研机构等的推广职能"❷。建议我国要合理借鉴美国的经验，健全相关法律法

---

❶ 张正新，韩明玉，吴万兴，等. 美国农业推广模式对我国农业高校的启示与借鉴 [J]. 高等农业教育. 2011 (10).

❷ 刘冬梅. 构建新型农村科技创业服务体系 [N]. 科技日报. 2011 - 11 - 06.

规，为大学农技推广体系的发展建构和提供稳定的制度环境；使 2012 年 8 月修订通过的《中华人民共和国农业技术推广法》的精神和具体举措得到有效贯彻和落实，特别是要将大学农技推广服务模式在真正意义上而不只是表面上纳入国家公益性农技推广体系之列；要保障大学推广职能的发挥，使之成为公益性农技推广的重要力量，甚至是多极农技力量的重要一极。当然，也要充分利用中国农业类大学的资源优势弥补现有农村科技服务之不足，同时为涉农大学的社会服务提供更为广阔空间。

（二）加强农业科研、教育、推广三者的结合力度

美国以大学为依托的合作农业推广体系成功实现农科教、产学研的紧密结合，充分发挥大学在区域经济建设和农业发展中的积极作用。中国自 20 世纪 80 年代开始探索产学研，但至今"农业产学研结合的有效体制机制环境还远未建立"❶。借鉴美国的推广经验，中国要进一步明确职责，构建有效机制，完善激励机制，鼓励科研教学人员深入基层从事农技推广服务，以促进科技成果的转化，推动农业科研、教学、推广共同发展和提升。大力推进产业目标导向的农业基础研究、应用研究和试验示范，解决好科技与经济脱节的问题。鼓励和支持农业大学按照各地不同生态区域和产业特色，在农业产业核心地带建立农业试验站，更好地推动现代农业发展，促进农民增收和农村发展。

（三）充分发挥大学的信息咨询服务和培训职能

注重推广主体的拓展和丰富，为探寻中国特色基层农技推广体系作出努力。有丰富的教育资源和优越的科研条件的大学是农业人才的培养源和新技术成果的产生源。基层农技推广应充分发挥农业类大学的优势，搞好多层次科技培训和多渠道信息服务网络，为农民、合作社、农业企业、技术和管理人员服务并使其教育特性得以充分体现。要建立农村基层多层次高水平人才培养体系，完善农业科技信息服务网路体系。可通过县市长培训班、大学生村官培训班、基层农技人员培训班以及农民实用技术培训班或专业讲座等多种形式传播知识，提高农技推广者和使用者的综合素质，实现技术供给方和技术需求方的有效对接。

---

❶ 顾淑林，魏勤芳，刘冬梅，等. 如何构建我国的农业科技创新体系［J］. 中国科技论坛. 2007（12）.

（四）提供稳定经费支持，促进大学推广职能发挥

政府拨款是美国大学农业科研推广经费的主要来源，同时也接受其他捐赠。相关法律规定联邦、州、县和其他机构共同承担农业推广经费[1]，"总体上，联邦政府承担经费占 13%、州政府占 63%、县级占 14%，其他如合约和捐赠占 10%"[2]。这是美国农推体系得以建立起高素质推广队伍的前提，也体现农业推广的"公益性"，保证推广工作迅速高效运转。又比如康奈尔大学2004 年共拥有推广经费 1.1 亿美元，其中联邦政府资助 15%，州政府资助36%，县政府资助 36%，其他收入资助推广经费约占 13%。农业推广经费经州议会批准，推广经费只能用于推广，不得改变。目前中国大学推广项目的经费还主要依靠申请各类项目基金取得，具有短期性的特征，不利于大学推广的长期稳定发展。应从法律上保证政府对农业大学推广经费的预算投入，建议国家设立专项资金，鼓励涉农大学在区域农业产业核心地带建设试验示范站（基地），及时将研究成果通过指导示范和网络资源等传递给有需要的农业生产者。这无疑有助于大学农业推广服务职能的充分发挥，推动相关工作的发展。

（五）运用多样化推广形式和方法，提高推广工作效率

美国采用交叉式的推广方法，"上下"相结合的多样化推广形式和工作途径值得中国各类农技推广组织予以借鉴，以最大限度避免科研内容与农民需求相脱节。大学在中国区域产业试验示范站（基地）建设中，要注重做好档案资料积累、种质资源保存、环境数据监测等方面的基础性工作，应不断探索"环状辐射"等新的推广方式方法。[3] 加强对区域农业生产中存在的关键性技术问题进行更有针对性的协同研究，增强农业科研成果的实用性。加强农业技术信息数据库建设，充分利用现代化推广手段，进一步提高推广效率。[4] 具体的推广工作要充分利用网络、广播电视、电信、视频会议系统、地理信息系

---

[1] 谢特立. 美国农业产业特征与农业推广体系运作、推广目标 [J]. 世界农业, 2008 (6).

[2] 朱鸿. 美国农业技术推广体系的特点与职能 [J]. 台湾农业探索, 2006 (3).

[3] 何得桂, 高建梅. 建构以大学为依托农业科技推广模式的价值与限度 [J]. 安徽农业科学, 2012 (12).

[4] 丁自立, 焦春海, 郭英. 国外农业技术推广体系建设经验借鉴及启示 [J]. 科技管理研究, 2011 (5).

统、卫星定位系统等手段，拓展农技推广辐射范围，实现技术和信息的广泛传播。

（六）完善各项配套政策，促进大学融入农技推广体系

使大学真正融入中国农技推广体系之中，需要有效整合相关涉农资源，理顺和创新相关管理机制。切实推进农科教、产学研紧密结合，建立区域之间、部门之间和学科之间的联合与协作机制。大学要加强与地方政府、涉农企业、基层农技部门、农户、农村合作社、民间组织等社会主体之间的广泛合作，充分调动和发挥各方面的积极力量。鼓励和支持高校运用多种服务模式，集成、熟化和推广农技成果。力争实现国家三大主体科技计划和重大科技成果推广与大学试验示范站的有效对接。支持高校、科研院所承担农技推广项目；把农技推广服务绩效纳入专业技术职务评聘和工作考核，推行大学设立农业推广教授（研究员）制度。在大学试点推行农科生免学费培养，制定相关政策使农科生能进入农业推广队伍，进而推动现代农业发展与"中国梦"的早日实现。

第三章 "农林科大模式"发展历程分析

在中国，大学主导型农技推广新模式是一个"舶来品"，但是目前已经获得一定的发展。从中央层面看，2012年中央一号文件《关于加快推进农业科技创新持续增强农产品供给保障能力的若干意见》明确提出要强化基层公益性农技推广服务，"引导高等学校、科研院所成为公益性农技推广的重要力量"。事实上，西北农林科技大学自1999年9月合并组建以来就秉承和弘扬"顶天立地"的社会服务方针，始终坚持产学研紧密结合的办学方向，高度重视农业科研和农业科技创新工作。在借鉴美国农业推广经验的基础上，依托自身的学科优势和人才优势，通过加强与地方政府和基层农技部门融合，突破原有以行政区域为单元的农技推广界限，在国内率先提出并探索实施了以大学为依托的基层农业科技推广新模式，不仅有效解决了科技成果与生产实践脱节的问题，得到农民、社会和政府的广泛认同，还为我国新时期探索建立多元化农业科技推广新体系做出重要贡献。在这一新模式的酝酿、提出以及实施过程中，主要经历了酝酿尝试、奋力推进、全面发展、持续深化等四个阶段。这些发展阶段是一个由量变到质变、螺旋上升、层层深入的过程，也是"农林科大模式"茁壮成长历程的生动表述。

一、酝酿尝试阶段（1999—2003）❶

1999年10月16日，中共西北农林科技大学党委常委会研究决定，学校党

---

❶ 这一时期，西北农林科技大学以科技推广体制创新，推动农业结构调整，立足陕西，面向西北，努力形成辐射全国的技术示范推广网络，进而推动了区域农业和农村经济的发展。尽管当时尚未正式提出"政府推动下，以大学为依托，以基层农技力量为骨干的农业科技推广新模式"，但是已经在酝酿和尝试进一步加强产学研紧密结合办学道路，在宝鸡市的12个县（区）等地建设了32个农业专家大院并逐步构思符合中国国情，特别是符合区域农业产业发展的新型农技推广服务模式。

政职能管理机构设置科技推广处❶等 21 个部门，这是全国高校首次专门设立科技推广组织管理机构。

1999 年 10 月 16 日，西北农林科技大学校长办公会提出，要尽快将科研、推广、产业三大块的职能划分出来，以便明确职责，各司其责。

1999 年 11 月 26 日，西北农林科技大学校长陈宗兴❷、党委书记孙武学教授❸在向教育部作的《西北农林科技大学组建以来主要工作进展情况汇报》中讲到：已初步提出在西北地区设立推广基地的框架意见。

2000 年 1 月 7 日，中共中央政治局委员、国务院副总理温家宝同志在视察由西北农林科技大学指导的宝鸡农业专家大院时，充分肯定了这一新生事物，他指出："农业专家大院是一个创举，它通过产学研结合的方式，有效地解决了科技与农民的对接，为农业发展和农民增收注入了活力。"

2000 年 3 月 22 日，西北农林科技大学校长办公会讨论了关于科研处、推广处工作人员编制问题，由人事处与李修炼同志研商，提出调整意见后上会研究。

2000 年 5 月 9 日，校长办公会研究了关于建立示范县科技指导小组的初步设想，经会议研究，此项工作具体由推广处负责。

2000 年 7 月 11 日，校长办公会原则同意校级推广项目经费在原来 10 万元的基础上再增加 10 万元。推广处要根据与会人员意见，对科技推广项目管理办法进行修改，对申报的项目要严格筛选，通过项目资助，重点资助青年科技推广人才，以推动推广事业向前发展。

2000 年 9 月 19 日，校长办公会原则通过《西北农林科技大学科技成果推广管理办法》。

2000 年 12 月，经过努力，西北农林科技大学已探索出一系列因地制宜、深受广大农民群众欢迎的技术推广模式，在农业生产中得到了广泛应用，为农业发展、农民增收、农村经济繁荣作出了新的贡献。

---

❶ 为了叙述方便以及遵照日常习惯，下面在行文中有时简称为推广处。

❷ 1999 年 9 月至 2003 年 8 月期间，陈宗兴兼任西北农林科技大学校长，因为这段时间他还担任陕西省人民政府副省长等职务。

❸ 孙武学于 1999 年 9 月至 2003 年 8 月，担任中共西北农林科技大学党委书记，之后则任校长（副部长级），一直到 2011 年 1 月下旬因年龄原因不再担任。

2001 年 2 月 23 日，陈宗兴校长在西北农林科技大学全校干部会上讲到："我们必须把科技推广示范与杨凌示范区的发展紧密结合起来，要制定激励政策，引导和鼓励广大科技人员投身科技示范和推广，与乡村政府❶和龙头企业进行技术合作，直接参与地方经济建设；在科技示范推广工作中，要注意坚持社会效益、生态效益与自身经济效益并重的原则，走由单纯依靠政府支持搞科技推广转向政府支持和自我发展搞技术推广的新路子。"

2001 年 6 月 14 日上午，陕西省人民政府副省长兼西北农林科技大学校长陈宗兴、党委书记孙武学教授一行专程前往教育请示解决有关学校发展问题。孙武学书记就学校合并组建两年来的工作进展情况作了全面的汇报。教育部副部长周济在听取汇报后认为，学校向科技部提出的改革我国农业科技推广体制的建议很好，得到科技部领导的高度重视，学校要按照科技部领导的要求认真进行调研论证。建议以高校为主体的农业科技推广体系，很有创新，很有现实和深远意义。周济还说："我们的'三农'问题迫切需要科技，希望学校站在更高的高度，去积极主动地研究和思考问题，包括农村先进技术的推广体系问题等。"

2001 年 7 月 5 日，常务副校长李靖教授在向全国人大常委副委员长许嘉璐等领导来校视察做的工作汇报讲到，学校在西北地区建立区域综合治理、旱作农业、水土保持等试验示范和推广基地 40 多个，有 400 余名科教人员长期深入广大农村从事科技推广工作。

2002 年 9 月 16 日，西北农林科技大学向陕西省人民政府办公厅上报了《关于加挂陕西省农林科学院牌子的请示》（校办发〔2002〕276 号）。

2002 年 9 月 26 日，陕西省人民政府下发《关于同意西北农林科技大学加挂"陕西省农林科学院"牌子的批复》（陕政函〔2002〕224 号），希望学校努力探索办学和科学研究相结合的新路子，在陕西省农业科研和推广方面不断取得新成就，为我省农业科技和农村经济发展作出新的更大贡献。

2003 年 4 月 15 日，西北农林科技大学校长办公会审议关于农业科技服务管理办法，要求科技推广处再认真修改。

2003 年 6 月 10 日，党委校长办公室所做的《西北农林科技大学二〇〇二

---

❶ 原始文献如此，这种表述有误。笔者以为其意思实际上应为县以下的基层政府以及村委会组织。

年统计资料汇编》讲到，2002 年学校共争取国家和省级各类推广项目 83 项，累计到位经费 2010 万元，较上年增加了 350 万元。在青海、宁夏、甘肃、新疆等地建立了 5 个农业综合科技示范基地，拓宽了学校农业科技成果的辐射范围。省内的 22 个农业科技示范基地，共示范推广农林牧良种 77 个，建立各类示范园田 28.51 万亩，示范养殖各类畜禽 18 万头（只），培训农民 31 万人（次），直接辐射推广面积 216 万亩，带动了 35 万农户实现了增产增收。

2003 年 8 月 30 日，国家教育部部长周济在杨凌农业高新技术产业示范区❶工作座谈会上讲话指出，"我很赞成以大学为主体的农业科技推广体系，这也是杨凌示范区的一个很重要任务。要重视农业技术推广体系的建立。以大学为主体的推广体系，只要显示了自己的实力，政府会支持的。我非常赞成农林科大（西北农林科技大学）成立推广处。一定要抓住这个机会，要把这项工作作为主要任务之一，这也是岚清同志❷最关心的问题。不过，我们的推广体系还要提高。我们以大学为主体的推广体系就把杨凌作为试点，回去再与科技部进一步商谈，要采取措施，争取立项。

2003 年 10 月 21 日上午，西北农林科技大学校长孙武学教授主持召开第五次行政工作协调会。科技推广处在会上通报了 10 月 18 日学校召开的产学研结合研讨会的情况。孙武学指出，学校要制定激励政策，对学校各个方面表现优秀的代表人物进行奖励，以调动各方面人员的积极性，推动学校快速发展。今后，学校要在每年表彰优秀科研人员的同时，也要在教学系列、推广系列中选出一定数量的表现优秀的代表人物，给予奖励。

二、奋力推进阶段（2004—2007）❸

2004 年 9 月 16 日～17 日，西北农林科技大学第一次党代会在杨凌胜利召开。此次党代会将产学研紧密结合确立为学校的办学指导方针，把科技推广摆

---

❶ 通常简称为杨凌示范区或杨凌，它不是一级政府，而是属于陕西省的派出机构，设有相应的管委会、党工委。

❷ 指的是曾担任中共中央政治局常委、国务院副总理的李岚清同志。

❸ 从 2004 年开始，西北农林科技大学联合杨凌示范区等单位正式提出并实施了以大学为依托的农业科技推广新模式并获得国务院部委、陕西省的有力支持。特别是在学校主要领导的大力推动和指导下，在地方政府的积极配合下，这一时期在农业产业主产区、核心区，先后建立了多个农业试验示范站并取得显著成效。

在了与人才培养、科学研究同等重要的战略位置，并强调这是"立校之本"。会议明确提出，"要突破原有以行政区域为单元的农技推广界限，建立政府支持、企业和基层农技力量参与、以大学为依托的农业科技推广模式"。在这一思想指导下，从2004年开始，学校提出建设"政府推动下，以大学为依托，以基层农技力量为骨干"的农业科技推广新模式。最主要的方式，就是在农业产业优势地区，建立服务农业产业发展需要的专业化、永久性试验站。

2004年11月7~8日，国务委员陈至立同志在国家发改委副主任李盛霖、国务院副秘书长陈进玉、教育部副部长陈小娅、科技部副部长李学勇、农业部副部长张宝文、陕西省委书记李建国、代省长陈德铭、省委副书记杨永茂、省委常委、省委教育工委书记郭永平等人陪同下视察西北农林科技大学，校党委书记张光强❶、校长孙武学陪同视察。在7日下午召开的杨凌示范区建设工作座谈会上，陈至立听取了张光强书记关于示范区及学校工作的汇报，对示范区和学校近年来各方面工作给予充分肯定。陈至立要求学校充分发挥科教结合的优势，充分利用示范区这一平台，加快科技成果产业化进程，把产业做大做强；对我校正在探索建立以大学为依托的农业科技推广模式给予肯定，要求有关部委给予支持。

2004年11月9日上午，学校召开校领导、机关处室主要负责人和各学院院长、书记参加的会议，听取张光强书记传达国务委员陈至立11月7日视察杨凌示范区时的讲话精神。张光强要求全体干部和广大科教人员要深刻领会、深入贯彻陈至立同志讲话精神，坚定不移地走产学研紧密结合的办学道路，充分发挥我校科教结合的优势，充分利用示范区这一平台，不断加大科技成果产业化力度，积极探索建立以大学为依托的农业科技推广模式，积极主动地为解决三农问题服务，为把学校建成以产学研紧密结合为特色、国际知名的高水平研究型大学而努力奋斗。

2004年11月，西北农林科技大学第一批具有自主知识产权、土地产权的

---

❶ 张光强于2003年8月至2013年5月担任西北农林科技大学党委书记（副部长级），在这期间（2003年8月至2010年11月）还兼任国家杨凌农业高新技术产业示范区党工委书记。2013年5月起担任杨凌示范区陕西省建设领导小组专职副组长。

基地白水（县）苹果试验示范站开始建设。白水苹果试验示范站得到学校领导的高度重视，张光强书记多次过问此事，校长孙武学教授密切关注和推进此项工作，他还亲自去白水选址❶，并与当地政府商谈有关事宜，马书尚副书记、李华副校长等校领导也曾实地勘查基地。

2004年12月8日上午，西北农林科技大学校长孙武学主持召开校长办公会，研究了苹果试验站前期建设经费的落实问题。会议认为，从生态条件、交通区位、产业基础和政府支持等多方面因素考虑学校在白水县建立西北农林科技大学苹果试验站，作为学校科技示范推广基地。会议同意从学校科技推广经费和杨凌示范区配套经费中解决苹果试验站的前期建设（110万元）问题。试验站要尽快规划，建设必要的基础设施。

2005年3月22日，陕西省委政策研究室郑梦雄助理巡视员和省发改委农村经济处张江波处长等相关领导一行6人来校就"中央一号"文件的贯彻落实情况和加快农业科技创新、改革农业推广体系等方面进行了调研。吴普特副校长，科研处、推广处的相关领导以及有关专家参加了座谈会。郑梦雄表示，农林科大拥有雄厚的技术资源和人才优势，是陕西贯彻落实"中央一号"文件的精神工作重要的技术支撑力量，并对我校提出的以大学为依托的农业科技推广模式如何与政府、企业和原有的农技推广体系相结合提出了重要的建议，同时还提出将向省委省政府汇报学校在陕西农技推广方面的成就，发挥学校的省部共建优势，争取省上相关领导和部门的政策和资金支持。

2005年4月4日，根据孙武学校长的指示，西北农林科技大学副校长李华教授主持召开专题会议，就以大学为依托农业科技推广体系的建设，学校农技推广服务中心的成立，学校产学研基地的建设等问题进行了研究。会议认为，目前学校处在良好的发展机遇期，通过多年的产学研结合办学的实践和探索，已初步积累和形成了一定的经验和做法，当前最紧要的任务就是理清思路，明确目标和任务，统筹整合好各种科教资源，成立学校农业科技推广服务中心，加强学校已有的科技示范推广基地建设，加快以大学为依托的农业科技

---

❶ 在最终确定选择陕西省渭南市白水县杜康镇通积村建设西北农林科技大学苹果试验示范站之前，校长孙武学还带领推广处、赵政阳教授等人到延安洛川等地考察选址。由于白水县对于建设西北农林科技大学苹果试验站最为积极、支持力度最大等因素，经过权衡之后选址白水县建设苹果试验示范站。

推广体系建设的探索和建设步伐，制定出台相关的平台基地建设管理办法和实施细则。

2005年4月30日至5月6日，副校长李华率领科技推广处、有关学院负责同志和相关专家，先后赴西乡、眉县、陇县、合阳等4个县，对学校茶叶基地、猕猴桃基地、陇县扶贫基地、合阳旱作农业基地进行实地考察调研，与西乡县人民政府签订茶叶基地建设科技合作协议，对其他示范基地建设提出指导性意见，促进了以大学为依托的农业科技推广模式的建设。

2005年6月22日，李华副校长在学校科技推广处高翔处长、葡萄酒学院魏安智书记的陪同下，深入我校凤县花椒专家大院进行实地考察。当地政府领导和广大椒农对我校专家近年来为推动凤县花椒产业发展和农民增收所做的工作表示感谢。李华表示学校将继续加强对专家大院、示范基地等科技推广平台建设的支持，积极探索以大学为依托的农业科技推广模式。

2005年7月，由西北农林科技大学与宝鸡市共同创建的秦川牛和辣椒等7个农业科技专家大院被科技部授予"国家星火计划农业科技专家大院示范单位"称号，成为引领全省科技兴农的样板。农业科技专家大院创办5年来，已辐射带动产业区内20多万农户增收，累计新增农业产值近6亿元。

2005年7月27日，孙武学校长主持召开校长办公室。会议同意先借支西乡茶叶试验示范站❶50万元启动经费，2006年从学校专项列支农业科技推广经费中予以扣除。

2005年8月3日下午，孙武学校长赴学校牵头对口扶贫的陇县视察指导工作，陇县县长陈海全、县委副书记罗克让、我校挂职副县长昝林森等陪同。孙武学指出，陇县的奶业基础不错，黄牛奶改工作在农民增收致富方面发挥了重要作用，但要继续加强科技培训力度，让更多的农民掌握科学养牛的技术要领；培训农民是一项长期的工作，需要坚持不懈地抓下去，只有农民真正掌握了科学技术，才能形成强大生产力。

2005年8月5～6日，为进一步加强省外科技示范推广基地建设工作，深入探索建立以大学为依托的农业科技推广模式，根据学校安排，李华副校长率科技推广处和有关专家对学校在甘肃泾川县指导建立的农业高科技示范园区进

---

❶ 位于陕西省汉中市西乡县沙河镇枣园村。

行了视察，详细了解示范园区的管理与运行，新技术、新品种、新成果示范推广，以及带动农村经济发展和农民增收等情况。

2005年10月10日，学校推广、基建、国资、审计、后勤及示范区科教发展局等部门领导赴西北农林科技大学白水苹果示范基地检查工作。检查组现场察看了基地基础建设现状，听取基地负责人有关基地建设分区规划、技术创新、课题研究等方面的情况介绍与远景规划，并与专家进行座谈。当时，前期基础建设工作已经结束，水电已基本到位，基地发展规划也已正式启动。

西北农林科技大学根据国内外经验提出的探索建立"政府推动下以大学为依托农业科技推广新模式"得到了国家有关部委和陕西省的充分肯定。在国家有关部委、陕西省联合设立"杨凌农业科技推广专项基金"支持学校对这一新模式进行实践探索的基础上，财政部于2005年12月31日通过教育部直接给学校划拨2000万元推广专项经费给予支持。该项目的实施将对西北农林科技大学进一步凸显产学研紧密结合办学特色起到重要的推动作用。

2006年1月3日，西北农林科技大学校长孙武学率领园艺和农业经济专家冒着严寒专程到阎良区就建立甜瓜试验示范站❶进行现场考察。孙武学校长先后实地考察当地代家、南房村、康村等地，并深入到农民甜瓜育苗大棚和田间地头与农民亲切交谈、了解甜瓜的种植情况。孙武学与阎良区人大常委会主任武建平、政协主席胡海彦、主管农业工作的副区长仵江以及科技局、农业局等部门负责人就有关具体问题进行座谈。为了帮助阎良区将甜瓜这一产业进一步做大做强并形成品牌，孙武学校长要求植保学院、资环学院、经管学院等有关学院积极配合搞好配方施肥、病虫害防治、市场营销以及甜瓜协会的建立等方面的工作。阎良区各级领导感谢孙武学校长放弃假日休息时间，带着专家送科技上门，表示将积极创造条件，配合学校在阎良的科技推广工作。

2006年1月11日，在孙武学校长的亲切关怀下，《西北农林科技大学"推广专家支持计划"实施办法（暂行）》（校人发〔2005〕457号）正式颁布实施，从此"推广专家支持计划"成为西北农林科技大学"人才强校"战略的重要组成部分，为促进学校农业科技推广新模式探索提供更加有力的激励机制。

2006年1月25日，为促进学校专家与宝鸡市的进一步合作，双方联合召

---

❶ 阎良甜瓜试验示范站位于陕西西安市阎良区关山镇代家村。

开农业科技专家大院工作座谈会，总结回顾 2005 年农业科技专家大院取得的成绩，安排部署 2006 年工作，并对 2006 年新聘任的 23 位专家颁发聘书，发放专家年度津贴。宝鸡市人民政府、农林科大推广处、杨凌示范区科教局领导与受聘专家参加了会议。

2006 年 2 月 22~24 日，新华社三名记者，深入位于陕西省白水、岐山、凤翔等县的校农业推广示范基地和农业专家服务的产业专家大院，采访报道学校提出并实施的"以大学为依托的农业推广模式"在三地的示范推广情况及科技入户为当地农业生产、农民生活带来的变化。

2006 年 2 月 24 日，校党委马书尚副书记前往秦岭北麓（眉县）猕猴桃示范基地检查指导工作。

2006 年 2 月 26 日，党委校长办公室、科技推广处负责人以及有关专家冒雪赴阎良甜瓜示范基地检查工作并和阎良区农林局负责人就甜瓜在阎良的进一步推广等事宜进行了广泛而深入的交流。当发现当地种植户前期育苗采取的简易方法，费工费时且容易受天气变化影响等情况，学校专家建议，可以由我校提供大棚以及温控技术，集中育苗等方法予以解决。当地政府及村民对学校近年来对该区甜瓜生产给予的大力支持表示感谢，希望双方进一步加强合作。

2006 年 3 月 3 日，校长孙武学前往阎良甜瓜试验示范站检查指导工作。当孙武学了解到在学校杜军志老师提供品种、进行指导下，北冯村科技示范户张小平近几年甜瓜收入每年都在 6000~8000 元，当年扩大种植到 7 亩❶地时，孙武学对周围的科技人员说，科技人员一定要通过品种、技术改造传统、落后的生产方式，通过科技示范户带动作用，让农民学到科学作物的方法，使学校科技成果尽快进村入户，使农民通过科技尽快致富。孙校长还与阎良区政府仵江副区长就双方合作建立甜瓜基地进行了交谈。

2006 年 3 月 4 日，在北京参加十届全国人大四次会议的全国人大代表、校党委书记张光强做客中央电视台，参加了 CCTV 经济频道的《科技走进新农村》直播节目。他重点介绍学校和示范区的发展历程、科教优势与特色以及科技产业示范情况；主要介绍了我校探索"以大学为依托的农业科技推广模式"情况。

---

❶ 亩不是法定计量单位，1 公顷 = 15 亩。下同。

2006 年 3 月 14 日下午，李华副校长带领科技推广处高翔处长、北京办事处刘增潮主任到财政部科教文司科学处向宋秋玲处长汇报了西北农林科技大学以大学为依托的农业科技推广模式建设项目实施方案。学校建立以大学为依托的农业科技推广模式旨在建立一种新的推广模式，创出一条新的途径，促进大学科技成果进村入户。这种推广模式是我国建立多元化农业推广体系的一种重要形式，是政府推广体系的一种补充和完善。推广模式建设中，将加强学校与地方政府、科教人员与地方推广部门科技人员的紧密结合，加快科技成果的推广、普及。听取汇报后，宋秋玲说："学校的实施方案做得实、做得细，有干成事的想法和措施。希望通过财政部的支持，西北农林科技大学通过实践能探索形成一种新的机制、新的模式，总结一套成熟的经验，将来在全国广泛推广。"并要求学校要将好的做法、经验经常通过不同的形式宣传出去。

2006 年 3 月 15 日，以张国华副市长为团长的甘肃省天水市人民政府考察团一行 13 人来校学习考察。考察团一行对学校坚持产学研紧密结合的办学思路，加强农业科技示范推广工作，促进区域农业主导产业发展等方面取得的巨大成就表示敬仰，对探索建立以大学为依托的农业科技推广模式表现出较高的热情，并积极邀请学校专家到天水建立产学研示范基地。

2006 年 3 月 19 日，李华副校长在科技推广处负责人和有关专家的陪同下，前往阎良甜瓜试验示范站检查、指导工作。

2006 年 3 月 25 日，孙武学校长在科技推广处高翔处长和有关专家的陪同下，利用星期六休息时间再次到阎良甜瓜基地检查指导工作。孙武学着重指出，学校建立以大学为依托的农业科技推广模式，就是要按照产业建立基地，依托学校学科优势，发展区域主导产业，为地方经济建设作出贡献。科技人员要进一步扎扎实实地做好阎良甜瓜基地建设，要创建不同于原来基地建设的新机制、新模式，要掌握品种和技术源头，通过试验、示范、培训和市场营销一体化创出基地品牌，将阎良甜瓜产业做大做强。孙武学强调，基地推广是科学研究的继续和延伸，科技人员首先要树立科学、严谨的态度，一边试验，一边示范，一边推广，在推广中发现问题，在研究中解决问题。基地推广的品种、技术，科技人员要做到心中有数，示范推广的技术要先经过试验、示范，才能给农民推广。其次，要培养一批示范户，带动农民发展甜瓜产业。示范基地建设的核心是示范户的培养。示范户培养要由小到大，逐步发展，科技人员要认真开展工作，争取示范1户成功1户。第三，要建立以示范户为主的农村合作经济组织，建立协会章程，逐步形成一套培养、考核、入会的规范程序，从品种、生产、销售等各个环节为会员提供系列化服务。统一品种、统一技术规程（包括施肥、灌水、喷药等）、统一包装，创立品牌，提高效益。第四，要建立基地科技档案，为深层次的研究积累资料，提高基地科技服务水平。孙武学要求甜瓜基地近期要尽快召开技术骨干、科技示范户等人员参加的技术座谈会，统一思想，明确认识，规范技术，创立品牌。

2006年4月，西北农林科技大学经过2个多月在不同先后多次组织长期从事科技推广工作的老专家、中青年科技推广人员和有关学院院长等不同层次的座谈会，对农技推广实施方案进行了讨论、修改和完善，并在充分征求陕西省有关部门意见的基础上，学校正式形成了《建立政府推动下以大学为依托基层农技力量为骨干的农业科技推广新模式实施方案》，报请陕西省人民政府和财政部并获得了批准。

2006年4月11~13日，由农林科大和杨凌示范区管委会、阎良区政府共同主办的甜瓜产业发展研讨会在我校阎良甜瓜试验示范站召开。孙武学校长、李华副校长和推广处、园艺、经管学院领导以及我校阎良甜瓜基地专家，陕西省科技厅、杨凌示范区管委会有关部门负责人，中共阎良区委副书记李宁君、副区长仵江及该区农林局、科技局和甜瓜种植示范户、甜瓜协会等负责人出席会议，大荔、武功、富平等县区有关部门也参加了会议。与会专家、领导充分论证了学校阎良甜瓜基地建设的重要性，探讨了我校"以大学为依托的农业科技推广"模式，交流了甜瓜种子繁育、田间管理、病虫害防治、采后处理、市场拓展以及成立农业协会等问题，对阎良甜瓜基地进一步发展壮大提出宝贵的意见与建议。

在2006年4月13日召开的总结会上，孙武学校长指出，会议的召开进一步增强了学校探索"以大学为依托的农业科技推广"模式的决心，也增强了学校把以阎良为中心的甜瓜基地做好、做大、做强的决心。阎良甜瓜基地发展迅速启示我们：农业要增收，科技创新是第一位，要依靠科学技术，使农民走上致富之路；地方政府要为农民闯市场提供服务，引导农民增强市场意识，使产品生产与市场需求对接；学校要加大力气做好自有知识产权的科技成果研发，以服务陕西地域经济为使命，探索农业科技推广模式。就进一步稳步扩大规模，建成以阎良为中心，辐射周边的北方高水平甜瓜基地，孙武学要求：依据当地光热、土地等资源，制定甜瓜生产的科学规划；掌握源头技术，不断研究培育适合当地生产的高、中、低不同档次的品种；综合研究并制定一套甜瓜生产的综合技术规范；实施品牌战略，做大做强甜瓜产业；培育农民自己的产业协会，甜瓜生产要组织形式社会化、生产社会化。孙校长希望，政府、学校要紧密结合，给农民办实事，为社会主义新农村建设作贡献。他还表示：学校将持续不断的努力，进一步把阎良甜瓜基地做大做强，提高阎良甜瓜知名度。

2006年4月中旬，白水县人民政府副县长张晓康专程前往白水苹果试验示范站，将2辆"长安之星"微型面包车赠给学校专家，以实际行动支持农林科大专家在白水县开展科技示范与科技入户工程。

2006年4月25日上午，中共陕西省委书记李建国同志在渭南市委书记刘新文、白水县县委书记史优胜、县长孙矿玲等人陪同下视察了白水苹果试验示范站。当得知学校通过实施科技示范和科技入户工程，积极为白水县培养技术人才，并正在通过建立苹果技术网站向国内外客商介绍白水苹果的生产情况时，李建国高兴地说："我对苹果情有独钟，陕西自然禀赋很好，建设苹果专业试验站这个项目很好，你们实施的科技入户工程机制也很好。陕西苹果有三个元素，自然条件、科技和人才，三者应很好地结合。我们把技术、人才问题解决了，陕西的苹果真正就是全国第一。"对于试验站的建设，李书记要求不但县上要支持，市上、省上也要支持。他还指出，试验站是国内外苹果技术交流的中心，涉果企事业单位都应到这里来参观和交流。

2006年4月29日，校长孙武学、校党委副书记马书尚对眉县猕猴桃基地进行考察并与宝鸡市农业局局长周长安、果业局局长陈科林、眉县县长张乃卫等就共同建设全国一流的猕猴桃产业基地举行座谈。孙武学听取了眉县政府关于猕猴桃产业发展的情况汇报，并作重要讲话。孙武学强调指出，学校正在探索建立以大学为依托的农业科技推广新模式，就是为了将学校的技术成果迅速转化到生产中去，促进农民脱贫致富，推进社会主义新农村建设。我们利用学校原有试验站的条件❶，开始建设猕猴桃试验站，其目的就是支撑、引领猕猴

---

❶ 眉县猕猴桃试验示范站是一个较为特殊的试验站，它拥有的160亩土地是学校的，而不是地方政府提供的。该试验站位于陕西省宝鸡市眉县青化镇西寨村。

桃产业的发展，与地方政府共同打造高水平的猕猴桃产业基地。孙武学从猕猴桃品种资源的搜集、新品种选育、种苗繁育体系建设、示范园建设等方面对试验站的科技人员提出了明确要求，并就试验站的条件建设进行了部署安排。他希望双方加强联系，密切配合，共同把事情做好，把眉县建设成为我国一流的猕猴桃产地。

2006年5月5日，孙武学校长在白水县人民政府县长孙矿玲、县委副书记朱福俊和苹果试验站首席专家赵政阳陪同下，到冯雷镇耀卓村、尧禾镇尧禾村和雷牙乡东方城村三个示范园，检查"科技示范和科技入户工程"开展2个多月来的工作进展。孙校长说，试验站安排的老园改造示范、新建园模式示范、二元覆盖试验、病虫害综合防治试验示范，给果农苹果生产带了一个好头，将这些技术应用到生产果园，将会带动白水苹果产业迈向一个新台阶。果园管理要从地下抓起，从基础抓起，通过种草、利用沼液、沼渣等办法培肥地力，使果业发展步入良性循环。

2006年5月5日晚上，孙武学校长与白水县人民政府县长孙矿玲、苹果试验站全体工作人员进行2个多小时的座谈，听取了首席专家赵政阳教授关于试验站建设和今年开展的科技示范与科技入户工程的进展汇报，详细询问了试验站工作人员的工作和生活情况。孙校长告诉试验站科教人员，学校今年将再投入经费进一步加强试验站建设，希望试验站的科教人员从现在起就严格做好科学数据、原始材料、实验标本的积累，建立永久型数据资料库、研究标本库，把试验站建成科研、教学和实习基地，建成广大果农的培训基地，最终使试验站成为省级站、国家级站。孙武学指出，提升白水县苹果产业发展水平，人才和技术是核心。要积极探索地方产业发展与高校技术培训的对接机制。县上和乡镇的干部都可以到西北农林科技大学参加苹果产业化系统培训，促进他们转变观念，提高管理水平。要依托试验站和示范园，加强对苹果产业从业人员的全面培训，使广大果农的生产经营水平有一个全面提升。试验站与中国移动白水分公司合作开展的"农信通"业务，使果农每天都可收到苹果生产管理技术短信，这是利用现代传播手段进行技术推广的创举，值得加强和推广。对于苹果生产中需要解决的关键技术问题，学校可以以课题形式给予专项支持。要通过多学科协作研究，从品种、栽培技术、病虫害防治、包装、储藏、营销、加工等方面系统解决产业发展中存在的问题，力争在3～5年内使白水乃至陕西苹果产业跨上一个新的台阶。

2006年5月6日，西北农林科技大学孙武学校长来到阎良甜瓜试验示范站，查看示范园甜瓜的丰产性和商品性，了解目前的市场情况，并深入农户听取瓜农对有关新技术的示范反馈意见。针对个别农户采用激素催熟的情况，孙武学要求驻点科教人员要与地方政府配合，探索准入机制及相关约束机制，严防因激素施用影响甜瓜品牌。

2006年5月18日，白水县县委书记史优胜代表渭南市委、市政府到学校白水苹果试验示范站慰问科技人员，为他们送去了2台电脑和10床棉被。史优胜书记对我校苹果试验站科技人员全心全意为白水果业的发展而努力工作的精神予以了充分肯定，表示今后要进一步配合学校，积极搞好服务，共同促进白水苹果产业发展。

2006年5月18日～20日，由校党委副书记马书尚带队，学校组织有关专家和白水县有关部门负责人对"白水苹果产业化科技示范与科技入户工程"实施2个多月来的工作进行了全面检查。

2006年5月26日下午，西北农林科技大学国际交流中心门外响起热烈的锣鼓声，阎良致富瓜农一行50多人冒酷暑到校送锦旗。他们带着刚从瓜蔓上摘下的大个儿甜瓜，从几百里之外专程赶到杨凌，感谢学校阎良甜瓜基地的专家，指导他们走上致富路。"今年是个好的开端，大家要好好干，继续在品种更新、技术创新上下功夫，把阎良甜瓜务好，创出品牌，走向高端市场，争取能在国际市场看到我们阎良的甜瓜！"孙武学校长在结束时给瓜农鼓劲的话，引起了瓜农一片热烈的掌声。

2006年5月30日上午，全国人大农委调研组路明、杨新人、张百良、赵明正、吴庆华、张真和、张国庆等一行来我校，就有关问题进行了专题座谈调研。张光强书记重点介绍学校在加速科技成果转化中所积累的经验和做法，详细介绍学校与杨凌示范区共同探索提出的"建立政府推动下以大学为依托的农业科技推广新模式"的总体思路、主要任务、组织管理及取得的初步进展。孙武学校长结合学校近几年在科技推广中的实践和取得的实效作了汇报，他强调：农业技术推广必须与区域农业的主导产业对接，建立自己的试验示范基地；学校拥有自主知识产权的技术专利是推广的核心；多学科协作，解决生产中的实际问题，实现产业化，促进农业增收是推广的根本目的。建立试验示范基地要做好四个结合：一是教学科研相结合，二是示范、培训、产业发展相结合，三是学校专家与当地农技人员、科技示范户相结合，四是学校与当地政府相结合。调研组对我校在农业科技推广中作的工作给予了高度评价。全国人大常委会委员、人大农委副主任委员路明认为学校与示范区提出的推广模式具有普遍意义和指导意义。

2006年6月6日，科技部副部长刘燕华一行在杨凌听取了学校科技创新及平台建设情况的汇报。张光强书记向刘燕华副部长汇报了学校合并组建以来的工作进展，今后的发展目标和工作思路，科研平台建设和"政府推动下，以大学为依托，以基层推广力量为骨干的农业科技推广模式"的探索情况。孙武学校长对科技部多年来对我校的支持表示感谢，希望科技部继续对我校支持。刘燕华副部长说，多元化的科技推广模式探索，要引进利益机制，调动更多人的积极性，使政府与市场紧密融合。目前，学校应该结合西北地区特点，发挥科技优势，在西北种质资源库建设，农业技术、市场、信息等共享平台建设，农产品深加工技术研发，生物技术等方面做工作。希望学校和示范区要明确在社会主义新农村建设中的作用，要明确新农村建设中需要的生产要素，拉长产业链，提高基层组织化程度。

2006年6月28日，由西北农林科技大学、眉县人民政府实施的"猕猴桃产业化科技示范与科技入户工程"签约仪式在眉县进行。陕西省人大、宝鸡市、眉县有关领导，校长孙武学、党委副书记马书尚、副校长李华及推广处、园艺学院领导和专家等参加了签约仪式。项目签约期间，学校与眉县人民政府、新西兰环球园艺公司召开座谈会。孙武学、马书尚、李华和有关院系、处室领导和眉县人民政府领导、新西兰环球园艺公司总裁派克·怀丁尼先生参加座谈。孙武学校长介绍学校基本情况后指出，作为教育部重点直属高校，学校对科技推广很重视。近年来，重点建设了苹果、猕猴桃等实验站。学校在猕猴桃育种、研究、栽培等方面积累了丰富的经验，眉县不仅有学校的基地，学校许多科研人员也都到新西兰学习过。希望通过与环球园艺公司开展合作，学习新西兰先进的栽培、管理、技术方面经验，指导当地农民生产出高品质的产品，同时把眉县基地建设做大做强。

2006年7月28日，西北农林科技大学与榆林市人民政府科技合作协议签字仪式在榆林市隆重举行。孙武学校长和榆林市人民政府代市长李金柱分别代表双方在协议上签字。中共榆林市委书记周一波、榆林市副市长王长安、榆林市政府和我校有关部门负责人以及我校有关专家出席了签字仪式。该项合作以基地建设为核心，以示范引导为手段，以技术培训为支撑，研究解决榆林地区农业主导产业发展中的关键重大技术问题，推动农业产业化发展，促进农民收入增加。根据协议规定，双方联合在榆林市有关地区分别建立红枣新品种示范及栽培管理技术，马铃薯品种选育与深加工，白绒山羊良种改良，牧草新品种筛选、精深加工及生态修复，小杂粮生产加工，设施农业示范，旱作农业节水示范等7个示范推广基地。孙武学在签字仪式上讲话指出，与榆林市科技合作协议的签订，为学校科技成果的推广和转化又提供了一个良好的平台。他要求学校有关部门和科技人员，要坚持产学研紧密结合，集中力量，形成拳头，努力解决当地主导产业发展中的重大问题，千方百计让广大农民得到实惠，为榆林市社会主义新农村建设作出自己应有的贡献。

2006年8月5日，由科技部副秘书长王志学率领的中央各大新闻媒体采访团一行12人对杨凌示范区进行调研采访，听取了校党委书记张光强、副校长李华及学校和示范区有关部门负责人的工作介绍。李华副校长介绍学校近年来在产业化创新方面所取得的成绩，校科技推广处处长高翔介绍了学校在科技推广、基地建设方面的一些具体做法，并回答了记者们就学校科教体制改革、科技示范推广、科技带动农民增收、产学研紧密结合的办学思路等方面的提问。来校采访的各中央媒体包括：《人民日报》、《光明日报》、《经济日报》、中央人民广播电台、中央电视台、《科技日报》、《中国高新技术产业导报》、《科学时报》等多家新闻媒体。

2006年8月9日，孙武学校长、马书尚副书记在基建处、园艺学院负责人陪同下，视察正在进行基本建设的白水苹果试验示范站。到达试验站后，孙武学顾不上休息，冒着骄阳直奔综合楼建设工地，在工地现场一边察看一边听取有关人员的汇报，详细询问工程监理及质量控制情况。孙校长对试验站建设工程进展表示满意，要求将工程质量放在首位，并对建设中的相关问题作了明确指示。随后孙校长、马书记与白水县主要领导、试验站科技人员就白水县苹果产业化科技示范与科技入户工程进行座谈。孙校长强调，科技示范工程关键是为白水培养技术人才，要充分利用苹果试验站资源优势，对全县技术干部进行系统培训，使其达到大专毕业程度，成为白水苹果产业可持续发展的中坚力量。

2006年8月,全国人大农业委员会农业技术推广体系建设调研组认为:西北农林科技大学重建的推广模式的核心是到农村第一线建立科技示范基地,将试验示范站作为农业推广的载体,通过这个载体开展农民技术培训,把先进农业技术传送给农民,促进了农业增产、农民增收,促进了大学科技成果与农村经济建设,加快了成果转化。这个模式对全国来讲,包括50多所农业院校和科研院所都具有普遍指导意义。

2006年9月,新华社在第3051期《国内动态》刊发的《西北农林科技大学探索农技推广模式》一文中称赞我校的这一推广模式"将探索出教学、科研和科技推广'三赢'之路。"

2006年9月,由学校和杨凌示范区管委会、杨凌职业技术学院联合主办的"杨凌科技推广"网站(http://www.ylkjtg.cn)正式开通。该网站的宗旨是农业科技推广为"三农"服务,体现杨凌农业高新技术产业示范区和两所大学面向"三农"的社会化服务功能。网站以推广动态、示范基地、实用技术、资源展示咨询培训、市场信息、农业文化、专家论坛、政策法规、企业与产品等版块为框架,形成农业科技推广的现代化传播网络。网站的开通,将为提高农业科技推广服务的现代化水平,扩展西北农林科技大学、示范区以及杨凌职业技术学院科技推广的辐射面起到积极作用。

2006年9月6日,孙武学校长在推广处和园艺学院负责人的陪同下,再次来到阎良甜瓜试验示范站,检查试验站基础设施建设工作的进展情况。孙武学要求推广处和园艺学院进一步加强对示范站基建工作的组织协调,要在保证工程质量的前提下,尽可能地加快工程进度,力争在11月底前全面完工和投入使用,以确保来年春季能为瓜农提供配套的种苗服务和技术示范。

2006年9月10日,《中国教育报》刊登了中共西北农林科技大学党委书记张光强同志的文章《加快科技成果转化,服务社会主义新农村建设》。张光强在文章中结合认真学习胡锦涛总书记在中央政治局第三十四次集体学习时关于教育问题的讲话精神,提出高等农业院校要办好让人民满意的教育,必须重视发挥大学人才培养、科学研究、社会服务三大功能,坚持为社会主义新农村建设服务。

2006年10月7~10日,孙武学校长率领学校水产、蚕桑等方面的专家赴安康市进行考察。10月8日，学校专家与安康市科技局、水利局以及平利县、紫阳县等地的领导、专家进行座谈。推广处负责人介绍学校"政府推动下、以大学为依托、基层农技力量为骨干的农业科技推广新模式"和社会服务方面的主要做法和思路，表示我校愿意为安康农业产业发展助力。安康市相关部门介绍了他们在水产、蚕桑等产业方面的发展现状与存在问题，希望得到我校的技术支持。通过坦诚、深入的交流，双方在水产、蚕桑方面合作达成了共识。

考察期间，孙武学校长与安康市水利局赵继民局长就双方合作事宜举行座谈。孙武学指出，安康市水资源丰富，水产品效益高。学校与地方合作，可以共同培育适合当地的水产品，发挥乡土品种的潜力，为安康农业发展出力，也为学校科研提供条件。2006年10月9日，孙武学还专程赴安康市鱼种场考察。此次孙校长亲自率团对安康市进行深入考察，标志着学校与安康市在农业产业领域的科技合作进一步深化。未来几年内，学校将组织专家结合安康农业主导产业和特色产业发展需要，建立水产、蚕桑等一批示范推广基地，将对安康区域农业和农村经济发展发挥积极的促进作用。

2006年10月10日，由学校和陕西省农业厅、眉县人民政府共同举办的"陕西·眉县优质无公害猕猴桃产品推介会"在西安举行。

2006年11月6日，孙武学校长会见榆林市人民政府副市长兰新哲，科技局局长韩宇平一行。兰新哲副市长对学校为榆林市提供的科技支持表示感谢，表示榆林市愿意继续在农业科技方面加强与学校方面的合作。孙武学指出，学校在榆林的农业科技推广，要将生态效益与经济效益紧密结合起来，集中优势学科，为榆林市的农业提供育种到加工方面的全套服务，并表示愿意为榆林市与加拿大有关方面的合作牵线搭桥，在燕麦、土豆等方面展开共同合作。

2006年11月3日，《科技日报》刊发反映学校改革发展的长篇通讯《科研：成果写在大地上》，文章指出，近年来，西北农林科技大学充分依托整合后的科技优势，以基地建设为突破口，不断凝炼科研方向，加强国际交流，取得了一大批在国内外有影响的原创性科技成果。

2006年11月6日上午，白水县书记、县长带领县政府有关部门负责人一行来到学校，兴奋地向孙武学校长汇报，"今年我们白水县苹果生产取得了大丰收，产值达到6亿4千万！"这一喜讯，并送来了一面写有"校县联合结硕果,科技之花开万家"的锦旗。西北农林科技大学校长孙武学、副校长李华与此次来校的白水县政府主要领导及有关部门负责人进行了座谈。座谈会上,孙校长指示校县两方要抓紧做好基层技术人员和果农的冬季科技培训工作,加强标准化管理,挖掘资源,做好产销一体化建设,开辟国内及国际市场,同时要教育果农诚实经商,树立"品牌"意识;试验站和示范基地要积极总结经验,树立典型,推广经验,扩大宣传,力争把白水科技示范点建成全国一流的科技示范基地。李华副校长也就如何开辟苹果专业国际市场、进一步加强示范基地建设及技术培训等问题谈了一些建议和看法。白水县领导向学校 10 位科技专家的辛勤工作表示感谢,并对专家们的工作给予极高的评价,表示今后将进一步加强与我校的科技合作,努力把白水果业做大做强。苹果专家赵政阳及推广处负责人参加座谈会并作有关情况介绍。

2006 年 11 月 11 日,西北农林科技大学甘肃成县核桃试验示范基地正式成立。这标志着学校以大学为依托的农业科技推广模式建设项目在重点建设陕西各类农村科技示范基地的同时,已经逐步向西北辐射。

2006 年 11 月中旬,李华副校长在接受新华社记者时表示,西北农林科技大学充分发挥科技和人才优势,顺应多元化农业科技推广体系的要求,率先在全国创建农业科技专家大院模式,为新农村建设注入了活力。农业科技专家大院是新时期农业科技体制改革的一个创举,它通过产、学、研结合的方式,有效解决科技与"三农"的对接。报道从农业科技"专家大院"的现实意义、农业科技专家大院的管理机制、农业科技专家大院的初步成效等方面介绍学校的做法和经验。

2006 年 11 月 28 日,孙武学校长一行到阎良检查学校甜瓜试验示范站建设工作。阎良区农林局权利军局长陪同检查。晚上,孙武学还与阎良区政协胡海燕主席、区政府仵江副区长就校区合作建立基地和甜瓜产业发展进行了交谈。孙武学校长到甜瓜试验示范站建设现场检查了整体建设情况。孙武学对甜瓜试验示范站在较短时间,克服秋季连阴雨等困难,按期完成试验示范站建设任务表示满意。随后,孙武学来到学校专家驻地,与随行人员和驻点科技人员进行了深入交谈。孙武学对甜瓜试验示范站科技人员辛苦工作,为农民进行实实在在的科技服务,为阎良甜瓜产业的发展做出成绩,给予充分肯定。他讲到,学校之所以在农村建立基地,就是要带动学科发展,促进地方产业,增加农民收入。

就今后甜瓜试验示范站建设、阎良甜瓜产业发展，孙武学校长主要讲了四个方面的意见。第一，要加强育种工作，掌握技术源头。品种是学校拥有的核心技术，一定要牢牢掌握；并且要做好储备，不断推陈出新，适应市场的需求。第二，要示范、推广甜瓜规范化栽培技术。科技人员要把群众经验变成科学，把定性变为定量，从育苗，移栽，到棚期灌水、防病、施肥、整枝等做务管理，都要进行深入地试验研究，研究和总结、提出甜瓜规范化栽培管理技术。第三，要做好甜瓜市场营销工作。政府要加强甜瓜市场营销的组织管理工作，学校科技人员要配合政府研究甜瓜高端市场，制定标准、申报商标、统一包装、树立品牌、开拓市场，提高甜瓜产业发展水平。第四，要建立新型农民甜瓜协会。要通过制定新的章程，将经过培训，按照甜瓜规范技术进行生产的科技示范户纳入协会，成立利益共享、风险共担的新型农民甜瓜协会，提高甜瓜生产、经营水平，使甜瓜产业进入良性循环。最后，孙武学强调今年集中育苗、集中供苗的工作一定要周密安排，保证育苗质量，做到万无一失。

2006 年 11 月 29 日至 12 月 1 日，杨凌示范区党工委书记、校党委书记张光强，在杨凌示范区管委会副主任周耀生、冷劲松，杨凌职业技术学院党委书记曹毓刚等陪同下，分别走访了国家发改委、教育部、财政部、科技部、农业部等部委。在财政部教科文司，张光强书记与丁学东司长进行了会谈，就探索"政府推动下的以大学为依托以基层农技力量为骨干的农业科技推广新模式"一年来的工作做了简要汇报，希望能进一步得到财政部的支持。丁学东司长表示，杨凌创立的这种农业科技推广新模式是一条值得探索的新路。支持杨凌做这种新探索，符合中央和国家"十一五"期间有关惠农政策。对于杨凌这种新模式的探索，虽然财政部今年已经支持了，但是一年是不够的，真正看到效果，需要连续支持两年到三年。2007 年财政部将继续给予杨凌新模式探索不少于 2000 万元的支持。丁司长提出 3 点要求，一是杨凌和农林科大应对 2006 年新模式探索进行全面的总结，要客观反映新模式所取得的效果和需要解决的问题；二是新模式的探索，一定要有推广的价值；三是新模式探索要和原有农业科技推广体系、龙头企业、农民专业合作组织实现有效结合，真正让农民满意。

2006 年 12 月 2 日，教育部、科技部、农业部在河北农业大学联合召开"高等学校为社会主义新农村建设服务座谈会"。西北农林科技大学在大会上作了典型发言，孙武学校长以"创新大学农业科技推广机制，增强服务社会主义新农村建设的能力"为题，介绍了我校探索建立以大学为依托的农业科技推广新模式的工作实践。教育部周济部长、科技部刘燕华副部长对我校服务"三农"工作给予充分肯定。周济部长在阐述高校投身新农村建设的意义时说，"西北农林科技大学在一个小地方，得到的支持并不多，但近年来快速发展，如果你们以前去过这个学校，现在再去这个学校，将会感到震撼。"在讲到创新高等学校为新农村建设服务机制时，周济部长说，"西北农林科技大学在这方面进行了很好探索，他们走的正是新时期的太行山道路。"

2006 年 12 月 8 日，由安康市人民政府举办的"西北农林科技大学、安康学院、石泉县人民政府共建石泉蚕桑科研示范基地签约仪式"在安康宾馆举行。此次《共建石泉蚕桑基地协议》的签署和我校"石泉蚕桑试验示范基地"的正式挂牌，是学校发挥科教优势，服务陕西区域经济主导产业发展的具体行动。

2006 年 12 月 11 ~ 14 日，孙武学校长赴京走访了教育部、科技部、人事部、国家外国专家局、国家食品药品监督管理局等部局，汇报了我校相关工作，咨询了解了明年工作方针及动态。在教育部直属高校司，孙武学校长与高文兵司长、贾德永副司长进行了座谈。孙校长汇报了我校科技推广模式探索、附中建设和工资调整问题。高司长对我校凝练产学研结合办学特色给予肯定，表示在明年适当的时间到我校新建设的试验站考察。

2006 年 12 月，《中国高等教育》杂志 2006 年第 24 期在"前沿话题"专栏刊登了西北农林科技大学校长孙武学教授撰写的《创新大学农业科技推广机制，增强服务新农村建设能力》一文。孙武学在该文中结合我国农业科技推广与成果转化的热点、难点问题，阐述了学校近年来探索建立以大学为依托农业科技推广新模式的工作实践，提出新时期农业高校服务"三农"的战略思路。该文对我校凝练办学特色、不断深化产学研紧密结合办学理念具有重要指导意义。

2006 年 12 月底，西北农林科技大学 2006 年十件大事评选揭晓。"农业科技推广成效显著，白水苹果、阎良甜瓜、眉县猕猴桃、西乡茶叶等 4 个试验站基本建成"，成为十件大事之一。

2006 年 12 月，邱凌、昝林森、赵政阳、薛吉全、陈新宏等 5 位科教人员入选西北农林科技大学首批"推广专家支持计划"，每人获得 15 万元的资助并享受其他相关待遇。

以大学为依托的农业科技推广模式建设项目是财政部支持学校的重点科技推广项目，项目的进展、运行情况一直受到西北农林科技大学孙武学校长的高度重视。2007 年 1 月 2 日，孙武学校长在科技推广处高翔处长的陪同下，利用元旦休息时间，顶风冒雪，又一次到白水苹果试验示范站和阎良甜瓜试验示范站，看望节假日仍坚守工作岗位的科技人员，检查、指导科技推广工作。孙武学希望试验站的科教人员要认真总结去年的工作，特别是科技入户模式的一些创新经验，周密部署今年的各项工作，扎扎实实，通过几年的努力，探索形成大学科技成果进村入户的新通道，将试验站建设成为对地方产业发展有重要贡献，对农民增收有带动作用，在国内有一定影响的、产学研三位一体的国家级站。孙武学要求，试验示范站要组织学校多个学科的科技人员，按照产业组建科技推广专家团队，通过多学科协作研究，从品种、栽培技术、病虫害防治、包装、储藏、营销、加工等方面系统解决产业发展中存在的问题，为产业发展提供全方位服务；要依托试验站研究、集成产业链各个节点的关键技术，为产业发展提供科技支撑；要重视农民的科技培训，特别是科技意识和操作技能的培训，使农民的生产经营水平全面提升；要重点加强示范户的培训和培养，以科技示范户为结合点，影响、带动周边农民学习科技知识，促进科技入户。在示范推广工作中，科技人员不仅要重视产前、产中的技术服务，更要重视和加强产后的加工、保鲜和销售服务工作，从"田间到餐桌"，为农民提供全程服务。

2007 年 1 月 18 日下午，西北农林科技大学召开试验示范站（基地）汇报座谈会。2006 年度新建的白水苹果、阎良甜瓜、秦岭北麓猕猴桃、西乡茶叶、眉县葡萄与葡萄酒、陇县奶牛养殖等试验示范站（基地）负责人汇报了 2006 年度基地基础设施建设、试验示范工作、示范样板建设、科技培训、经济效益、社会影响、项目经费使用、主要工作特色与经验以及 2007 年度工作计划与主要目标；2007年度拟建的清涧红枣❶、商洛核桃板栗❷、安康水产❸、石泉蚕桑试验示范站（基地）负责人汇报2007年度工作计划与目标任务。孙武学校长指出，我们学校不仅要有高水平的科学研究成果、有专利，还要能直接为社会服务，真正做到"顶天立地"。学校在各地建立基地，目的就是为了把学校的技术、发明等直接转化为现实生产力。基地建设离不开地方政府的支持，我们要与地方政府密切合作，把地方农技推广人员的积极性充分调动起来，纳入到基地建设体系当中。在基地建设过程中，一定要选择优生区，要重视实验材料等的积累，尊重科学规律和自然规律，围绕地方农业主导产业进行，做到规模化、标准化、市场化，真正使农民朋友致富。要不断加大从土地到餐桌整个产业链的探索，研究市场，研究品牌。我们要做农民做不了的事，要开发具有自主知识产权的技术，引导农民做高端市场的产品，使产业不断升级，实现由低层次、低水平向高层次、高水平转化。不仅要建设好推广示范基地，而且要把基地做成学生实习的基地、科技创新的基地。这就是产学研紧密结合的道路，是凝练办学特色的道路，能充分体现学校服务社会、为现代化农业服务的办学理念。

2007年1月，学校分别与商洛市山阳县和榆林市清涧县签署"西北农林科技大学核桃、板栗科技示范基地合作协议"和"西北农林科技大学红枣科技示范基地合作协议"，标志着学校第二批陕西省内农业科技示范基地（站）建设工作已全面启动。这两个示范基地的建立能为带动商洛核桃、板栗和榆林红枣产业的发展发挥示范引领作用，同时也将进一步彰显我校在促进地方经济发展中的重要作用。

2007年1月31日，李华副校长一行考察了我校泾阳基地。

2007年2月12日，中共咸阳市委、咸阳市人民政府代表团一行在中共咸阳市委副书记裴育民、咸阳市人民政府副市长牛继鹏的带领下，来校慰问参与咸阳杨凌农业产业一体化合作工作的专家教授，并与有关人员进行了座谈。副

---

❶ 清涧红枣试验示范站位于陕西省榆林市清涧县宽洲镇牛家湾村。

❷ 山阳核桃板栗试验示范站位于陕西省商洛市山阳县十里铺镇任家村。

❸ 安康水产试验示范站位于陕西省安康市汉滨区恒口镇，站址原为安康市鱼种场，由安康市无偿划拨给学校，占地面积60.4亩，生产试验池塘34亩（21口），苗种培育池塘14口，科研实验池塘12口。

校长赵忠、侯曦以及部分专家和有关部门负责同志参加了座谈会。

2月18日（正月初一），孙武学校长来到阎良甜瓜科技示范基地，向春节期间仍坚持在我校甜瓜示范基地工作科技人员拜年，并了解基地集中育苗情况。他强调今年集中育苗、集中供苗是基地为农民提供科技服务的一个尝试，既要保证育苗数量，满足群众的订单需求；又要保证苗子质量，让群众用得放心，为基地今后开展科技示范和推广工作打好基础。

2007年3月2日上午，西北农林科技大学孙武学校长主持召开山阳县核桃板栗试验站建设启动工作会。孙武学听取项目组专家翟梅枝、吕平会汇报后，就如何在山阳县建立永久性的"产学研"一体化的核桃板栗试验站作了重要讲话。

2007年3月6日，陕西省人民政府常务副省长赵正永同志在省发改委等有关部门和宝鸡市委、市人民政府有关领导陪同下，深入陇县贫困山区和我校奶业示范基地，调研指导扶贫开发工作。

2007年3月9日，孙武学校长主持召开2007年第3次校长办公会议。会议主要研究关于启动2007年推广基地建设问题。为加快以大学为依托的农业科技推广模式的实践和探索，会议研究决定，2007年启动安康水产试验示范站、山阳核桃板栗试验示范站、清涧红枣试验示范站和海南岛农作物南繁育种基地建设。会议明确，校外试验示范基地建设要严格控制基建规模；列支50万元作为推广模式构建专项费，列支75万元作为2006年推广专家计划支持经费。

2007年3月14日，张光强书记作客央视二套《对话》节目，畅谈杨凌农业科技推广和成果转化的做法和经验。西北农林科技大学有关方面专家、杨凌示范区有关企业负责人及周边受益农民也一同出席。

2007年3月24日，赵忠副校长在学校相关部门和学院负责人的陪同下，考察眉县猕猴桃试验站、阎良甜瓜试验站和白水苹果试验站。

2007年3月27日~28日，校党委校长办公室、推广处、计财处、国资处、基建处、林学院负责人一行，赴山阳核桃科技示范基地进行实地考察，并与山阳县人民政府有关领导进行座谈，就示范基地下一步建设进行深入探讨。

2007年3月30日上午，中共中央政治局委员、国务院副总理回良玉同志在中南海亲切接见了西北农林科技大学邱凌教授等15位全国农业科技推广标兵代表，并和他们进行座谈。此外，2007年赵政阳、昝林森教授也被农业部授予"全国农业科技推广标兵"荣誉称号。

2007年3月30日下午，农业部召开了全国农业科技推广标兵表彰视频会议。全国农业科技推广标兵表彰视频会议分为农业部主会场和各省区市分会场。西北农林科技大学孙武学校长代表高校系统、河南省农科院马万杰院长代表省级科研单位、江苏省农林厅刘立仁厅长代表省级管理部门、四川省郫县三道堰片区农技站赵献成代表地方农技部门、黑龙江省北林区新福乡农民张德山代表广大农民分别在会上作了典型发言。作为高校发言的唯一代表，孙武学代表学校做了"依托大学科技优势，探索农技推广新路子"的典型发言。孙武学在发言中详细地介绍学校探索新的农业科技推广模式的基本构想、主要做法和取得的成效。

2007年4月7日，孙武学校长利用双休日再次到阎良甜瓜试验示范站检查指导工作。孙武学与正在该示范站观摩的校推广处全体同志一起听取了该站近期工作进展情况汇报，深入站内各甜瓜示范棚进行认真查看，随后与专家们在一起进行座谈交流。孙武学校长一直非常关心学校示范推广基地（站）建设工作，一年多来，他先后10多次利用节假日到各试验示范站检查工作、看望和慰问专家，使在各试验示范站工作的推广专家们深受鼓舞。

2007年4月13日下午，西北农林科技大学吴普特副校长到白水苹果试验示范站检查指导工作。首席专家赵政阳汇报了试验站自2005年筹建以来的基础设施建设、苹果产业化科技示范和科技入户工程进展情况。吴普特希望试验站紧密结合以大学为依托的农业科技推广模式建设项目，抓住机遇、增强自信、团结协作、准确定位、努力实践和探索出一套有效和高效的管理体制和运行机制，使实验站健康持续稳定的发展。

2007年4月15日下午，孙武学校长陪同西安市人民政府朱智生副市长到阎良甜瓜试验示范站检查、指导基地建设、科技示范和科技入户工作。试验示范站首席专家杜军志向朱智生副市长详细汇报试验示范站的试验示范、示范户培养、技术推广、基地运行以及当地政府的支持情况。科技示范户张小平介绍自己近年来的甜瓜生产和收入情况。朱智生副市长听完汇报后讲到，西北农林科技大学在产区建立试验示范站探索了新时期科技服务"三农"的新路子，促进地方产业的发展，增加农民收入。今后，西安市和阎良区政府都将继续积极支持学校试验示范站的建设，阎良区科技人员也要参与学校科技入户工作，和学校一起探索农民协会的培育和建设工作。朱智生副市长当场表示西安市今年投资 50 万元支持学校在阎良区建设 3 个集中育苗中心，校地合作，共同将阎良甜瓜产业做大做强。

2007 年 4 月 24 日下午，孙武学校长为来校考察学习的中国延安干部学院第 3 期中央和国家机关司局级干部"区域协调发展"专题研究班 37 名学员做了题为"以大学为依托农业科技推广模式的建设与实践探索"的报告。"生动深刻，案例性强，重点突出，观点清晰，显著提高了我们对'三农'的认识。"孙武学校长的报告在学员中产生强烈反响，很多学员积极和孙武学校长互动交流，请教探讨自己所关注的问题。

2007 年 5 月 2～4 日，孙武学校长赴西北农林科技大学陕南水产、蚕桑、茶叶试验示范基地考察。安康市水利局局长赵继民、党委副书记陈万富，石泉县副县长陈达斌，西乡县县委书记车国珍、县长刘颙陪同考察。孙武学要求，安康水产试验示范站要凝聚力量，确定现阶段推广工作的目标和方向。水产试验示范站要主动依靠当地政府支持，提高基层技术人员的素质，认真总结技术经验，提升理论水平，尽快把学校基地现有的水产养殖技术变为现实生产力，把学校安康水产基地变成陕南乃至全省的水产品生产中心、技术推广中心、人才培养中心、科研中心，面向社会，为广大群众提供服务。孙武学校长一行还前往石泉县喜河水库，深入库区察看了我校试验示范站网箱养鱼示范基地。在学校蚕桑试验示范基地，孙武学一行来到深入池河镇谭家湾村、新棉村和城关镇红岩村现场察看了示范桑园建设情况、蚕桑养殖大户生产情况。在学校西乡茶叶试验示范基地，孙武学校长深入茶园，察看了茶树种质资源圃、生态茶园示范、新品种示范、老茶园改造等情况。并与西乡县领导及政府相关部门负责人、我校基地工作人员进行了座谈。孙校长要求，把茶叶试验站建成学校教学、科研与技术推广的平台，建成为地方培养人才的基地。试验站要积聚力量，广纳贤才，使学校、地方以及陕南所有从事茶叶的人才都能够利用这个平台，发展壮大陕南茶叶。试验示范站要解决茶叶生产中存在的技术问题、关键问题，提高茶叶生产的技术水平、科技含量，力争通过 2～3 年的努力，使学校在解决陕南茶叶生产难题上有所突破。西乡县县委书记车国珍、县长刘颙表示：基地建设过程中存在的水电等相关问题，政府部门一定会解决好。西乡县将为基地建设创造良好的条件，确保基地教学、科研、推广等工作的良好秩序。

2007年"五一"期间，李华副校长先后深入西乡茶叶试验示范站、甘肃成县核桃试验示范基地检查、指导基地建设、科技示范和科技入户工作。

2007年5月12日，校党委副书记马书尚同志到阎良甜瓜试验示范站检查指导工作。

2007年5月22日~23日，科技推广处组织学校长期从事核桃研究的专家高绍棠、杨卫昌等专家，对山阳核桃板栗试验示范站进行实地考察。山阳县人民政府副县长王立栋、县林业局局长武建书等领导参加了考察。王立栋认为："学校在山阳县建立试验示范站，虽然仅仅四个月时间，但学校的专家教授深入田间地头，扎扎实实开展技术示范和指导工作，工作进展顺利，成效显著，影响较大。"

2007年5月25日~26日，科技推广处组织学校专家对陕北清涧红枣试验示范站进行了实地考察调研。科技推广处、基建处、林学院，以及清涧县人民政府副县长邢维勤、县林业局局长王恭等领导参加调研。校地双方就共同建立清涧红枣试验示范站、红枣产业发展问题进行了深入座谈和交流。邢维勤副县长强调，红枣基地的科技人员在短短的两个月时间里，工作认真，吃苦耐劳，成绩突出。他们认真工作的态度和敬业精神令县上领导和群众非常感动，增添了干部、群众搞好红枣产业的信心和决心。

2007年5月29日~30日，孙武学校长在参加完"对口支援青海大学协议书签字仪式和西北农林科技大学青海校友会成立大会"返回西安后，不顾旅途劳累，一下飞机就直接奔赴商洛市和山阳县，对我校山阳核桃板栗试验示范站建设进行实地考察、调研。5月29日晚上，中共陕西省委常委、商洛市市委书记魏民洲、市长魏增军与孙校长进行了会晤，双方就进一步开展市校合作，共同建设山阳试验示范站问题进行商谈。5月30日上午，在商洛市人民政府副市长王建领，山阳县委书记周青海、县长杨萌等人的陪同下，孙武学校长冒雨考察城关镇权垣村良种核桃高接换优示范基地、高坝镇石头梁村良种核桃示范园和学校试验示范站；在考察高坝镇石头梁村良种核桃示范园后，该村村长代表村民为专家赠送了"农大科技帮民富，村民感谢专家情"的锦旗。孙武学校长在座谈会上，就学校建立山阳试验示范站的缘由、发展过程、建设思路，以及如何建设做了重要讲话。他指出，山阳试验示范站有许多事情要做，当前最重要的是做好实生苗的高接换头工作，为生产发展提供最优良的品种。要建立标准化的示范园，为农民做好示范，让农民看得到，跟着学，使新技术尽快进入千家万户。试验示范站要做好技术和物质贮备，要不断创造新的方法和措施，源源不断地为产业发展提供新的技术和成果，为下一步示范推广提供优质、充足的接穗和苗木。商洛市副市长王建领表示商洛市将从政策、资金上给予倾斜，支持山阳核桃板栗试验示范站建设。

2007年6月2日~3日，李华副校长一行深入学校合阳旱作特色农业综合试验示范基地考察，调研基地建设、科技示范等情况，并与合阳县人大主任雷新昌、副县长县雷秦、合阳县葡萄协会会长、葡萄酒企业负责人、专家进行座谈。

2007年6月3日~7日，由西北农林科技大学主办的"2007年陕西茶产业发展学术研讨会"在西乡县召开。我国唯一的茶学院士——中国工程院院士陈宗懋，中国农科院茶叶研究所所长、中国茶叶学会理事长杨亚军，中国茶业学会副理事长、安徽农业大学校长宛晓春，中国茶叶学会副会长施兆鹏，以及浙江大学等9所高校在茶学和茶产业发展研究方面具有一定造诣的专家和来自陕西茶叶生产一线的技术与管理专家160余人出席研讨会。6月3日至5日，大会组织与会代表赴我校茶叶试验站以及陕南茶叶优生区的平利、南郑、勉县、西乡等县进行实地考察。6月6日上午，会议在西乡县鑫隆商务酒店开幕。陈宗懋院士、孙武学校长，安徽农业大学校长宛晓春，中国农科院茶叶研究所所长杨亚军，陕西省供销社副主任郑忠堂，汉中市人民政府副市长郑宗林，西乡县委书记车国轸、县长刘颙在开幕式上讲话。杨凌示范区纪工委书记史小平等出席开幕式，李华副校长主持开幕式。

孙武学校长、省供销社副主任郑忠堂、汉中市副市长郑宗林、李华副校长至始至终参加此次研讨会。孙武学校长在2007年6月7日中午举行的闭幕式上讲话指出，通过研讨会，大家认识了陕西茶产业发展的方向，认识了陕西产业在中国茶叶中的地位。通过聆听各位专家教授的真知灼见，使学校明确了如何凝炼茶学学科发展方向，对茶学学科的进一步发展具有重要的指导意义。本次会议是陕西茶产业发展的一次盛会，也是一次意义深远的学术活动，对推动陕西茶叶可持续发展，提高陕西茶叶知名度，提高陕西茶叶市场竞争力，必将产生积极作用和深远影响；也将进一步加强学校与国内农业高校同行、陕西主要产茶区以及茶叶生产、加工、销售企业的密切关系，促进我校有关学科发展。

2007年6月6日，张光强书记在中共宝鸡市委书记姚引良同志陪同下，视察了以学校为技术依托单位的莎能奶山羊专家大院。张光强书记指出，莎能奶山羊是我校已故著名畜牧专家刘荫武教授率领的奶山羊研究室培育的，是我国宝贵的品种资源，驰名国内外。今后要围绕提高种羊遗传品质、产奶量和培育高产品系，进一步开展技术攻关。双方均表示，今后将对这类专家大院给予重点支持。

2007年7月7日，李华副校长带领推广处的负责同志再次到白水苹果试验示范站检查指导工作。他要求试验站要在管理模式和运行机制方面进行大胆创新，逐步增强造血功能，努力探索出一条自我可持续发展的道路，为我校以大学为依托的农业科技推广模式建设提供经验借鉴。

2007年7月11日下午，张光强书记主持召开的2007年第11次党委常委会议同意校长办公会关于启动2007年推广项目建设的意见，决定分别建设安康水产试验示范站、山阳核桃板栗试验示范站、清涧红枣试验示范站、海南农作物南繁育种基地、石泉蚕桑试验示范基地和玉米新技术示范基地，总投入经费1095.5万元。

2007年8月15日，由学校和白水县政府联合举办的"现代果业技术研修班"培养方案论证会在我校召开，标志着学校在白水县实施的以大学为依托的农业科技推广新模式中"十百千"人才工程全面启动。

2007年8月16日，孙武学校长利用假期，再次深入到白水苹果试验示范站和阎良甜瓜试验示范站检查指导工作，了解两个试验站的建设、生产情况，现场解决生产建设中存在的问题。孙武学指出，建设农业试验站的目的就是要使我们研究和掌握的科技成果尽快普及到千家万户，使其成为农民朋友发家致富的手段，我们必须时刻把握住这一目标。我们示范和推广的每一项新技术，一定要经济、实用，要考虑农民是否用得起、学得会和做得到，要让农民可以接受，乐于接受。在谈到试验站的定位时，孙武学指出，一定要把试验站建成百年站❶，要建成国际水平❷的试验站，试验站要把我们多年研究积累起来的

❶ "百年老站"的提法首次出现，标志着学校建设试验示范站不是权宜之计，而是有长远打算。
❷ 这是首次将试验站功能和水平进行如此表述，预示着学校主要领导认识的深化和拓展。

61

东西充分展示出来，要围绕试验建立一套科学完整的数据观察记录体系并长期坚持。希望通过试验站所有人员实实在在的工作，把试验站建成一个能够吸引国内外同行主动到我们这里来参观学习、共同开展合作研究的国际站。孙武学对阎良甜瓜试验示范站如何拓展思路，以站养站提出了许多建设性意见，并要求有计划、分批次地做好对周边农技工作人员和农民的培训工作。

2007 年 8 月 22~24 日，西北农林科技大学副校长张雅林前往汉中、西乡、石泉等地，为学校博览园农业历史博物馆征集江南水乡农业历史展品，并深入西乡县茶叶试验示范站和石泉县蚕桑试验示范基地，了解试验基地建设、生产情况，并就存在的问题作了现场指导。

2007 年 9 月 11~13 日，副校长李华带领推广处、有关学院负责人深入安康水产试验示范站、山阳核桃板栗试验示范站检查工作。李华副校长指出，作为科技成果的拥有者，学校选派专家深入一线，在产业中心地带建立试验示范站，就是为了解决农业科技推广"最后一公里"的问题，引领地方产业发展，帮助农民致富。在陕南基地检查工作期间，李华副校长还与中共安康市委书记黄玮，商洛市委书记魏增军、常务副市长杨长亚等围绕地方主导产业，发挥校地积极性，"共建"示范基地等问题进行了座谈。两市领导表示，学校抓住了陕南绿色产业发展的关键，与地方需要紧密结合；地方政府将紧密配合，共同建好基地，带动、促进区域产业发展和农民增收。

2007 年 9 月 15~16 日，李华副校长率有关单位负责人，深入合阳、阎良检查指导示范基地建设工作。在合阳县，李华副校长一行在樊存弟县长等领导的陪同下，对当地政府无偿提供学校建立葡萄与葡萄酒试验示范站的地块进行现场踏查。就双方合作建立葡萄与葡萄酒试验示范站事宜与当地政府有关部门举行深入座谈。在阎良甜瓜试验示范站，李华副校长一行在阎良区农业局权利军局长的陪同下查看试验站秋茬甜瓜试验示范工作情况，与试验站驻点专家进行了座谈。由于学校甜瓜试验示范站的建立有效推动当地甜瓜产业的发展和农民增收，当地政府又多次邀请学校在阎良建立设施蔬菜试验示范园区，以促进当地蔬菜产业的发展，并向学校无偿提供 30 亩土地。

2007 年 9 月 19 日，李华副校长为来校考察学习的中国延安干部学院第 4 期中央和国家机关司局级干部"区域协调发展"专题研究班 37 名学员作了题为"以大学为依托农业科技推广模式探索与实践"的报告。

2007年9月19日上午，中共安康市委书记黄玮同志在市委秘书长徐启方及市水利局、汉滨区、恒口镇有关领导的陪同下，来到位于安康市恒口镇的学校水产试验示范站检查指导工作。黄玮书记对安康水产试验示范站结合安康实际，利用汉江梯级开发形成的大水体进行匙吻鲟生态养殖示范，以及利用稻田开展淡水小龙虾养殖示范工作表示赞赏，并高度评价了我校安康水产试验示范站提出的"通过调整渔业生产的养殖结构促进当地水产业发展"的工作思路。她指出，学校水产试验示范站的建立，对推动安康水产业发展具有重要意义，也将为陕南突破式发展战略的具体实施作出重要贡献。安康市水利局赵继民局长和陈万富副书记在试验示范站进行了现场办公，就乡村道路建设及农忙季节临近村民的用水、用电问题交换意见，商定解决办法和思路。黄玮书记亲自到我校示范站检查指导工作，再次体现安康市委市政府对我校水产试验示范站建设工作的重视和支持，对进一步密切安康市与学校的科技合作，共同推进水产试验示范站建设和陕西省水产事业发展将起到积极的促进作用。

2007年10月中旬，党的"十七大"代表、校党委书记兼杨凌示范区党工委书记张光强同志，利用会议前期的部分学习时间，和杨凌示范区党工委副书记安宁一起率有关部门负责同志，在京拜访国家科技部部长万钢、科技部党组书记李学勇，科技部副部长刘燕华和科技部秘书长郑国安，农业部和泰国正大集团领导。万钢部长表示，杨凌示范区和西北农林科技大学这种农业科技推广新模式的探索很重要。农技推广工作政府责无旁贷，应该大力推进，但是也要探索一种以市场为导向的新模式作为补充，一定要走政府和市场双轮驱动的路子。杨凌示范区和西北农林科技大学所探索的这种新模式就是一种新的尝试，应该不断改进，认真开展下去。

2007年10月10日至12日，李华副校长与推广处负责人一起，前往学校在宁夏的葡萄与葡萄酒试验示范基地检查工作。

2007年11月1日上午，中共陕西省委副书记、省教育工委书记王侠同志来学校就如何学习贯彻党的十七大精神，努力为"三农"服务进行实地调研。校党委书记张光强、校长孙武学陪同调研。王侠指出，学习贯彻十七大精神，西北农林科技大学要充分发挥特色优势，在服务"三农"工作上有新作为，要继续探索、实践好"政府推动下以大学为依托，基层农技力量为骨干的农业科技推广模式"，实现更高层次、更高水平上的产学研紧密结合，为构建多元化农业科技推广体系作出新的贡献。

2007年11月5日，由西北农林科技大学和宝鸡市人民政府主办，眉县人民政府承办的"陕西·眉县优质无公害猕猴桃产品推介会"在杨凌举行。陕西省人大常委会代主任崔林涛，省农业厅、省果业局、杨凌示范管委会、宝鸡市政府等有关部门领导以及新西兰环球园艺公司等20多家中外猕猴桃加工、营销企业代表200余人出席推介会。李华副校长出席推介会并代表学校向本次推介会的成功举行表示祝贺。此次推介会是继2006年10月学校与省农业厅、眉县政府共同在西安举办首次"陕西眉县优质无公害猕猴桃产品推介会"后的第二次"优质无公害猕猴桃产品推介会"。此次推介会的再次成功举办，对进一步扩大眉县无公害猕猴桃产品的知名度，树立陕西猕猴桃产品的新形象、新品牌将起到重要作用，对进一步促进学校与眉县在猕猴桃产业领域的科技合作，做大做强眉县猕猴桃产业，引领陕西猕猴产业持续健康发展将产生积极的推动作用。此外，对宣传学校农业科技推广方面的工作，扩大社会影响也具有积极意义。

2007年11月6日晚，孙武学校长会见了陕西省靖边县委书记马宏玉、县长张凯盈带队的靖边县代表团，宾主双方进行了座谈交流。孙武学指出，发展农业和发展工业不同，农业具有很强的地域性。发展农业不仅要重视经济规律，更要重视自然规律。要根据本地实际，进一步明确农业主导产业，做好区域布局和规划。他要求学校推广处在原有工作基础上，与靖边县进一步商讨有关事宜，推动双方合作迈上新台阶。

2007年11月9日~10日，陕西省人民政府原省长白清才同志在校党委书记张光强、校长孙武学、副校长侯曦及杨凌示范区管委会副主任郭建树的陪同下来校参观考察。白清才对我校翻天覆地的巨大变化和在科研推广等方面取得的成就赞叹不已。特别是在考察完新天地设施农业示范园和中科环境公司后，他提出要将学校的科技成果在他的家乡——山西五台加以推广，使山西五台成为西北农林科技大学的科技成果示范基地。

2007年11月20日，陕西省决策咨询委员、原陕西省农业厅厅长史志诚率领省决策咨询委员会委员罗久序、张涌、霍学喜、刘炳武、郑双成、郭卫东等专家来校调研，副校长吴普特主持召开座谈会，就学校"政府推动下以大学为依托，基层农技力量为骨干的农业科技推广新模式"建设项目工作进展情况向专家组作了汇报。座谈会后，专家组还深入学校有关试验示范站进行实地考察调研。

2007年11月20~23日，校党委书记张光强、校长孙武学专程赴京拜会教育部、科技部、农业部、国家发改委、财政部、国家外国专家局等部委领导，汇报了学校及示范区近期有关工作，争取支持。在农业部，张光强、孙武学拜会张宝文副部长、危朝安副部长，总经济师杨坚、科教司司长张凤桐、副司长杨雄年等，汇报了以大学为依托农业推广模式的最新进展情况，请求农业部继续给予支持。张宝文、危朝安等人对学校的工作给予充分肯定，表示农业部会一如既往地支持学校的建设和发展。在财政部，张光强、孙武学同志拜会了部长助理丁学东，科教文司司长赵路、处长宋秋玲等，汇报了以大学为依托的农技推广模式进展情况，请求继续给予支持。丁学东等对以大学为依托农业推广模式工作给予充分肯定，表示将继续给予关注和支持。

2007年11月21日下午，张光强书记、孙武学校长在中南海拜会了国务委员陈至立同志。张光强、孙武学汇报了杨凌示范区、西北农林科技大学的最新工作进展，以及建立以大学为依托的农业科技推广新模式的推进情况。陈至立对示范区及大学在发展和创新中所取得的成绩给予充分肯定。她表示，示范区和大学积极推进的以大学为依托的农业科技推广新模式探索，很具创新意义，推进了农科教、产学研的紧密结合，应在此基础上不断总结经验，加强宣传，扩大影响，更好地为社会主义新农村建设服务。

2007年12月13日，西北农林科技大学内蒙古牙克石市农业科技试验示范基地正式启动。牙克石市人民政府市长张宝泉、市人大主任于秀斌、市委副书记陈丽岩、市政协副主席关晓文、市农牧业局局长杨忠伟、牙克石市大兴安岭乾森农业（集团）有限公司董事长刘鹏举等出席，副校长李华率推广处以及沼气、玉米、小麦、油菜等方面的组成的专家团参加启动仪式。

2007年12月28日，50名来自山阳县、乡、村的林业技术干部和部分核桃种植大户来杨凌参加由学校举办的为期7天的核桃高接换优技术培训班。孙武学校长在办班典礼上强调，让先进技术走进千家万户，为农民带来更多实惠。开班典礼结束后，山阳县副县长王立栋向山阳核桃板栗试验示范站赠送1辆桑塔纳牌小轿车，支持专家在山阳开展工作。

三、全面发展阶段（2008—2011）[1]

2008 年 1 月 2 日下午，西北农林科技大学召开"2007 年大学推广模式建设项目工作总结汇报会"。校领导张光强、孙武学、李华出席会议并讲话。张光强指出，今后永久性的试验示范站（基地）要不断扩大规模和服务范围，要走出陕西，面向西北。孙武学对各试验示范站（基地）今后的工作提出了三点要求：一是要进一步加强对县、乡农技人员及农村科技户的培训工作，采取在学校进行理论培训和在各试验示范站进行应用培训相结合的形式，提高这些人员的科技素质，为农村培养一批永远留得住的科技人才；二是要组织多学科专家共同参加试验示范站（基地）的工作，进一步提高试验示范站（基地）的综合服务能力；三是各试验示范站（基地）要引导、组织农民建立农村经济合作组织，进一步推进产业化进程。

2008 年 1 月 9 日，渭南市人民政府市长曹丽丽在市果业局局长王鹰林、白水县县委书记史优胜、县长叶珺的陪同下到白水苹果试验站检查指导工作。在座谈会上，曹市长当即表态，渭南市将拿出 50 万元，列入财政预算，专项支持学校苹果试验站开展渭南市主要苹果生产县（区）的技术干部和农民技术骨干科技培训及示范园建设，充分发挥学校苹果试验站科技，人才优势，进一步把示范推广扩大到渭南市的其他县（区），全面提升苹果等技术水平。

2008 年 1 月 10 日晚，孙武学校长、李华副校长在国际交流中心会见清涧县委书记高永东一行，双方共同探讨学校清涧红枣基地建设事宜。孙武学介绍学校建设试验示范站的基本思路。他指出，学校在产业中心地带建立试验示范站，首先要为产业发展服务，让产区农民得到实惠。要把试验示范站建成面向整个红枣产区开放的永久性基地。清涧红枣试验示范站要建在田间地头，更好地贴近农民，实实在在解决生产实际中的问题，为农民做好示范，让当地农技人员及广大农民朋友也广泛参与进来。学校将组织多学科专家"会诊"清涧

---

[1] 这一时期，西北农林科技大学建立的农业试验示范站不再注重数量和规模的扩大，而是十分重视试验示范站功能的拓展和完善，试验示范站的功能从建立初期的以技术推广、品种培育为主，向技术推广、信息传播、人员培训、实践教学、科学研究、国际交流等方面全面发展，与此同时与地方政府的合作更加紧密，从地方政府获得的支持也在增强。该时期的新型大学农技推广模式运行机制更加健全，同时具有全面发展的鲜明特点。

红枣产业，提高红枣产业化发展水平。他要求我校专家从品种培育、栽培、加工等方面系统研究，解决红枣生产中产量不高、品质不良及裂果、病虫害等问题，为推动陕北红枣产业水平和农民增收作出贡献。

2008年1月23～26日，孙武学校长利用寒假时间率领推广处、基建处、计财处、农学院有关负责人，到我校海南省三亚、陵水育种基地调研，了解基地建设进展情况，看望慰问节假日仍在基地坚持工作的科研人员，鼓励大家努力工作，为学校科研事业做出贡献。孙武学指出：海南具有独特的气候条件，我们要充分利用这种资源，进一步加快学校的作物育种工作；要把三亚育种基地办成一个面向全校开放的、共享的科研平台，规划好、建设好、管理好、使用好，确保基地运转良好；而陵水基地可以作为作物育种的自然隔离区，充分发挥好它的作用。孙武学要求，农学院要整合作物育种方面的科研力量，特别要建设好梯队，重点支持几个有潜力的团队，争取取得大的突破。

2008年2月4日，年关将近，校长孙武学教授带领科技推广处负责人冒着严寒来到阎良甜瓜试验示范站，查看试验站近期集中育苗情况，了解这次持续降雪、降温对蔬菜瓜果造成的危害，看望慰问节假日仍在基地坚持工作的科技人员，鼓励大家努力工作，为学校科研事业和全省农业发展作出贡献。孙武学还在推广处和阎良区农业局负责人的陪同下来到阎良蔬菜试验示范站，听取了张树学研究员的工作汇报，查看温室蔬菜的育苗情况。孙武学的亲临指导和关怀，使仍坚守工作岗位的推广专家们深受鼓舞。大家一致表示，绝不辜负学校的期望，认真扎实地做好各项工作，努力为区域农业主导产业发展和农民增收作出更大贡献。

2008年2月10日（农历正月初四），心里一直惦记着坚守在农业生产一线推广专家的孙武学校长，在科技推广处负责人的陪同下，再次来到白水苹果试验示范站，看望和慰问春节期间仍坚守工作岗位的科技推广人员，勉励大家努力工作，为学校科研、推广事业和陕西苹果产业的发展作出贡献。

2008年2月16日，陕西省农业厅政策法规处戴建昌处长、农技推广站邢胜利站长一行4人到白水苹果试验示范站，调研以大学为依托的农业推广模式情况，并在试验站会议室举行座谈。

2008年2月，为推广示范学校选育的作物新品种，从2008年开始，在河南省、安徽省、江苏省、山东省等区域建立了30个小麦、玉米、油菜新品种示范基地。

2008年2月17~19日，吴普特副校长利用寒假时间带领科研处负责人，到我校海南省育种基地检查工作。吴普特希望育种基地充分利用海南独特的气候和资源条件，抓住机遇、增强自信、团结协作、准确定位、努力实践和探索出一套高效的管理体制和运行机制，使育种基地健康持续稳定发展。

2008年2月20日上午，新任中共渭南市委书记梁凤民同志在有关部门和白水县委、县政府领导的陪同下，到白水苹果试验示范站检查指导工作。

2008年2月24日~25日，以西北农林科技大学为建设依托单位的现代苹果产业技术体系培训研讨会在西安举行。农业部科教司政策体系处张国良处长、陕西省果业局周智孝副局长、范海龙副局长、陈临江总农艺师等领导出席会议。会议由该体系首席科学家、农林科大韩明玉教授主持，吴普特副校长代表学校出席会议并致辞。现代苹果产业技术体系是国家现代农业产业技术体系第一批试点的10个优势农产品体系之一，也是目前以我校为依托单位承担的唯一国家现代农业产业技术体系建设项目。

2008年2月27日~29日，推广处、基建处负责同志深入学校的阎良甜瓜、阎良蔬菜、山阳核桃板栗、安康水产、西乡茶叶试验示范基地，检查各基地近期工作开展情况和基地建设工作。两处负责同志希望各个试验示范站抓紧基础建设，做好2008年工作计划，尽早发挥试验站各项功能。

2008年4月2日下午，时刻牵挂校外试验站建设进展的西北农林科技大学校长孙武学再次带领推广处、场站管理处、园艺学院的负责同志到眉县猕猴桃试验示范站检查指导工作。在眉县人民政府领导陪同下，孙武学一行首先参观新西兰环球园艺公司在当地投资建立的标准化出口猕猴桃生产示范园。随后与眉县人民政府领导及试验站的专家们一起座谈交流，听取眉县猕猴桃产业发展状况与思路的介绍和试验示范站首席专家的工作汇报，并就需要解决的有关问题进行了探讨交流。孙武学对眉县政府以引进国外猕猴桃贸易企业为龙头，示范带动当地猕猴桃产业走外向型、国际化发展的思路和做法表示赞赏，并表示学校愿意从技术方面予以全力支持，以共同推进眉县猕猴桃产业的发展升级。孙校长指出，试验站要紧密结合猕猴桃产业发展需要，重点做好品种选育、优质种苗的繁育以及高接换优技术的示范推广。要依托试验站这一平台聚集多学科的专家，广泛吸纳基层农技骨干联合组成推广团队，提供从"土地"

到"餐桌"的全程技术服务。

2008年4月6日，李华副校长带领推广处、园艺学院的负责同志及有关专家再次到眉县猕猴桃试验示范站检查指导工作。他要求猕猴桃试验站积极探索产、学、研紧密结合自我持续发展的良性运行机制，为我校以大学为依托的农业科技推广新模式建设积累经验。

2008年4月10日晚七时，孙武学校长与来校学习的陕西省县（处）级领导干部发展现代农业、壮大县域经济专题研究班的二十余名学员，以及学校近20位学院和处室负责人、校试验站专家聚会在国际交流中心一楼咖啡厅座谈交流。成教学院院长石民友主持座谈会。

2008年4月15日，陕西省农业厅胡小平副厅长率农业厅相关部门负责人莅临西乡茶叶试验站视察工作。胡小平对学校科教人员长期深入生产第一线开展科技试验示范工作给予了充分肯定，他说："姚引良副省长对我省陕南茶叶产业发展非常关注，西北农林科技大学在茶叶的主产区建立茶叶试验站，解决茶叶生产中的关键问题，推广先进的茶叶生产技术，提升茶产业的科技含量，推动茶文化发展，对陕南茶产业的发展意义非常重大。"胡小平指出，从长远的观点来看，与西乡县现有的农技推广体系有机结合，更有利于充分发挥学校的人才优势和技术优势，更有利于发挥试验站功能，更有利于先进茶叶生产技术的推广应用。

2008年4月16日，李华副校长带领推广处有关同志到阎良甜瓜试验示范站和蔬菜试验示范站检查指导工作。

2008年5月17日，教育部巡视组一行在西北农林科技大学校长孙武学、党委校长办公室主任赵曼的陪同下，专程赴阎良蔬菜试验示范站和甜瓜试验示范站参观考察。巡视组一行听取了蔬菜试验示范站首席专家张树学和甜瓜试验示范站首席专家杜军志关于试验示范站情况的介绍，详细了解试验示范站的建设和运行情况，并实地察看试验示范站的大棚蔬菜和甜瓜长势情况。蔬菜试验示范站和甜瓜试验示范站的新品种和栽培技术引起了巡视组的极大兴趣，巡视组副组长陈世禄还当即索要甜瓜试验示范站首席专家杜军志的联系方式，有意将学校甜瓜品种和技术引种到自己家乡河南濮阳。

2008年6月9日，陕西省人大常委会副主任李晓东在校党委书记张光强、校长孙武学和副校长李华、校党委副书记徐养福等人的陪同下，视察阎良蔬菜试验示范站和甜瓜试验示范站。李晓东副主任充分肯定蔬菜试验示范站和甜瓜试验示范站卓有成效的工作，希望科技人员发挥学校优势，将学校最新的品种和技术推广到千家万户，使农民增产增收，以实际行动推进我省社会主义新农村的建设。省科技厅副厅长许春霞、杨凌示范区管委会副主任周耀生等陪同。

2008 年 6 月 9 日，西北农林科技大学苹果试验示范站在陕西省白水县举行揭牌仪式，这是国内建成的首个苹果专业试验站。试验站占地 7.5 公顷，建立了资源收集保存、品种选育、新品种展示、栽培新技术、老果园改造等多个田间试验示范功能区。同时建有 3 个功能试验室、培训教室、试验冷库等基本设施，具备科学研究、教学实习、科技示范和人才培养四大基本功能。

由西北农林科技大学主办，白水县委、县政府协办的"现代果业科技发展战略研讨会"于 2008 年 6 月 9 日在白水县举行，会议由副校长吴普特主持。会议期间，西北农林科技大学苹果试验示范站首席专家赵政阳教授分别与澳大利亚西澳州农业部的托尼·波特曼博士、美国康奈尔大学的兹那罗·华兹欧教授和美国康奈尔大学的特勒斯·鲁滨逊教授签订了双方有关单位的科技合作协议。

2008 年 6 月 14 日，全国人大常委会原副委员长、中国红十字会会长彭珮云同志在陕西省人大常委会副主任罗振江，省人大常委会原副主任范肖梅，省政协原副主席梁琦和西北农林科技大学副校长李华的陪同下视察了白水苹果试验示范站。

2008 年 7 月，经过一年多的建设，西北农林科技大学海南三亚育种基地已按计划全面完成基本设施建设任务。为保证基地顺利建设，孙武学校长多次做出专门指示，并亲临现场检查指导。科技推广处、基建处和国资处等部门组织专家进行反复论证和实地考察，制定建设方案，基建处派驻技术人员负责工程施工管理，确保工程建设按时、保质保量完成。

2008 年 7 月 15～18 日，西北农林科技大学孙武学校长深入学校商洛核桃板栗、安康水产、汉中茶叶试验示范站考察调研。相关部门及各有关学院的负责同志随行前往。

2008 年 7 月 15 日上午，孙武学校长一行抵达商洛市，与商洛市委书记魏增军会晤并就加强校地合作，共同推进新型农业科技推广模式的探索等问题进行商谈。7 月 15 日下午，在商洛市政府领导的陪同下，孙校长一行前往山阳、镇安两县调研。孙校长指出"把农业生产中最需要的关键技术带到农村,做给农民看、教会农民干,是试验站的一项重要任务。能真正解决实际问题的专家才是农村最需要的专家,能真正帮助农民增收致富的技术就是农民最需要的技术"。

2008年7月16日,考察组赶到安康市,当天上午与安康市委书记刘建明、市长方玮峰座谈。市领导对学校科技推广工作为安康农业产业发展做出的贡献表示感谢。孙武学校长表示愿意通过西北农林科技大学安康水产试验示范站的科研和推广工作,有效解决当地水产产业发展中的技术难题,配合市委市政府产业政策,共同推动安康水产事业的大发展。下午,在安康市政府领导和试验站专家的陪同下,考察组乘船来到汉江安康电站库区的网箱养殖示范点。孙武学指示试验站要抓住安康市将要大力发展水产养殖业的机遇,超前性地做好试验示范工作,最大程度地发挥科技支撑作用,为陕南水产养殖业的培育、发展和壮大做出应有的贡献。

2008年7月17日上午,中共安康市委纪委书记郑光照同志陪同考察组到安康市汉滨区恒口镇的水产试验站。孙武学校长看望在此地参加社会实践的志愿者服务队的老师和同学们,与大家进行亲切交流座谈会上,孙武学强调,安康水产试验示范站建设要在为相关专业本科生搞好教学实习服务的同时加强社会服务功能。

2008年7月17日下午,考察组来到西乡茶叶试验示范站。在汉中市、西乡县及试验站专家的陪同下,孙武学一行认真察看了茶叶加工中试车间、种质资源圃、老茶树更新复壮、无性系良种示范茶园等各个功能区建设进展情况,听取试验站的工作汇报,并实地察看试验站办公楼遭受"5·12"地震后的受损情况。在汉中考察期间,孙武学与中共汉中市委书记田杰及政府有关部门进行了座谈交流,并就校市双方在茶叶、油菜、樱桃、花卉等多个方面的深入合作达成一致意见。此次孙校长一行深入陕南各试验站检查指导,再次体现学校对试验站建设工作的高度重视和支持,这对各试验站进一步明确目标、凝练方向、深入系统地加强工作将起到重要的指导作用。随着学校社会服务能力的不断增强和社会影响的不断扩大,各级地方政府都高度重视和积极争取与学校的科技合作。商洛市委书记魏增军,安康市书记刘建明、市长方伟峰,汉中市委书记田杰等地方政府主要领导都亲自出面与学校洽谈科技合作事宜,这为双方今后的深度合作奠定了良好基础。

2008年8月23日，孙武学校长一行到清涧红枣试验示范站检查指导工作。在清涧县委书记高永东等地方领导及试验站专家的陪同下，孙武学一行先后实地查看了红枣育苗基地、试验站示范园区、红枣研究中心建设工地以及红枣加工龙头企业。孙武学指出"农业推广工作是农业科研的自然延伸，是农业高校社会服务功能的具体体现。我校在区域主导产业主产区建立试验站目的就是把先进实用的农业科技成果传播到千家万户去，变成能帮助农民群众增收致富的成果，为地方经济发展服务"。他要求红枣试验站要紧密结合清涧红枣产业发展需要，进一步调整工作思路和重点，完善相关设施和功能，聚集多学科专家，校县联合互动，为清涧县农村经济发展和农民增收提供强有力的科技支撑，为陕北乃至全国红枣产业发展做出示范。

2008年9月17~18日，孙武学校长在参加陕西省科技厅主办的"陕北山地红枣节水灌溉现场观摩会"和"陕西省校地科技合作座谈会"期间，先后来到学校米脂试验站、靖边教学实验基地和榆林小杂粮试验示范基地检查指导工作，指示有关专家积极做好陕北白绒山羊细绒新品系选育工作，勉励科研工作者沉下心来做研究，为陕西乃至全国小杂粮产业发展做出更大贡献。

2008年9月22日，陕西省科技厅副厅长许春霞一行在校科技推广处处长韩明玉、猕猴桃首席专家刘旭锋和园艺学院有关负责人陪同下到眉县猕猴桃试验示范站检查指导工作。许春霞对猕猴桃试验站建立以来卓有成效的工作给予充分肯定。希望试验站再接再厉，为推动陕西猕猴桃健康持续发展、提升产业水平、增强市场竞争力发挥更大作用。

2008年10月27日，校长孙武学带领推广处、园艺学院负责人再次来到白水苹果试验示范站检查指导工作。在白水县委、政府主要领导的陪同下，孙校长还深入收水乡有机苹果示范园进行实地考察，并与果农赵耿生亲切交谈、合影留念。检查期间，孙校长还就苹果试验站下一步的工作任务与重点工作提出了指导性意见。

2008年11月1日，安康水产试验示范站邀请安康水利局党委副书记陈万富、技术推广干部及养殖户来站参观，并在试验站举办特种水产品养殖技术培训班，面向当地基层水产技术骨干和养殖户，进行匙吻鲟、黄鳝养殖技术的培训。

2008年11月17日，由学校和陕西省果业局共同组织的陕西省猕猴桃技术骨干培训班在西北农林科技大学眉县猕猴桃试验示范站举行，标志着学校各试验站今冬集中培训工作正式开始。陕西省果业局副局长周智孝及学校推广处、园艺学院负责人参加了开班仪式。参加本次培训的共有37名学员，来自眉县、周至、岐山、户县、陈仓、杨凌等陕西10个猕猴桃主产区。

2008年11月18日，科技部党组成员、科技日报社社长张景安视察西北农林科技大学，校领导张光强、孙武学、吴普特、徐养福陪同视察。张景安社长认真观看了我校农业科技推广情况展览。在座谈会上，张光强书记、孙武学校长汇报了我校以大学为依托的农业科技推广模式工作进展情况，来自一线的我校推广专家就国家加大对试验示范站投入、科研项目均衡分布等提出了意见和建议。张景安认为，学校产学研结合的办学道路值得肯定，特别是近年来探索的以大学为依托的农业科技推广模式是一个创举，有效解决了农业科技成果与农民需求的对接。对广大科技人员根植基地，踏踏实实地工作，把论文写在大地上，成果送到农民家表示感谢。他建议，学校今后要继续深入探索以大学为依托的农业科技推广模式，通过基地这个辐射源，大面积、快速、持久推广农业科技成果，不断提升农业产业化发展水平。

2008年11月20日上午，全国政协副主席、科技部部长万钢在科技部党组成员、科技日报社社长张景安，陕西省人民政府副省长朱静芝，省政协副主席李冬玉等的陪同下到西北农林科技大学视察。万钢副主席参观了学校以大学为依托农业科技推广模式创新工作成果展示，张光强书记、孙武学校长和部分推广专家介绍有关情况。万钢特别指出，西北农林科技大学作为在杨凌的高校，争创一流大学要建设一流的学科和一流的基地。学校要处理好学科建设与示范推广、产业发展等几方面的关系，开拓视野，鼓励学生更多地与社会接触。

2008年12月，随着《西北农林科技大学农业科技推广先进集体和先进个人评选激励办法》的出台实施，学校关于农业科技推广管理制度已经基本健全。在此之前，学校还先后出台《西北农林科技大学以大学为依托的农业科技推广模式建设项目管理办法》、《西北农林科技大学农村科技试验示范站（基地）管理办法》、《西北农林科技大学科技推广岗位设置管理办法》、《西北农林科技大学农业推广系列专业技术职务评审工作实施办法》、《西北农林科技大学推广专业上岗条件与岗位职责》、《西北农林科技大学推广业绩津贴发放办法》、《西北农林科技大学推广专家支持计划实施办法》等。

2008 年 12 月 8 日，学校举办的第 5 期苹果种植大户培训班在白水苹果试验站举行。

2008 年 12 月 15 日，西北农林科技大学召开大学推广模式建设项目汇报会。孙武学校长、李华副校长出席会议。白水苹果、阎良甜瓜、眉县猕猴桃、西乡茶叶、山阳核桃板栗、安康水产、清涧红枣、阎良蔬菜 8 个试验示范站，关中玉米、海南农作物育种、西乡油菜、渭南棉花、石泉蚕桑、米脂山地红枣示范基地和小麦新品种推介观摩、优质小麦示范与推广两个推广项目负责人分别汇报了 2008 年的工作成绩、存在的问题和明年的工作思路。孙武学校长强调，各个试验示范站（基地）要做好示范推广工作，把室内研究成果集中到试验示范站（基地）推广，研究要采取室内研究与露天研究相结合的办法，进一步明确各自定位，真正做到教学、科研和示范推广三结合；同时正确处理基础研究与应用基础研究的关系。各个试验示范站（基地）要树立建百年老站的信心，认真积累，坚持不懈围绕当地主导产业做下去，切实为农民做好示范，探索不同类型的推广模式，让科技成果真正走进千家万户。要积极探索在土地合理流转的条件下，通过试验示范基地，带动农业生产走向产业化、规模化的新路子。试验示范站（基地）要抢抓机遇，加快探索以大学为依托的农业推广新模式步伐，扩大对陕西主导产业的覆盖面。

2008 年 12 月 18 日，西北农林科技大学领导张光强、孙武学、赵忠、王革、杨景昆、王跃进、吴普特、徐养福，参观了学校正在建设中的专家远程农业技术服务中心，技术人员详细介绍并演示专家远程农业技术服务系统。

2009 年 1 月 20 日，西北农林科技大学校长孙武学轻车简行，赴白水苹果、阎良甜瓜试验示范站慰问我校科技人员，并检查指导工作。在甜瓜试验示范站，孙武学和学校科技人员、示范户张小平、冯朝阳等进行座谈，他要求甜瓜试验站协助种植大户做大阎良甜瓜品牌以及销售工作。中午，孙武学还与白水示范站科技人员共同动手包饺子，祝福科教人员新春愉快。

2009 年 2 月 18 日，西北农林科技大学校长孙武学赴阎良甜瓜、蔬菜试验站检查工作。陕西省科技厅科技处处长曾元辉，西安市科技局副局长张丙周等一同前往检查。孙武学非常牵挂我校甜瓜站瓜苗育种情况，2009 年 1 月 20 日到甜瓜站查看后，时隔不到一月，再次深入甜瓜站 1 号育苗大棚现场察看。随行的省科技厅、西安市科技局负责人高度赞扬学校加强科技研发力度，将成熟技术投入农业生产一线的做法，表示将加大支持力度，共同做好农业新技术的应用。在蔬菜示范站，孙校长查看瓜菜育苗情况。在阎良检查期间，孙校长还同我校专家、瓜菜示范户、地方领导进行座谈，共同探讨如何解决瓜菜生产、销售等诸多问题。

2009年2月24日，农林科大园艺学院13名毕业生怀着对创业的憧憬，在校推广处、学院有关领导的带领下赴阎良甜瓜试验示范站开展"创业计划"的前期考察。

2009年2月27日，学校组织校内外专家，对白水苹果、眉县猕猴桃试验示范站建立的数据监测与信息服务系统进行认真评审，孙武学校长参加评审会并做重要讲话，学校各试验示范站专家参加了会议。孙武学指出，在试验站建立数据监测与信息服务系统，目的是利用现代信息技术手段，提升试验示范站装备水平，充分发挥试验站科学研究、科技培训和信息服务等功能。他要求充分利用已建成的数据监测与信息服务系统，开展相关工作，在实际应用中不断改进和完善，并在其他试验站逐步推广。推广处处长韩明玉在会上对试验示范站2009年工作进行了安排。

2009年3月9日，农林科大园艺学院党委书记肖斌等人一行前往西乡茶叶试验示范站，就茶叶试验站目前建设过程中存在的几个问题与西乡县政府进行了充分沟通、协商。

2009年3月10日，西乡县人民政府刘颙县长召开专题会议，研究解决西乡茶叶试验站建设中存在的主要问题，主管副县长李晓媛、联通公司、移动公司、通运公司、茶叶局、电力局、公安局、政法委等部门负责人及我校肖斌教授和试验站有关同志参加了专题会。会议认为，西北农林科技大学西乡茶叶试验示范站建设是西乡县茶产业持续、高速发展的一件大事，县委、县政府高度重视，应纳入西乡万亩观光茶园建设范畴，统筹考虑建设。

2009年3月11日，孙武学校长到农业部，就学校"以大学为依托的农业科技推广模式"探索情况向科教司司长白金明、发展计划司副司长刘北桦进行专题汇报，同时希望科技司能将我校正在实践和探索的这种模式纳入农业部正在制定的"农业科技推广体系规划"中，也作为农业部对杨凌示范区共建内容之一给予支持。白金明司长表示，西北农林科技大学的农业科技推广模式成效明显，也很有特色，在农业科技推广体系规划中肯定会纳入，也可以通过召开研讨会扩大推广范围，引导更多的农业院校为所在地。

2009年3月17日下午，西北农林科技大学校长孙武学在推广处、园艺学院负责人陪同下赴眉县猕猴桃试验示范站检查指导工作。

2009年3月18日晚，孙武学校长与学校选派到试验示范站工作的32名毕业生进行了座谈交流。他强调，同学们要珍惜机会，吃苦耐劳，虚心学习，依托试验示范站，锻炼自主创业能力，探索自主创业新路子。

2009年3月23日，孙武学校长在与猕猴桃试验示范站示范点眉县金渠镇下第二坡村村支书郝金玉等人座谈时，郝金玉提出，该村在冷库中保存的猕猴桃使用1-甲基环丙烯不当，常温下出库后后熟期很长，软后果肉褐化、果心、果皮硬化，食之无味，且腐烂率高等问题，希望学校专家能够帮助解决此问题。孙武学听后非常重视，当即指示由推广处负责联系专家深入实地调研，提出解决问题的方法。

2009年3月24日，校推广处特别组织果品贮藏与保鲜专家饶景萍教授等专家深入眉县各地，对使用过该类保鲜剂的冷库和经销商进行了重点调查走访。

2009年3月30日，中共陕西省委书记赵乐际同志在商洛市山阳县检查指导工作期间，来到山阳县城关镇权家垣村核桃高接换优科技示范基地视察，对我校山阳核桃板栗试验示范站卓有成效的工作给予高度评价。看到基地核桃长势良好，赵乐际书记非常高兴。他对在场陪同的山阳县林业局局长武建书说，西北农林科技大学不仅承担人才培养的任务，在农业科技成果推广方面也有很强的优势，取得了显著的成效。他要求地方政府继续加强与我校的合作，因地制宜发展优势产业，加强特色产品开发，实现生态、水保、产业、增收的统一。

2009年4月，西北农林科技大学提出的《关于规范1-甲基环丙烯在猕猴桃冷藏保鲜中使用的建议》引起省市主管部门、果农的高度重视，纷纷来人、来函，与学校专家探讨1-甲基环丙烯如何更安全、稳定地在猕猴桃冷藏保鲜中使用。

2009年4月，西北农林科技大学"建立以大学为依托的农业科技推广新模式"入选由教育部科技发展中心组织评选的2008年中国高校产学研合作十大优秀案例。

2009年4月11~12日，学校九三学社基层委员会组织30余名社员赴西乡茶叶试验示范站开展专题调研。

2009年4月11~13日，为落实学习实践科学发展观，西北农林科技大学常务副校长赵忠、副校长李华带领教务处、推广处负责人，深入山阳核桃板栗、阎良甜瓜、阎良蔬菜、白水苹果试验示范站开展调研。校领导指出，经过几年建设，试验示范站基本设施已经完备，取得了良好的成绩，在带动地方主导产业方面发挥了积极的示范作用。同时，依托试验站也开展了学生实习、毕业生创业等工作，发挥了试验站功能，提高了学校知名度。

2009年4月18日，为进一步了解社会各界对学校人才培养、科技创新、社会服务等方面的要求，按照学校学习实践科学发展观活动调研安排，西北农林科技大学校长孙武学陪同部属高校学习实践活动，指导检查第十二工作组副组长郑造桓、王铁琨一行专程赴阎良甜瓜、蔬菜试验示范站，就深入探索大学农业科技推广新机制、新模式等开展调研，西北农林科技大学副校长张雅林，部属高校学习实践活动指导检查第十二工作组成员康金勇、学校学习实践活动领导小组办公室部分成员、科技推广处、园艺学院等相关部门负责人陪同调研。郑造桓、王铁琨在调研中指出，通过实地参观，学校产学研紧密结合的办学特色给人留下了深刻印象，感触很深。他们对学校在服务区域现代农业、帮助农民致富方面做出的突出贡献予以充分肯定，对学校招聘毕业生担任科技助理，培养社会需要的有文化、有技能的新型农业企业家所做的积极探索表示赞赏。希望试验站进一步总结经验，提高示范推广水平，围绕当地主导产业做大做强，同时扩大辐射面，为西部乃至国家农业发展作出更大的贡献。

2009年4月下旬，西北农林科技大学常务副校长赵忠到眉县猕猴桃试验示范站调研，并与试验站专家进行座谈。

2009年4月28日上午，西北农业科技协作联席会在西北农林科技大学国际交流中心召开。来自甘肃、宁夏、青海、新疆四省（区）农业科学院、农垦科学院参会代表，校党委书记张光强、校长孙武学、副校长李华，学校相关部门负责同志及各试验示范站首席专家参加会议。联席会由孙武学主持。参会期间，代表们参观了学校推广展室和科研平台及博览园，并到白水苹果试验示范站、阎良甜瓜试验示范站、阎良蔬菜试验示范站参观考察。

2009 年 5 月 1 ~ 3 日，西北农林科技大学常务副校长赵忠教授到西乡茶叶试验示范站检查指导工作。赵忠指出，学校对茶叶试验示范站的工作非常重视，希望试验站继续发挥技术与人才优势，把学校的科技成果转化为生产力，为当地群众致富和区域经济发展作出贡献。他强调，试验站集中了我校相关学科的技术、人才以及区位优势，要建立并完善接纳学生到试验站进行实践、创业活动的机制和管理办法，充分发挥学校产学研紧密结合的办学特色，做好推广与教学工作的紧密结合。

2009 年 5 月 2 日，西北农林科技大学校长孙武学轻车简行，到白水苹果试验示范站检查指导工作，看望节假日仍坚持工作的工作人员和担当"科研助理"的 10 名本科生。白水县副县长刘建成、试验站首席专家赵政阳及相关人员陪同。他希望白水苹果试验站加大示范展示力度，积极扩大示范面积，在技术创新上与国际接轨。

2009 年 5 月 5 日，农林科大园艺学院园艺专业 2006 级全体学生赴阎良甜瓜、蔬菜试验示范站开展生产调查实习。

2009 年 5 月 6 日上午，中共白水县县委书记史优胜、县人大主任吴金谋、县长叶珺、县政协主席杨永丰代表白水县委、县政府、县人大、县政协来到白水苹果试验示范站将 2 辆"五菱荣光"中型面包车赠予试验站专家，感谢试验站专家近几年为白水苹果产业化科技示范工程所做出的贡献，并改善试验示范站专家为白水苹果科技示范与科技入户工程工作的交通条件。史优胜对试验站在白水苹果产业发展中所做的工作表示充分肯定和高度赞扬。

2009 年 5 月 6 日，县校联合白水苹果产业化科技示范工程交流座谈会在西北农林科技大学白水苹果试验示范站召开，白水县县委书记史优胜、人大主任吴金谋、县长叶珺、政协主席杨永丰、县委副书记任恒志和相关职能部门人员以及白水苹果试验站的全体工作人员参加了座谈会，白水县委副书记任恒志主持会议。会上，试验站首席专家赵政阳教授汇报了西北农林科技大学校长孙武学 2009 年 5 月 2 日到白水苹果试验示范站检查指导工作时所做的指示。孙校长要求白水苹果试验站，不断探索新技术、新模式、新经验，全面推动白水苹果产业的发展。史优胜书记和叶珺县长在讲话中对试验站建站四年来工作给予充分肯定，并表示会一如既往地尽最大努力支持白水苹果试验站的工作，共同为白水苹果产业的发展做出努力，实现将白水打造成中国有机苹果第一县的目标。

2009年5月6日下午，孙武学校长、李华副校长在参加学校2009年油菜新品种推介观摩会期间，检查了西乡茶叶试验示范站的工作，并与在试验站担当"科研助理"的学生亲切交谈，了解大家的生活、工作情况。

2009年5月7日下午，刚在汉中西乡县参加完西北农林科技大学"2009年油菜新品种观摩会"的孙武学校长，顾不上休息，便带领推广处负责同志从西乡赶往安康，到安康水产试验示范站检查指导工作，看望在此进行教学实习的水产专业50多名本科学生。

2009年5月7日晚上，西北农林科技大学校长孙武学在招待所约见了安康市汉滨区政府领导和人事部门的负责同志，就如何支持、扶持学校毕业学生在当地自主创业的有关事宜，进行了交流探讨。中共安康市委书记刘建明、安康市人民政府市长方玮峰登门拜访了孙武学校长，并就进一步加强校市双方合作事宜交换了意见。

2009年5月15日，离退休工作处组织学校和西安果树所近120老名专家老教授前往阎良甜瓜试验站和蔬菜试验站参观。老专家、老教授纷纷说："我们信心更足，愿为学校大业建言献策、添砖加瓦，发挥各自特长，为学校明天更美好贡献力量"。

2009年5月中旬，孙武学校长带队，20多名育种专家和有关职能部门负责人赴黄淮麦区检查观摩学校小麦新品种示范园建设情况，并与当地种子企业、科研单位、地方政府代表和示范园建设承担单位就小麦新品种推广工作进行座谈。

2009年5月28日，前来学校进行研究生课程教学的美国奥本大学David教授及其学生一行12人，访问了阎良甜瓜试验示范站和三原棉花试验站，对学校产学研相结合的办学模式十分赞赏。

2009年6月16~17日，副校长李华、副校长吴普特一行深入西北农林科技大学清涧红枣试验示范站、米脂山地红枣节水试验示范基地检查指导工作。清涧县委书记高永东、县长马治东陪同。李华、吴普特强调：坚持产、学、研紧密结合，充分发挥自身科技优势，服务地方经济建设，是学校的光荣传统与重要特色。科教人员要始终牢记所肩负的使命，坚持"顶天"与"立地"相结合，要把最优秀的论文写在大地上，努力为西北干旱半干旱地区现代农业发展和农民增收致富贡献力量。

2009年6月29日上午，陕西省渔业管理局刘兴连局长、省水产养殖公司郭亮总经理、宁陕县人大陈玖华副主任、安康市水产工作站李志安副站长等一行五人到我校安康水产试验示范站考察指导工作，试验站首席专家吉红教授陪同。刘兴连充分肯定了试验站在水产科技试验示范、新品种引进、人员培训等方面的工作，鼓励试验站继续积极支持安康水产业的发展。此次考察加深了安康水产试验示范站与省渔业相关部门的交流，将加快安康水产试验示范站作为产学研紧密结合平台的建设步伐，促进试验站社会服务功能的进一步发挥。

2009年7月3~4日，陕西省林业厅组织全省红枣主产县林业局局长，以及榆林和延安市林业局、陕西省林勘院、林业厅有关部门的领导共30多人，在清涧县召开全省红枣基地建设规划工作座谈会。我校红枣试验站首席专家李新岗教授作了我省红枣产业中存在的问题及对策报告。省林业厅王建阳副厅长参加大会并作了重要讲话，对我校红枣试验站在全省红枣产业发展中的作用给予很高评价。

2009年7月15日下午，中共陕西省委常委、常务副省长赵正永同时在渭南市人民政府市长徐新荣和白水县县委书记史优胜、县长叶珺等市县领导的陪同下到我校苹果试验示范站检查指导工作，试验站首席专家赵政阳陪同。赵正永同志对苹果试验站取得的成果和在苹果产业发展中起的作用给予了高度评价和充分肯定，并鼓励苹果专家再接再厉，为我省苹果产业发展做出更大贡献。

2009年7月17~18日，由陕西日报、香港大公报、科技日报、西部网等省内外11家媒体组成的"走出杨凌看示范"采访团来到安康水产试验示范站进行采访。采访团先后采访匙吻鲟培育、小龙虾养殖、河蟹养殖等试验示范项目进展情况。对试验站立足安康实际，积极扶持产业发展的工作予以高度赞扬。

2009年7月30日，清涧县红枣工程技术研究中心办公大楼顺利竣工。中共清涧县委、委县政府举行了隆重的大楼落成暨西北农林科技大学红枣试验示范站科技人员迁住仪式。在仪式上，为感谢和支持学校专家深入一线开展科技服务工作，清涧县委、县政府还特别向我校红枣试验示范站赠送技术服务专用面包车1辆。

2009年8月12日下午，在安康参加会议的西北农林科技大学副校长王跃进教授专程赶赴安康水产试验示范站检查指导工作,并看望试验站工作人员及在站实习同学。得知有多名同学包括外校学生在站进行学位论文试验及实践锻炼时,王跃进非常高兴,特别强调应将研究生培养与试验站建设结合起来,充分发挥试验站产学研平台的功能。

2009年8月16日,财政部科教文司副巡视员宋秋玲同志在陕西省财政厅有关领导陪同下,来西北农林科技大学检查指导工作,校领导孙武学、赵忠、李华陪同。宋秋玲一行参观考察了眉县猕猴桃试验示范站和推广展室,并在国际交流中心听取白水苹果、阎良甜瓜、蔬菜、清涧红枣、安康水产等试验示范站首席专家关于各站情况的介绍和学校探索实施的农业科技推广模式的汇报。宋秋玲说,"耳听为虚,眼见为实",通过实地参观考察,学校积极探索"政府推动的、以大学为依托、以基层农技力量为骨干的农业科技推广模式",确实取得了很好的成效。她希望学校在现有基础上,发挥农业大学的特色和优势,从农业产业化全过程进行思考,进一步发挥试验示范站的示范推广作用,扩大影响面,提炼、总结好的经验和做法,为政府有关部门制定政策和创新体制制度提供重要依据。孙武学校长代表师生感谢财政部对学校多年的关心和支持,表示会进一步深入思考,埋头苦干,不断总结经验,提高工作水平,为我国农业推广体系改革做出积极探索。

2009年8月19日下午,刚参加完共建中国·商洛核桃研究所座谈会的孙武学校长,赶往山阳核桃板栗试验示范站指导工作。孙武学希望通过试验示范站10到20年的辛勤工作,真正将商洛建设成为中国优质核桃基地。

2009年8月27日,西北农林科技大学校长孙武学教授赴白水县检查指导我校白水苹果试验示范站工作,并与白水县政府、企业相关负责人及试验站专家就苹果产业发展等问题进行座谈。白水县委书记史优胜、县长叶珺陪同。孙武学指出,学校衡量苹果试验站工作是否有效的唯一标准是试验站是否实实在在地做了工作,将先进适用技术辐射到千家万户,果农收入是否增加。陕西苹果种植面积、产量现位居全国第一,苹果产业是陕西的主导产业,更是白水的主导产业,做大做强苹果产业意义重大。在市场经济条件下,市场是核心,政府部门应积极开拓市场,创立品牌,实现品牌效应,提高农民优质高效生产的积极性,实现农民增收。

2009年9月2~14日,安康水产试验示范站在汉滨区、汉阴县和石泉县主办了淡水小龙虾养殖技术培训系列活动。

2009年9月3～19日，应美国马里兰州立大学、宾西法尼亚州立大学（PennState）、康奈尔大学和新泽西州立大学的邀请，西北农林科技大学孙武学校长一行对以上学校教学、研究、推广等方面进行了认真、细致的考察、学习，对所到大学农业科技推广方面的情况进行详细了解。此次考察活动对于进一步深化西北农林科技大学探索的农技推广模式具有重要意义。

2009年9月27～28日，由西北农林科技大学和清涧县政府主办的"陕西·清涧红枣产业发展论坛"在清涧召开。我校红枣试验站首席专家李新岗教授做了大会发言。

2009年10月4日，西北农林科技大学农业试验站信息平台建设专家组一行8人在学校机械与电子工程学院院长何东健教授率领下，专程来到安康水产试验示范站，考察并启动试验站信息平台建设项目。校试验站信息平台建设专家组的此次实地考察及与安康水产试验示范站的全面沟通与交流，将大大加快试验站信息平台建设步伐，使水平进一步强化安康水产试验示范站作为产学研平台在教学、科研、社会服务等方面的功能。

2009年10月4～7日，赵忠常务副校长率教务处相关人员赴陕北神木土壤侵蚀与水土保持试验站、清涧红枣试验站、安塞水土保持综合试验站考察，为基地师生送去节日问候。

2009年10月12日，台湾民主自治同盟中央副主席杨健一行到西北农林科技大学考察。杨健一行参观了学校农业科技推广展室，详细了解以大学为依托的农业科技推广模式开展情况及各个试验示范站（基地）的情况，对学校科技推广工作取得成绩给予肯定。

2009年10月16日，学校组织部分省级以上大代表、政协委员、民主党派负责人和无党派人士等党外知识分子代表，赴白水苹果、阎良蔬菜试验示范站考察。

2009年10月24日，陕西省科技厅厅长张炜、西北农林科技大学校长孙武学等视察白水苹果试验示范站，省科技厅副厅长许春霞、校推广处处长韩明玉、白水县县长叶珺等陪同。张炜充分肯定试验站示范推广、科学研究取得的成绩，表示今后陕西省科技厅将从项目上给予大力支持，并计划明年在白水召开现场会，加快新技术进村入户步伐，扩大示范辐射效应，为陕西苹果产业发展做出更大贡献。在白水县收水乡五泉村村民赵庚子的有机苹果生产示范园里，看着果园硕果满枝，张炜十分高兴。他详细询问农民投入和产出情况，兴致勃勃地品尝刚从树上摘下的苹果，连声夸："味道很好。"希望学校科技人员再接再厉，抓好技术示范点的建设，推动白水苹果产业再上新台阶。

2009年11月1日，中共中央政治局委员、国务委员刘延东同志视察西北农林科技大学时，给予了充分肯定："农林科大组建10年来，产生了一大批优秀的科研和推广团队，建立了一批农业科技示范推广基地，创造出了一批成果，直接服务于干旱半干旱地区，正向全国辐射，工作成绩非常显著。"

2009年11月3日，中共陕西省委书记赵乐际一行到西北农林科技大学清涧红枣试验示范站视察，省农业厅厅长王宏、林业厅厅长张社年、榆林市委书记李金柱和市长胡志强，副校长李华等陪同。赵乐际一行参观了红枣博览馆，了解全省红枣产业发展状况。赵乐际书记对学校科技人员深入枣区进行试验示范所取得的成效给予肯定。

2009年11月5日，中共陕西省委书记赵乐际同志在省委常委、省委秘书长魏民洲和西北农林科技大学校长孙武学等陪同下，亲临学校白水苹果试验示范站检查指导工作。参观完苹果试验站，赵乐际书记高兴地对孙武学校长说："我看了你们学校的山阳核桃试验示范站、清涧红枣试验示范站，今天又看了你们的白水苹果试验站，这里做得很好，看来你们的路子是对的，我还会抽时间到你们学校其他的试验站去看看。"孙武学说："苹果是陕西的主导产业，我们还会继续努力，把工作做得更好。"视察结束时，赵乐际书记正式邀请苹果试验站首席专家赵政阳教授近期为省委中心组作一场关于"陕西苹果现状和未来"的专题报告。临别，赵乐际书记还高兴地与白水苹果试验站的驻站专家、研究生、大学生科研助理以及来站参加技术培训的果农们合影留念。

2009年11月17日，陕西省人民政府副省长朱静芝在西北农林科技大学校长孙武学、海南省政府副秘书长王扬俊、陕西省科技厅总工程师安西印、陕西省科技厅农业处处长曾元辉、海南省科技厅农业处副处长周进伟等陪同下，视察了学校海南三亚育种基地，看望并慰问在基地工作的科教人员。朱静芝副省长一行与专家们进行座谈交流，座谈会由孙武学主持。海南省政府副秘书长王扬俊、陕西省科技厅总工程师安西印、海南南繁公司总经理邓孚孝分别在座谈会上讲话。学校在海南三亚育种基地工作的全体科教人员，科研处、推广处、宣传部、政策研究室等部门负责人参加了座谈会。

2009 年 11 月 17～18 日，校长孙武学率领科研处、推广处、宣传部、政策研究室有关人员，先后到我校海南三亚、陵水农作物育种基地调研，并看望慰问科研人员。

2009 年 12 月 7～18 日，眉县猕猴桃试验站举办第二届陕西省猕猴桃技术骨干培训班。来自西安市、宝鸡市、渭南市、汉中市以及杨凌示范区 17 个县（区）的 65 名技术骨干参加培训。

2009 年 12 月 9～10 日，陕西省科技厅许春霞副厅长到西北农林科技大学海南育种基地进行调研，并现场检查学校农作物育种工作进展情况。许春霞对育种基地的工作给予充分肯定，感谢大家对全省玉米育种工作所做的贡献。

2010 年 1 月 14～15 日，西北农林科技大学召开的第二次党代会报告进一步明确指出："必须坚持特色发展，走产学研紧密结合办学道路。从服务国家战略需要出发，把人才培养、科学研究与服务现代农业有机结合起来，不断探索和完善面向旱区农业发展的科技推广模式，在惠及广大农民的同时，也有效促进人才培养和科学研究水平的提高"，这是对学校探索推广模式的基本目标和功能定位。党代会报告提出，今后的主要任务之一，就是要继续推进科技推广模式创新，开辟以服务求发展的特色办学之路。

2010 年 1 月 14 日，西安市人民政府市长陈宝根到阎良蔬菜试验示范站考察，听取试验站首席专家张树学教授关于试验站基本情况介绍，并考察试验站种植的反季节蔬菜。

2010 年 2 月 20 日（正月初七），西北农林科技大学校长孙武学赴阎良甜瓜试验站，看望了假期坚守生产第一线为农民技术服务的科技人员，并视察阎良科农瓜菜专业合作社育苗基地，与阎良区委书记苗宝明、区长王凤萍、常务副区长张发俭、区人大主任武建平等进行了座谈交流。阎良区党政领导高度肯定学校近年来对阎良经济发展做出的贡献，对学校科教人员表达了感谢。孙校长与阎良区领导就进一步加强合作、促进瓜菜产业发展交换了意见。

2010 年 3 月 2 日，孙武学校长得知由于开春以来，低温造成猕猴桃受冻严重并大面积显现的消息后，要求科技推广处立即组织专家，赴试验站及陕西省猕猴桃产区进行冻害调查，尽快摸清情况，提出科学的防治方案，为全省猕猴桃产业健康发展提供科技支撑。

2010年3月3日,校科技推广处组织果树种质资源专家王仁梓教授、果树抗性专家范崇辉教授、植物保护专家黄丽丽教授、果树生理专家马锋旺教授等冒雨前往学校眉县猕猴桃试验示范站调查猕猴桃冻害情况。调查结束后在第一时间形成调查报告,提出补救办法,上报有关部门,科学指导果农进行猕猴桃冻害后的田间管理工作。

2010年3月15日,由农林科大和国家蚕业技术体系陕西试验站共同举办的"陕西现代蚕业技术研修班"在杨凌开班。

2010年3月15日,西北农林科技大学科技推广处印发《关于进一步细化试验示范站(基地)内部运行管理的几点要求(校推广〔2010〕2号)》,从人员管理、财务管理、资产管理、外聘人员管理、其他事务管理以及重大事件的处置等方面做了进一步的明确规定,从而使得农业科技推广管理工作迈上新的台阶。

2010年3月24~25日,陕西省渔业工作会议和陕西省水产技术推广工作会议在安康召开,安康水产试验示范站应邀参加,并向大会递交交流材料。试验站首席专家吉红获得陕西省2009年度渔业工作先进个人称号。省水利厅王锋厅长在会议讲话时对安康水产试验示范站扶持的汉水兄弟水产有限公司艰苦创业的事迹进行分析,对张磊等5名大学生瞄准市场、积极建设现代渔业的做法给予充分肯定,高度评价安康水产试验示范站积极为安康水产业发展所做的工作。

2010年4月9~10日,李华副校长深入学校石泉蚕桑试验示范基地、安康水产试验示范站和平利茶叶专家大院检查指导工作。在平利期间,校科技推广处负责人,还向参加全省基层农业科技推广体系改革与建设现场会的领导和代表们介绍了学校农业科技推广新模式探索工作的思路与做法,受到与会代表充分肯定和高度关注。

2010年4月17日上午,在安康参加会议的中共西北农林科技大学党委副书记徐养福同志到安康水产试验示范站检查指导工作,对试验站建设产学研多功能平台的工作思路以及支撑学科发展的作用表示肯定。

2010年4月24日,中国工程院院士束怀瑞教授应邀参加在白水举办的2010年全国苹果腐烂病及早期落叶病防控研讨会,并专程到白水苹果试验示范站指导工作。束怀瑞欣然为苹果试验站题词"重视基础,科技先锋"。

2010 年 4 月 25 日,由现代苹果产业技术体系、农林科大和陕西省果业局主办,现代苹果产业技术体系病虫害防控研究室、白水综合试验站承办,白水县政府协办的"2010 年苹果树腐烂病及早期落叶病防控研讨会"在我校白水苹果试验示范站召开。

2010 年 5 月 12 ~ 14 日,由西北农林科技大学和榆林市林业局共同主办,清涧县人民政府承办的"陕北红枣产业化与栽培技术培训班"在我校清涧红枣试验示范站举办。来自榆林市八个红枣基地县以及延安市延川县林业局、红枣站科技人员,各乡镇红枣技术骨干,红枣种植大户以及加工企业代表共计200 余人参加了培训。学员们一致反映,培训班所讲授的知识内容新、针对性和实用性强,不但学到了红枣生产的关键技术,同时也提高对整个产业发展的认识,将对提升陕北红枣产业发展科技水平产生重要促进作用。

2010 年 5 月 19 日,中英高教政策研究项目代表团一行 8 人来校访问。侯曦副校长与代表团成员进行座谈,重点介绍了我校推广试验站近年来积极开展的科技成果示范推广与产业化工作以及对农户现场培训、远程指导等情况。代表团一行对我校的农业推广工作以及学校今后的发展方向很感兴趣。

2010 年 5 月 21 日,陕西省决策咨询委员会副主任、原省委常委、省纪委书记李焕政率省决策咨询委员会特色经济专家组长、陕西省贸促会原会长、党组书记李雄梧等陕西省决策咨询委员会调研组一行在渭南市委副书记王晓明、白水县政府领导陪同下到西北农林科技大学白水苹果试验示范站调研。李焕政一行对苹果试验示范站取得的成绩和在苹果产业发展中起的作用给予高度评价和充分肯定,对学校支持关心地方产业发展、开展技术示范与服务的做法表示感谢,并鼓励专家教授们再接再厉,力争把白水县建设成为我国有机苹果生产大县,为陕西苹果产业发展做出更大贡献。

2010 年 6 月 8 日,陕西省果业局王振兴局长、周智孝处长及省苗木繁育中心高建国主任等在白水县副县长刘存虎、苹果局局长郭清洲的陪同下到白水苹果试验示范站检查指导工作。在座谈交流会上,王振兴局长建议苹果试验站开展从苹果生产到营销的全过程研究,并指出未来 5 ~ 10 年陕西省将成为世界苹果的生产中心,希望白水苹果试验站担负起苹果技术中心的角色。

2010 年 6 月 22 日,西北农林科技大学山阳核桃板栗试验示范站正式挂牌成立,校党委副书记徐养福和商洛市委副书记杨长亚共同为试验示范站揭牌。

2010年6月24日，安康市人民政府市长方玮锋同志等一行11人到安康水产试验示范站考察。方玮峰指出，安康水产业发展离不开科技支撑，西北农林科技大学在安康建设水产试验示范站，对安康水产业发展起到了重要的推动作用，并表示要对试验站科技推广工作给予进一步支持。

2010年6月29日，在杨凌参加"中国特色农业现代化与西部大开发专家论坛"的老教授们，分东西两路分别到白水苹果试验示范站、阎良甜瓜试验示范站和眉县猕猴桃试验示范站参观考察。西北农林科技大学校长孙武学、科技推广处及当地政府领导陪同参观考察。老教授们对我校依据区域主导产业发展需要，在生产一线建立产学研"三位一体"的试验示范站，聚集多学科专家，为产业发展提供全程服务的思路与做法给予充分肯定和高度评价。一致认为，西北农林科技大学科技推广工作"思路新、措施实、效果好"，对全国农业科研院校开展科技推广和社会服务工作具有重要的借鉴意义。

2010年7月6日，由陕西省科技厅组织的"秦巴地区优质核桃科技示范基地建设现场会"在山阳县召开。省科技厅厅长张炜、副厅长许春霞，省林业厅副巡视员殷龙、商洛市人民政府副市长高健等省市有关部门领导出席大会。西北农林科技大学副校长李华教授出席会议并讲话。山阳核桃板栗试验示范站首席专家翟梅枝教授在大会上做了题为"秦巴地区优质核桃栽培关键技术"的专题报告。会议前夕，陕西省科技厅将学校核桃板栗试验示范站列为陕西省农业科学实验基地并授牌。与会领导和代表对我校依据区域主导产业发展需要，在生产一线建立产学研"三位一体"的试验示范站，聚集多学科专家，针对产业发展中的关键问题开展科学研究、示范推广和科技培训，为产业发展提供全程服务的思路与做法给予充分肯定和高度评价。此次会议的召开及授牌，进一步扩大了我校核桃板栗试验示范站的影响，对拓展服务范围、提升建站水平将产生积极影响。

2010年7月9日，人民日报、新华社、经济日报、中央人民广播电台、陕西人民广播电台等中省新闻媒体到西北农林科技大学采访。媒体记者参观了校推广展室，并与西北农林科技大学校长孙武学教授，小麦育种专家王辉教授，成教学院院长石民友，白水苹果、阎良甜瓜、山阳核桃板栗、眉县猕猴桃等试验示范站有关专家及当地农技推广人员、种植户代表进行了采访座谈。校党委副书记徐养福主持座谈会。孙武学校长向媒体记者介绍了学校以大学为依托的农业科技推广模式实施情况。他说，学校以大学为依托的农业科技推广模式取得了很好的效果。特别是根据区域经济主导产业发展需要，建立农业试验示范站和示范基地，构建大学科技成果进村入户的便捷通道，受到社会特别是农民兄弟的认可。学校会一直把这件事情做下去、做好。媒体记者对学校产学研紧密结合的办学特色、积极服务"三农"等表示赞赏。

2010年7月9日，科技部原党组书记、副部长李学勇视察西北农林科技大学时，认为学校探索建立的农业科技推广模式，真正做到了农科教、产学研的紧密结合，在服务西北农业科技方面作出了突出贡献。

2010年7月29~31日，孙武学校长冒着酷暑，带领推广处、计财处、宣传部及林学院负责人赴清涧红枣试验示范站、米脂红枣节水示范基地及榆林小杂粮示范基地检查指导工作，清涧县委书记高永东、县长马治东陪同。在榆林期间，孙校长与榆林市市长胡志强等领导及科技局等部门进行了工作交流，榆林市政府负责人对学校支持地方农业经济发展所作的工作给予充分肯定，希望双方进一步加强合作，实现校地双赢。

2010年8月3日下午，孙武学校长带领科技推广处处长韩明玉教授，肉牛专家昝林森教授，核桃专家翟梅枝教授，苹果专家梅立新研究员，蔬菜专家赵尊练研究员，推广处基地建设科科长张正新一行在清水县考察。天水市委书记、市人大常委会主任张景辉接见并致辞。考察团一行在天水市副市长彭鸿嘉、市直有关部门主要负责同志和清水县委书记王振宇，县人大常委会主任阮珠有，县委副书记、县长刘天波，县政协主席陈喜祥，县委副书记刘中秋，县委常委、常务副县长蔡虎林，县委常委、永清镇党委书记夏草，副县长蔡俊杰及县直有关部门负责人的陪同下，先后深入永清镇魏家塬千亩优质苹果示范基地和县肉牛养殖示范园区进行实地考察，并在永清镇马沟村、温沟村为西北农林科技大学拟建的农业科技试验示范基地进行了选址。在考察后举行的座谈会上，校地双方领导和专家主要就推进科技成果转化、发展特色优势产业、加快"关中—天水经济区"建设，交流了意见，并提出很好建议。双方表示，将加强联系，就某些具体合作问题深入研究，创造条件，抓好贯彻落实，真正取得实效。孙武学在座谈会上的讲话中指出，农业增收、农民致富是科技工作的最终出发点和落脚点，要围绕农业产业化建基地。产业发展要符合当地的自然环境等实际情况，要抓好当地农业科技骨干、科技能人的培训，树立一批科技示范户,把科技带到农民的田间地头,让他们学有榜样,赶有目标,真正发挥科技能人和示范户的辐射带动作用。孙武学表示,推广科学技术,服务"关中——天水经济区"建设是我校义不容辞的责任,也是我们建设农业科技试验示范基地的目的,我们将进一步加大科技交流,全力做好科技支持,为加快"关中——天水经济区"发展做出应有的贡献。

2010年8月9日,西北农林科技大学校长孙武学冒着酷暑赴山阳核桃板栗试验站,慰问驻站专家、察看灾情现状并指导灾后重建。推广处、基建处、计财处及国资处负责人,山阳县人民政府县长杨萌等当地领导陪同。站在试验示范站核桃园残留的生产路上,望着洪灾过后园内留下的砂石废墟,孙武学非常痛心,他鼓励试验站科技人员不要灰心,不要退缩,积极投入灾后重建工作,试验站的明天将更好。据悉,2010年7月23日晚上,山阳县遭受了百年一遇的大暴雨。暴雨形成的滔滔洪水冲垮学校核桃板栗试验站核桃园旁的河堤,卷走园内的机井房和高压杆,毁坏了生产路及其他园内设施。灾情发生后,学校领导高度重视,孙武学指示要以人为本,迅速救灾。副校长李华带领推广处、林学院及试验站负责人等急赴山阳指挥救灾工作。

2010年8月10日上午,陕西省果业局副局长张兴瑞、总农艺师陈陵江、加工流通处处长王凤山、陕西师范大学仇农学教授等在渭南市果业局局长王鹰林的陪同下到白水苹果试验示范站考察指导工作。

2010年8月16日,以农业部技术推广中心副主任刘平为团长的农业部农业抗灾减灾服务团一行3人,在西北农林科技大学同延安教授的陪同下到安康水产试验示范站,就安康水产灾情及试验站建设工作进行考察调研。服务团对试验站紧密结合产业发展、积极服务地方产业的工作思路和取得的成效表示赞赏,并着重针对此次安康灾损,提出了灾后重建、开展生产自救、尽快恢复渔业生产的指导性意见。

2010年8月22日,孙武学校长在推广处、园艺学院有关负责人陪同下,冒雨赴眉县猕猴桃试验示范站检查指导工作。心系猕猴桃灾后恢复情况的孙武学到站伊始,就直接进入田间地头,查看冻害后猕猴桃树恢复情况。试验站首席专家刘占德向孙武学介绍试验站采取桥接、平茬、重新嫁接、补苗等减少冻害危害的措施。在学校科技支撑下,近几年红星村村民依靠猕猴桃实现了致富,人均收入超万元,名列眉县第一。孙武学指出,农业生产地域性很强,农业科技工作者要重视自然规律，充分利用有利的自然条件，将优良品种推广到适宜的地区。希望试验站科技人员从品种做起，重视资源收集，扎实开展良种选育，不断培育出新的猕猴桃良种，并做好丰产示范与技术培训，促进产业发展。试验站要以示范点为抓手，规范技术，推广新品种，做好样板，带动更多人依靠猕猴桃致富。

2010年8月28~29日，首届陕西苹果产业技术需求与服务交流研讨会在白水县举行。本次会议由陕西省苹果工程技术研究中心、西北农林科技大学白水苹果试验示范站、中国苹果技术网联合举办。

2010年8月31日，中共安康市委副书记崔光华同志带领市水利局及汉滨区政府等相关部门负责人到安康水产试验示范站调研。他希望学校试验示范站，充分利用现有条件，多种方式、多条腿走路，加强优良种苗的繁育指导工作；同时以科技培训为抓手，为失地农民开展渔业生产提供技术支撑。安康水产试验示范站建站以来，通过扶持示范户、开展培训，为地方水产养殖结构的调整、促进水产业发展做出了贡献。带动安康网箱高效养殖规模迅速扩大，从进驻之初的不足百口发展到2010年的1万余口，养殖户户均网箱数量提高到24.8口。试验站已逐步成为安康市汉江游流域水产养殖技术创新示范、人才培训和苗种繁育中心。

2010年9月6日上午，安康市人大常委会副主任马涛及部分人大常委会委员到安康水产试验示范站进行调研。马涛认为，西北农林科技大学水产试验示范站进驻安康几年来，依托科技和人才优势，引进优良品种，示范网箱养殖技术、开展技术培训、扶持本土企业，工作扎实，为安康渔业发展提供支持，产生了实实在在的效果，促进产业良性发展。

2010年9月12日，陕西白水苹果形象大使闫妮到西北农林科技大学白水苹果试验示范站开展苹果宣传推介活动。

2010年9月17日，由省科技厅组织召开的陕西省优质苹果科技示范基地建设现场会在白水县召开。李华副校长以及科研处、推广处、苹果试验站驻站专家参加了会议。省科技厅张炜厅长在察看白水苹果试验示范站各项设施，听取首席专家赵政阳对各试验示范功能区的介绍后，非常感慨。他指出，西北农林科技大学苹果试验站展示的技术代表了当前国内外的最先进水平，是陕西省"十二五"苹果产业科技发展的方向。白水县人民政府县长刘振强认为，学校苹果试验站专家教授的驻站指导，不仅传授了给群众先进的生产管理技术，更为白水的果农带来先进的生产经营理念。此次会议的召开，进一步扩大了白水苹果试验示范站的影响，对拓展服务范围，提升建站水平，更好地发挥试验示范站在陕西苹果产业发展中的示范引领作用将产生积极影响。

2010年9月29日下午，陕西省人民政府副省长姚引良同志在省林业厅、商洛市和山阳县有关部门负责人陪同下，专程赴山阳考察核桃产业发展情况及暴雨灾后重建工作。副校长李华教授和核桃试验站首席专家翟梅枝陪同。姚引良高度评价我校近几年来在农业科技推广新模式探索方面所做的工作，认为学校结合陕西区域农业主导产业建立试验示范站的做法，有效拉近大学教授及学生与生产实际的距离，是实现产学研紧密结合的有效方式，不仅对大学的人才培养、科学研究具有积极的促进作用，也为大学服务地方经济建设找准了切入点。十分赞赏学校核桃板栗试验示范站建站以来针对商洛核桃产业发展中关键问题，在新品种引进推广、高接换优示范、技术骨干培训等方面所做的工作和取得成效。

2010年10月8日，西北农林科技大学副校长王跃进教授到白水县苹果试验示范站调研。

2010年10月21日，陕西省科技厅许春霞副厅长在安康市科技局申卫清局长、安康学院王新林院长的陪同下，专程到安康水产试验示范站考察指导工作。

2010年10月23~24日，校长孙武学在校党委办公室、科技推广处、动科学院负责人陪同下，再次专程到安康水产试验示范站检查指导工作，听取首席专家吉红教授的工作汇报，并就试验示范站下一步的工作目标和重点与驻站专家及随行人员一起进行了研讨交流。孙武学充分肯定水产试验示范站建站4年来所做的工作和取得的成效。他表示，当初选择在安康建立水产试验示范站，目的就是想为安康汉江电站库区的失地农民寻找一条生存和致富路子。水产试验示范站建站以来，紧密围绕这一目标，克服各种困难，在基本设施建设、鱼种引进繁育、网箱养殖技术示范、示范户培训等方面做了大量卓有成效的工作，不仅使试验站内部设施条件有了重大改善，而且有效地带动了汉江电站库区网箱养鱼业的发展。孙校长强调，校外试验示范站既是学校科技推广与社会服务的平台，也是学校学科建设和人才培养的平台。为争取地方政府对水产试验示范站的更大支持，孙校长还专门约见安康市委书记刘建明、副市长王安利和市水利局负责同志，就安康渔业发展目标与思路等问题交换了意见。刘建明高度评价我校水产试验示范站在带动安康渔业发展方面所做的工作，并当场表示同意在安康电站库区内无偿划给试验示范站 2000 亩水面，用于开展试验示范工作，并同意每年给予水产试验示范站 20 万元的专项经费支持。孙武学校长此次对水产试验示范站的检查指导，不仅使试验示范站的建站思路和目标得到了进一步明确，同时还为试验示范站争取到了地方政府的多项支持，将对水产试验示范站今后的建设与发展产生重要影响。

2010 年 11 月 11 日，国务院研究室主办的《送阅件》（总 1842 号）以《农业科技推广的一种新型模式——对西北农林科技大学创新实践的调查》为题，对学校探索的推广模式进行了总结，认为这一新模式对推动我国农业科技创新和现代农业发展具有一定示范作用。该送阅件获得国务院副总理回良玉同志的批示。

2010 年 11 月 21～22 日，西北农林科技大学校长孙武学教授、苹果专家赵政阳教授带领学校白水苹果试验示范站和清涧红枣试验示范站指导的科技示范户曹谢虎、惠国海两位农民赴美国参加美国第 17 届"个人与公共、科技与消费者食品政策委员会（PAPSAC）"会。论坛会上，孙武学校长作了"让农业科技走进千家万户"的精彩演讲，赵政阳作了"大学关注产业，专家服务农户，科技让苹果更红"的演讲，两位农民分别做了如何依靠科技致富的典型案例演讲，开创了中国农民在哈佛大学演讲的历史，引起近百名与会代表的广泛关注和强烈兴趣，多位代表与孙武学校长进行深入交流。

2010 年 12 月 2～16 日，白水苹果试验示范站与陕西省果业局联合在白水举办了三期全省现代苹果标准化生产技术培训班。共培训 132 人，涉及陕西 42 个苹果生产县。

2010 年 12 月 6 日，中共陕西省委常委、常务副省长娄勤俭一行在中共西北农林科技大学党委书记张光强、校长孙武学的陪同下来校考察。张光强、孙武学向娄勤俭介绍学校合并组建以来的发展情况，特别是创立的以大学为依托的"农业科技推广模式"、试验示范站的分布以及所取得的成效，并陪同观看学校开发的专家远程农业技术服务系统的演示。娄勤俭对学校创立的农业科技推广模式和学校发挥大学优势、服务地方经济给予充分肯定。

时任中共陕西省委书记李建国、原省长袁存清、陕西省委书记赵乐际、省长赵正永等陕西省主要党政领导亲临西北农林科技大学苹果、红枣、核桃等试验示范站检查指导，对学校为推动陕西区域农业产业现代化发展所做的工作给予充分肯定，认为西北农林科技大学为陕西农业和农村经济发展做出了巨大贡献，2010 年陕西省人民政府决定给西北农林科技大学"985"三期工程建设 2 亿元的配套资金支持。

2011 年 1 月 12 日，国务院办公厅秘书二局调研组一行来校调研，西北农林科技大学校长孙武学、副校长吴普特陪同。在农业科技推广展室，孙武学校长向调研组一行介绍了西北农林科技大学合并组建以来的发展情况，特别是学校创立的以大学为依托的农业科技推广模式和试验示范站的分布情况以及科技人员在服务地方经济、帮助农民提质增效方面所取得的成效，并陪同调研组一行观看了我校开发的专家远程农业技术服务系统的演示。

2011 年 2 月 28 日，农业部部长韩长赋来西北农林科技大学考察时，对大学农业科技推广新模式探索工作给予充分肯定。他希望学校科研人员继续将论文写在大地上，科技送到百姓家，输出品种、输出科技、输出人才，加快科技创新和示范推广。

2011 年 3 月 6 日，西北农林科技大学山阳核桃板栗试验示范站在镇安县举办"科技创新——核桃嫁接及标准化管理"培训班，来自镇安县各乡镇的林业技术骨干和农民共计 106 人参加。

2011 年 3 月 16 日，白水苹果试验示范站培训楼奠基仪式在试验站举行。培训楼建筑面积 1700 平方米，可容纳 3 个本科生班或研究生班的教学实习，100 名全省果业技术人员的培训。

2011 年 3 月 29 日~4 月 1 日，校党委书记张光强、杨凌示范区管委会副主任王亚杰一行深入学校汉中茶叶（油菜）、安康水产、商洛核桃板栗等试验示范基地实地考察调研并检查指导工作，党委校长办公室、党委宣传部、政策研究室、推广处和各有关学院及杨凌示范区科教发展局负责人随行。

2011 年 4 月 4~24 日，为了深入推进农业科技推广模式探索，进一步提升学校科技推广与社会服务工作管理水平，在校领导的重视和支持下，学校组织相关试验示范站（基地）首席专家以及管理人员共 19 人，由中共西北农林科技大学党委副书记杨景昆同志带队赴美进行了为期 21 天的农业科技推广管理培训。参加培训的科技推广管理人员表示，通过培训对美国以大学为主体的农业科技推广体系有了全新的认识，对美国大学农业推广工作的具体组织、管理、运行、考评等机制和模式有了深入的理解。同时，也从更高层次上认识到了我校开展农业科技推广新模式探索，加强做好社会服务工作的重要性和必要性。张光强书记、孙其信校长❶、原校长孙武学、杨景昆副书记、侯曦副校长、李华副校长等都多次指示，推广处、外事处认真做好各项联络和准备工作，制定详细的培训计划和相关纪律制度，并召开会议安排部署相关工作，确保培训活动的顺利圆满完成。

2011 年 4 月 12 日，山阳核桃板栗试验示范站在安康市平利县举办"核桃低产林改造培"培训会，来自安康市 10 个县区的林业技术中心的技术骨干以及平利县各乡镇基层的林业技术人员和核桃大户共计 118 人参加。

2011 年 4 月 13 日上午，陕西省人民政府副省长姚引良一行到白水苹果试验示范站考察。学校科技推广处、园艺学院负责人陪同考察。

2011 年 5 月 5～6 日，西北农林科技大学原校长孙武学怀着对陕南猕猴桃产业发展高度关注之情，冒着炎炎烈日，带领学校政策研究室、科技推广处、猕猴桃试验站专家教授一行 10 人到汉中市城固县专题调研猕猴桃产业发展情况。孙武学一行在城固县果业局局长李晓波同志的陪同下，先后深入到城固县三合乡秦家坝村猕猴桃集约化生产基地、城固县三和果业专业合作社猕猴桃新优品种引进试验示范园、城固县柳林镇古城村猕猴桃新技术应用示范园、汉中新天地农业发展有限公司 500 亩标准化猕猴桃新建基地和城固县原公镇原公村 3000 亩猕猴桃发展规划区实地查看了城固猕猴桃生产现状，孙武学对近年来城固猕猴桃产业发展给予了充分的肯定和高度评价。孙武学提出：秦岭北麓冬季低温冻害和溃疡病危害是关中猕猴桃产业发展无法突破的瓶颈制约因素，对于长期以来人为形成的秦岭以北渭河以南属全省猕猴桃的最佳适宜区观点应站在生产实践的基础上再次论证；陕南秦巴山区作为猕猴桃种质资源的发源地和富集区，从调研过程中看到的果园生长情况，应当肯定陕南地区适合猕猴桃生

---

❶ 孙其信自 2013 年 1 月 25 日起担任西北农林科技大学校长（副部长级），孙武学因年龄原因不再担任校长，但尚未退休。卸任不久后担任了西北农林科技大学校友会名誉会长、教育发展基金会名誉理事长，同时还主持学校重大科研项目"西北农林科技大学推广模式研究"。

长发育。孙武学要求：学校猕猴桃试验站应加大与城固县政府的技术合作力度，依托当地生产大户和龙头企业，选用优质大苗壮苗集中连片建设 2－3 个高标准示范园，使其尽快投产见效。这样一是可以进一步论证确定陕南是不是猕猴桃生长最佳优生区问题；二是可以此为示范，辐射带动周边农户发展猕猴桃，加快农业产业结构调整步伐。随后孙武学一行又参观了原公镇青龙寺村千亩柑桔提质增效工程示范区和桔园柑桔生态旅游观光园，对城固县立足小气候资源在全国最北缘地带发展 25 万亩优质早熟柑桔生产基地给予较高的赞扬。

2011 年 5 月 16～18 日，由铜川市果业局组织，铜川市印台区 6 个乡镇村级苹果技术员 31 人在白水苹果试验示范站举行了为期三天的技术培训。

2011 年 6 月 11 日，副校长李华一行前往阎良甜瓜、蔬菜试验示范站检查工作，听取两个试验站首席专家的工作汇报，并与地方政府负责人、试验站专家进行座谈。李华指出学校探索的新型农业科技推广模式进展顺利，在服务地方主导产业发展方面做出了贡献，达到了领导、政府、农民"三满意"的效果。现在试验示范站发展已经进入关键时期，各个试验站要进一步考虑如何利用有限的资源和精力，实现试验站可持续发展。在新品种培育的同时，注重技术集成，物化技术，通过技物配套，获得产业发展的长久支持。李华要求阎良甜瓜、蔬菜试验示范站要紧密结合地方产业发展需求，立足阎良，辐射带动富平、高陵等周边地区。

2011 年 6 月 22 日，陕西省科技厅副厅长许春霞一行在榆林市科技局韩宇平局长和清涧县杨怀智县长的陪同下，专程来到清涧红枣试验示范站考察。她希望学校加快红枣裂果霉变防控技术推广力度，进一步提高陕北红枣产业效益。

2011 年 7 月 13 日，陕西省人民政府省长赵正永和省委常委、常务副省长娄勤俭一行视察西北农林科技大学清涧红枣试验示范站，对学校红枣试验示范站研究推广新技术，推动陕北红枣产业健康持续发展给予高度肯定。陕西省委常委、延安市委书记姚引良，副省长、榆林市委书记李金柱，榆林市市长胡志强以及陕西省有关厅局领导陪同。赵正永指出，西北农林科技大学和清涧县在红枣产业方面的合作模式很有特色、成效显著，要通过进一步合作，在这里打造全国红枣产业技术研究、学术交流、社会服务和信息交易平台。

2011 年 7 月 18～20 日，西北农林科技大学动科学院在安康水产试验示范站召开水产学科建设与发展务虚会。原校长孙武学教授及推广处、教务处、科研处、学科办、资产经营公司等部门负责人出席。孙武学在讲话中肯定水产学科10年来在人才培养、科学研究等方面取得可喜成绩，特别是安康水产站建站以来在科技推广与示范方面所做出的贡献。孙武学强调，水产科学系老师在各方面条件比较差的情况下能取得这些成绩，在学校学科中为数不多。他希望水产系的老师珍惜现有平台资源，共同参与安康水产站的建设，使其为教学、科研与推广工作发挥更大的作用。

2011年8月2日，陕西省外国专家局雷耀堂局长一行在西北农林科技大学副校长侯曦陪同下考察白水苹果试验示范站，参观了学校作为技术指导单位的富平现代农业示范基地育苗中心。侯曦副校长一行还考察阎良蔬菜试验示范站。

2011年8月5日，陕西省科学技术厅厅长奚正平、副厅长许春霞一行在安康市副市长巨三科陪同下，到安康水产试验示范站考察。奚正平一行详细了解试验站建设进展和科技推广工作情况，对试验站开展的工作和取得成效给予充分肯定。

2011年9月14~16日，西北农林科技大学党委书记张光强、原校长孙武学、杨凌示范区管委会副主任王亚杰深入眉县猕猴桃试验示范站、太白县蔬菜试验示范站及小麦条锈病监测站、凤翔苹果科技专家大院、白水苹果试验站及延安洛川考察调研。党委校长办公室、政研室、推广处、相关学院以及示范区科教局有关负责人陪同调研。此次考察调研进一步促进了学校积极探索建立有利于多学科集成创新的体制机制，在现有基础上不断壮大学科队伍，吸引更多学科的专家参与到试验示范站的工作中，为产业发展提供强有力的技术支撑，为建设百年老站夯实人才基础。

2011年9月20日，陕西省政协主席马中平同志在渭南市政协主席王建华、白水县委书记叶珺、县长刘振强、县政协主席杨永丰等领导的陪同下，到白水苹果试验示范站考察指导工作。马中平一行考察了田间各功能区，对苹果试验站在科学研究、技术推广等方面的工作给予充分肯定。

2011年10月18日，陕西省农业厅厅长王宏在太白县委县政府领导及试验站专家的陪同下，深入学校太白蔬菜试验站检查指导工作。王宏对学校试验站近年来为地方蔬菜产业发展所做贡献给予充分肯定，并就农业科技和农技推广方面的问题与大家进行广泛深入的探讨。

2011年10月22日，科技部、教育部在京联合召开高等学校新农村发展研究院建设座谈会，西北农林科技大学进入首批启动"大学新农村发展研究院"的10所试点高校。科技部副部长张来武在讲话中指出，这项工作是两部委在总结西北农林科技大学推广模式的基础上，在全国推广以大学为依托的公益性农业科技推广模式，这是我国农业科技服务体系的重要组成部分，通过探索和推进，必将对我国新农村建设和现代农业发展产生重大而深远影响。

2011年10月24日，西北农林科技大学党委副书记、纪委书记杨景昆在校工会负责人陪同下到我校米脂试验站、清涧红枣试验示范站考察调研。

2011年11月2~3日，西北农林科技大学校长孙其信教授、常务副校长赵忠教授先后赴白水苹果、眉县猕猴桃试验示范站，就试验示范站在服务教学等方面所做工作及存在问题进行调研。孙其信强调指出，要进一步扩大和强化试验示范站实践育人功能。

2011年11月10~11日，孙其信校长、赵忠常务副校长带领相关部门负责同志，赴安康水产试验示范站、西乡茶叶试验示范站，就校外试验站如何服务学校人才培养工作进行专题调研。安康市人民政府副市长邹顺生、动科学院负责人以及汉中市人大常委会副主任郑宗林、副市长张雁毅及园艺学院负责同志分别陪同。

2011年11月17日上午，科技部党组副书记、副部长王志刚在陕西省副省长朱静芝、校党委书记张光强、副书记梁桂等人陪同下视察西北农林科技大学。科技部有关司局及陕西省科技厅有关负责人陪同视察。张光强向王志刚一行汇报了学校创立的以大学为依托的农业科技推广模式和服务地方经济方面所取得的成绩。王志刚一行观看了学校开发的专家远程农业技术服务系统的演示，对学校创立的以大学为依托的农业科技推广模式和学校发挥科教优势、服务地方经济以及取得的显著成效给予充分肯定。他希望杨凌在今后的发展中，能够继续坚持"政府推动下，以大学为依托、基层农技力量为骨干"的农业科技推广模式和"产学研相结合"的发展方式，以科技为支撑，继续加大农业高科技人才聚集力度，继续加大科教体制改革，形成有机的农业科技创新整体，并及时总结现代农业产业化发展中形成的好思路、好方法和好模式，带动现代农业发展，带动农民增收，为我国的现代农业发展起到示范推动作用。王志刚一行还观看了我校开发的专家远程农业技术服务系统的演示。

四、持续深化阶段（2012—　　）●

2012 年 1 月 13 日，中共西安市阎良区委副书记、区长王凤萍，副区长权利军代表阎良区委、区政府慰问了阎良甜瓜试验示范站、蔬菜试验示范站专家，并与他们座谈交流。西北农林科技大学原校长、学校农业技术推广课题组负责人孙武学教授，推广处有关负责人参加了座谈。为支持两个试验站的工作，阎良区政府从 2012 年起每年给两站各 20 万元经费支持，2012 年经费从区长基金中解决，2013 年起将每年的支持经费纳入阎良区财政预算。希望试验示范站专家保重身体，继续探索，为阎良现代农业发展做出更大贡献。

2012 年 1 月 13 日，西北农林科技大学白水苹果试验示范站被杨凌示范区授予农业科技示范推广工作"特别奖"，奖励 10 万元；园艺学院、葡萄酒学院、红枣试验示范站、猕猴桃试验示范站、推广处等 5 家单位荣获农业科技示范推广"先进集体"，王辉、韩明玉等 13 名专家获示范推广"先进个人"。校党委常务副书记、示范区党工委副书记王万忠，杨凌示范区党工委书记、校党委副书记梁桂等出席会议。

2012 年 2 月 9 日，西北农林科技大学孙其信校长率党委校长办公室、推广处和农学院负责人到我校海南省三亚市南滨农场和陵水南繁基地进行调研。

2012 年 2 月 13 日，西北农林科技大学原校长、学校农业技术推广课题组负责人孙武学在西安曲江惠宾苑宾馆主持召开"学习 2012 年中央一号文件精神暨深化大学农技推广新模式研讨会"。原陕西省委农村政策研究室副主任刘华珍、课题组全体成员以及人文学院、经管学院、科技推广处、党委校长办公室、新华社陕西分社等单位共 20 人参加。此次会议增强了学校继续深入探索政府推动下以大学为依托基层农技力量为骨干的农业科技推广新模式的信心并就如何总结和完善这一模式进一步达成共识，会议取得圆满成功。

● 2012 年中央"一号文件"对于我国农业科技创新，特别是对基层农业科技推广体制改革的论述，极大地鼓舞了西北农林科技大学继续大力探索和完善以大学为依托的农业科技推广新模式。学校也专门召开加强产学研工作的会议并出台、完善若干深化农技推广模式的政策文件。在加强原有 8 个试验站的前提下，新建了多个试验示范站，使得试验示范站有效辐射西北五省区，其社会影响也日益增大。"农林科大模式"由此进入了一个新的发展时期。

　　2012年2月14～15日，西北农林科技大学校长孙其信教授出席2012年全国科技工作会议并在大会上做了题为"深入推进以大学为依托的农业科技推广模式建设"的典型发言，详细介绍了学校深入推进农业科技推广模式及农业科技创新的主要做法和取得的成效。

　　2012年2月16日，陕西省人民政府副省长祝列克同志到我校海南三亚育种基地视察，看望慰问基地科教人员。西北农林科技大学原校长、学校农业科技推广课题组负责人孙武学、陕西省政府副秘书长胡小平、省农业厅厅长王宏和省政府办公厅、省财政厅农业处、省农业厅种植业处、省种子管理站、杨凌示范区农业局及校党委校长办公室有关负责人陪同考察。

　　2012年2月19日下午，学校与延安市人民政府在国际交流中心举行共建"西北农林科技大学延安市洛川苹果试验站"签约仪式。西北农林科技大学校长孙其信，中共延安市市委副书记、市长梁宏贤，延安市副市长杨霄，杨凌示范区管委会副主任郭建树以及延安市有关部门和学校相关部门负责人出席签约仪式。常务副校长赵忠与延安市副市长杨霄分别代表双方在议书上签字。

　　为充分发挥学校科技成果与人才优势，进一步推进农业科技推广新模式探索，全面提升学校对陕西及西北区域经济发展的科技支撑与服务能力，经学校研究决定设立每年500万元的"西北农林科技大学农业科技推广专项基金"。2012年2月20日，西北农林科技大学科技推广处发出《关于申报2012年农业科技推广专项基金项目的通知》，面向全校申报。根据2012年学校科技推广工作整体规划，确定科技推广专项基金支持方向和重点：良种选育与中试示范；优质高产安全生产及病虫害防治技术研究与示范；多学科产业服务。

　　2012年2月27日，河南农业大学校长张琼、副校长谭金芳一行7人来校考察。西北农林科技大学钱永华副校长向张琼一行介绍了学校情况。双方围绕我校新型农技推广模式的做法，新农村发展研究院建设情况，校外科研基地建设情况及运行机制，推广教授、推广研究员评聘及考核办法，鼓励教学科研人员参与社会服务的有关制度等进行座谈交流。张琼一行参观学校推广展室，并赴阎良甜瓜、蔬菜试验示范站考察，对学校在政府推动下、以大学为依托、以基层农技力量为骨干的农业推广模式表示肯定和赞赏。

　　2012年2月29日下午，西北农林科技大学与安康市汉滨区人民政府、安康市林业局在国际交流中心举行了合作共建"安康北亚热带经济林果树试验示范站"签约仪式。副校长侯曦、汉滨区区长王孝成、副区长李森文，安康市林业局总工程师刘斌以及安康市林业局及汉滨区相关部门负责人和我校相关部门负责人出席签约仪式。通过三方共同努力，紧密围绕区域产业发展需求，力争将该站建成国内一流的北亚热带经济林果树试验示范站。

2012年3月13日，校县联合科技示范与入户工程2012年工作会在白水苹果试验示范站召开。白水县副县长刘建成，相关部门负责人以及学校苹果试验站的全体职工参加会议。白水县苹果管理局书记郭学军主持会议。试验站首席专家赵政阳对校县联合七年来的工作做了剖析和总结，进一步明确白水苹果试验站将继续为白水乃至陕西苹果产业做好技术服务和支撑。

2012年3月18日，在西安召开的陕西省渔业工作会议暨技术推广工作会议上，西北农林科技大学安康水产试验示范站被授予"陕西省2011年度推广工作先进单位"称号，水产试验站主任刘超参加会议。会议决定2012年为陕西省水产科技促进年并启动了这一活动，我校安康水产试验示范站吉红教授被聘为大水面网箱养殖首席专家。

2012年3月22日，西北农林科技大学与甘肃省庆阳市人民政府和庆城县人民政府举行合作共建协议签字仪式，三方合作共建甘肃庆城苹果试验示范站。该试验示范站将是学校继陕西白水、洛川、千阳之后，首次在省外建立的苹果科技推广基地。建成后，市县校三方每年将投入110万元的经费。

2012年3月27日上午，中共西北农林科技大学党委书记张光强同志和部分推广专家接受中央电视台《对话》栏目专访，围绕贯彻落实中央1号文件精神、加强推进农业科技推广工作创新、解决农业科技推广"最后一公里"等问题进行了深入交流和探讨。张光强书记等嘉宾结合学校实际和自身经历，以详实的数据、鲜活生动的故事，介绍了学校立足西部干旱半干旱地区、围绕陕西主导产业进行农业科技推广、带动农民致富、推动中国旱区农业发展的探索过程、重要经验、做法和体会，并对我国农业科技推广工作的发展提出建议和对策。

2012年4月11日下午，西北农林科技大学宝鸡千阳苹果试验示范站揭牌仪式在千阳县隆重举行，陕西省副省长祝列克和宝鸡市上官吉庆市长共同为该试验站揭牌。校党委副书记杨景昆出席揭牌仪式并在讲话中表示，学校将与市县共同努力，围绕宝鸡苹果产业发展需要，把试验示范站建设成为高水平的苹果新技术示范推广中心，引领宝鸡苹果产业的持续健康发展。

2012年4月20日下午，西北农林科技大学与镇安县人民政府合作共建商洛镇安板栗试验示范站协议签字仪式举行。中共西北农林科技大学党委副书记马建华、镇安县县长璩泽涛分别代表校县两方签署合作协议。商洛镇安板栗试验示范站是我校陕西省内建立的第16个试验示范站，也是第1个板栗试验示范站。该试验示范站的建设，将充分发挥我校科技、人才优势和镇安板栗资源及区位优势，实现学校和地方优势互补、合作双赢，促进板栗产业持续快速发展。

2012年4月25日上午，陕西省猕猴桃试验站揭牌仪式在西北农林科技大学眉县猕猴桃试验站举行，陕西省果业局王振兴局长、宝鸡市人民政府王拴虎副市长和西北农林科技大学钱永华副校长出席揭牌仪式。猕猴桃试验站首席专家刘占德介绍了试验站有关情况。钱永华副校长表示，学校将继续努力，围绕陕西猕猴桃产业发展需要，拓展科学研究和科技示范工作范围，努力把猕猴桃试验示范站建设成为面向全省猕猴桃产区开展新品种、新技术研究与示范推广的中心，为陕西猕猴桃产业的健康持续发展做出贡献。

2012年4月28日，陕西省农业厅王宏厅长在李华副校长、延安市人民政府副市长杨霄及洛川县委县政府领导陪同下，到学校延安市洛川苹果试验示范站检查指导工作。

2012年4月30日，李华副校长带领科技推广处、园艺学院负责人一行，赴千阳县学校新建苹果试验示范站检查指导工作。

2012年5月5日上午，在阎良区委副书记、区长王凤萍，副区长权利军陪同下，原陕西省省委书记安启元、原陕西省副省长刘春茂、西北农林科技大学原校长孙武学等老领导一行到阎良参观现代农业发展。老领导一行先后参观考察了西北农林科技大学阎良甜瓜试验示范站、关山新区建设及设施农业发展情况。

2012年5月15日，学校与凤县人民政府和宝鸡市林业局签订了合作共建"西北农林科技大学凤县花椒试验示范站"协议。李华副校长和凤县县长郑维国、宝鸡市林业局局长刘汉卿在协议上签字。

2012年5月16日，陕西省人大常委会秘书长桂维民在西北农林科技大学副校长李华、杨凌示范区管委会常务副主任郭社荣的陪同下来校考察农业科技推广工作。桂维民秘书长对寻校创立的以大学为依托的农业科技推广模式和学校发挥大学优势、服务地方经济以及取得的显著成效给予充分肯定。

2012 年 5 月 20 日，根据农业部科教司联系西北农林科技大学开展创先争优主题活动的具体安排，科教司巡视员王衍亮、副司长向青云及有关处领导一行深入白水苹果试验示范站进行现场考察和工作调研。西北农林科技大学原校长、校农业科技推广课题组负责人孙武学、副校长吴普特、白水县人民政府县长刘振强以及校组织部、科研处、推广处等部门负责人陪同，白水苹果试验站首席专家赵政阳教授做工作汇报。

座谈会上，王衍亮指出此次调研有"三个深刻感受"：一是深刻感受到西北农林科技大学的推广新模式扎实有效，从农业科技的源头到农民的田间地头，不仅积极先行先试、率先创立样本，而且工作体系完整，各个环节具体可行，便于实际运行和具体操作，完全符合中央政策的要求和形势发展的需要，这些成绩值得充分肯定。二是深刻感受到西北农林科技大学在试验示范站建设中与基层政府、农民群众结合得非常紧密，充分发挥了对农业科技推广工作的平台支撑作用，为我国逐步建立一主多元的农业科技推广工作新体系提供重要借鉴，使高校成为我国农业科技推广事业中不可忽视的一个重要方面。三是深刻感受到西北农林科技大学科教人员不仅能够长期坚守、而且敢于树立更高的奋斗目标，不仅要坚持扎根农村、努力解决"三农"发展中的关键问题，而且要建设具有中国特色、世界水平的"百年老站"，这对于学校加快创建产学研紧密结合的世界一流农业大学具有重要意义。农业部科教司的同志通过此次调研，对西北农林科技大学建立的以大学为依托农业科技推广新模式有了更加深刻的认识，进一步明确"两个责任"：一是要切实提升对农业高校试验示范站建设重要性的认识，积极争取将此类试验示范站纳入国家层面予以重点支持；二是要为农业高校开展科技推广创新提供更多的经费支持和更好的工作服务。

2012 年 5 月 21 日，国家教育体制改革领导小组办公室印发的 2012 年第 25 期《教育体制改革简报》，刊发了题为《西北农林科大以完善农业科技推广模式为核心 构建产学研结合新体制》的简报。《简报》认为，农林科大通过扎实工作，实现了"三创新"：一是创新了人才培养模式，为学生实践锻炼创造了条件；二是创新了校地科技合作机制，密切了与地方的科技合作关系；三是创新了国际合作交流方式,搭建了国际交流平台,促进了国际科技合作与产业发展紧密结合。

2012年6月2日,甘肃省镇原县县委书记、县长等一行25人在西北农林科技大学原校长孙武学陪同下到白水苹果试验示范站考察指导工作。白水苹果试验站站长梁俊进行了接待。

2012年6月14日,陕西省农业厅王宏厅长在宝鸡市副市长王栓虎及千阳县县委、县政府领导陪同下,到宝鸡千阳苹果试验示范站检查指导工作。

2012年6月16日,西北农林科技大学与宜君县现代核桃产业科技合作协议签字仪式在宜君县举行。李华副校长和宜君县县长刘冲代表合作双方签约,李华副校长和宜君县委书记熊晖为"西北农林科技大学宜君县现代核桃产业科技试验示范基地"揭牌。

2012年6月29日,西北农林科技大学隆重召开"加强农业科技推广 推进产学研紧密结合工作会议"。张光强书记、孙其信校长分别作了重要讲话。自2004年以来,学校在陕西主导产业中心地带建了9个永久性实验站,110多个科技示范基地,涉及10个省,500多名专家参与这项工作,带动1000多名科技农技人员参与了这项工作,总共推广新品种新技术350余项,培养农村科技骨干30000余人,现场指导33万人次,建立科技示范户2400多户,引进展示国外品种865个,选育审定新品种21个。会议认为,学校科技推广工作取得的重要成效标志有三条:一是通过政产学研结合,探索出了一种有效的农业科技推广模式;二是建设了一批推广平台;三是在解决农业科技"最后一公里"方面探索了很多的方式和经验。积累的宝贵经验也有三条:第一,科学的办学特色和目标定位抓住了科教体制改革的核心问题;第二,敢于精心谋划并勇于大胆实践;第三,科技推广服务和农业的产业发展、农民的迫切需求紧密结合。

为进一步提升学校农业科技推广工作,在已有成功经验基础上争取更大进展,学校在总结过去8年农业推广工作经验基础上,起草了《关于进一步加强农业科技推广工作,深入推进产学研紧密结合的意见》和《西北农林科技大学农业科技推广模式专项管理办法》、《西北农林科技大学试验示范站运行管理办法》(征求意见稿),并提交会议进行讨论完善,以使文件成为指导今后学校发展特别是深化和推进产学研紧密结合办学特色的重要纲领性文件。

2012年7月3日,陕西省决策咨询委员会向省委、省政府提交《一种创新型的农业技术推广模式——西北农林科技大学面向区域主导产业建立试验示范基地的调查》（陕咨字［2012］14号）调研报告。该报告认为"西农模式"❶构建了一条从科技源头到"最后一公里"的有效通道，使产学研紧密结合，有效解决了长期存在的教育科研推广脱离问题，创新了大学专家与基层农业技术推广力量有机结合的新模式，有效地将院校科技资源与政府行政资源和企业的经济资源对接起来，并取得了显著效益。该调研报告获得陕西省领导的高度重视。2012年7月10日，时任中共陕西省委书记赵乐际同志批示："请正永、清云、列克同志阅。应重视'西农模式'的总结和推广。"7月8日，中共陕西省委副书记、省长赵正永批示："请王宏同志阅研，我省农技推广模式要进一步完善。"7月16日，省政府副秘书长王拴虎批示："西农大试验示范站是农业科技创新推广的平台、新型职业农民培育提升的基地、农村田园文明和谐进步的亮点，呈请列克副省长阅示。"7月16日，陕西省人民政府副省长祝列克批示："请农业厅阅。"7月31日，副省长祝列克再次批示："请农业厅、杨凌区按乐际书记批示支持此项工作。"

2012年7月3日下午，中共陕西省委副书记孙清云同志在宝鸡市人民政府市长上官吉庆等领导陪同下，在千阳考察宝鸡千阳苹果试验示范站指导的海升千阳苹果基地建设情况。

2012年7月11日下午，中共中央政治局委员、国务委员刘延东同志一行来到杨凌示范区现代农业园区，在园内远程科技服务平台前，听取张光强书记和示范区负责同志科技推广情况介绍后，在大厅监控屏前与在我校省内外试验站工作的专家进行了视频通话。

2012年7月14日，中共西北农林科技大学委员会、西北农林科技大学印发了《进一步加强农业科技推广工作深入推进产学研紧密结合的意见》（校党发［2012］34号）。该文件从充分认识加强农业科技推广工作的重要意义、主要进展和存在问题、主要目标和基本要求、进一步加强农业科技推广工作的政策措施等四个方面对于进一步提升学校社会服务功能做出全面部署。该文件从2013年元月开始实施。

2012年8月17日，科技部发布了《科技部关于下达2012年度国家有关科

---

❶ 这种表述首次在官方性质的文件中出现。

技计划项目的通知》,由西北农林科技大学申报的《大学为依托的农业科技推广模式研究——基于科技体制创新视角的案例分析》获得2012年国家软科学研究计划资助项目(项目编号:2012GXS4D101),这从侧面和国家层面进一步肯定西北农林科技大学多年来一直探索的农业科技推广新模式。

2012年8月22~23日,波兰矮化苹果发展协会访问团一行41人到白水苹果试验示范站进行为期两天的交流学习。

2012年9月6日,中共中央组织部干部四局局长夏崇源一行在校党委书记张光强陪同下来西北农林科技大学考察。张光强向夏崇源局长一行介绍了学校的发展历史特别是合并组建以来所发生的巨大变化。在科技推广展室,夏崇源局长听取张光强关于学校创立的以大学为依托的农业科技推广新模式以及所取得的成效情况介绍。

2012年9月18日,陕西省农业厅党组书记、厅长王宏赴眉县猕猴桃试验示范站调研猕猴桃产业,并同驻站专家共同研讨职业农民培育工作。农业厅科教处、省园艺站及西北农林科技大学推广处、园艺学院负责人陪同调研。在听取首席专家刘占德关于试验示范站工作介绍介绍后,王宏指出,试验示范站是陕西猕猴桃产业具备核心竞争力的技术依托,是破解产业发展难题和实用技术推广瓶颈的重要平台,要在做好技术研究、集成与推广的同时,重点实现三个突破:一是在推进产业发展的过程中更加注重联合合作组织、龙头企业等新型市场主体;二是要注入产业化理念,在具体农业实用技术推广上更加依靠龙头企业,充分发挥企业在农业科技传播中的活跃受体作用;三是努力探索猕猴桃产业职业农民的培养模式,依托试验示范站培养一批新型职业农民,努力推动陕西猕猴桃产业持续快速发展。

2012年10月4日,李华副校长到安康水产试验示范站检查,推广处、葡萄酒学院、动科学院负责人及安康市有关部门陪同检查。首席专家吉红就试验站面临的产业形势、正在探索的"135推广模式"、针对产业关键技术问题开展的试验示范项目以及"一体两翼"的人才培养体系建设等做了详细汇报,并提出围绕汉江上游流域特色,发展水产业的有关工作思路及存在的问题。

2012年10月21日,华中农业大学校长、中国工程院院士邓秀新,陕西省果业局副局长周智孝一行赴西北农林科技大学白水苹果试验示范站调研。试验站首席专家赵政阳带领邓秀新院士一行参观了试验站的田间功能区、实验室,并介绍试验示范站的建设、发展、目标定位及近年来工作进展情况等。邓秀新院士就苹果品种选育、种苗培育等共同关心的问题与试验站专家进行了深入交流。白水县委常委、副县长刘存虎及果业局等相关负责人介绍了校县科技合作推进白水苹果产业产业的情况。邓秀新院士对白水苹果试验站取得的成绩表示钦佩，并欣然提笔，为试验站题词"白水基地，苹果飘香"。

2012年10月21日下午，农业部科教司副司长向青云一行在陕西省果业局副局长周智孝等人陪同下，到西北农林科技大学眉县猕猴桃试验示范站检查指导工作。向青云一行听取试验示范站首席专家刘占德的工作汇报，察看试验示范站园区布局、种质资源保存、新品种选育、快速育苗技术示范等工作开展情况，并与试验示范站驻站专家进行座谈。向青云指出，最近几年，猕猴桃产业发展迅猛，亟需从科技层面加强研究，为猕猴桃产业发展提供科技支撑。西北农林科技大学在猕猴桃产业发展方面做了有益的探索，需要进一步做好基础研究工作。她表示，农业部科教司将创造条件，从项目、经费等方面给予猕猴桃试验示范站支持。

2012年11月19日上午，渭南市农村苹果实用人才培训启动仪式在西北农林科技大学白水苹果试验示范站举行。渭南市人民政府副市长吴蟒成，陕西省果业管理局张兴瑞副局长及白水县、渭南市和渭南各县果业局局长，农资企业代表，我校驻白水试验站的科教人员以及参加培训学员共150余人参加仪式。白水苹果试验站首席专家赵政阳及吴蟒成、张兴瑞等先后致辞。渭南市农村实用人才培训计划是渭南市为提升渭南农村实用人才素质，利用我校白水苹果试验站的人才等资源优势，促进渭南优势产业健康发展而作出的一项农民培训工程。本次培训将用一年时间对渭南市白水、合阳、蒲城、富平、大荔、韩城、临渭、潼关600个村600名果农进行一次苹果周年管理技术综合培训。由渭南市委组织部（人才办）牵头，市果业局组织，我校白水苹果试验站具体实施。

2012年11月20日，在由国家农业部、陕西省人民政府主办的首届中国猕猴桃产业发展大会上，眉县县委、县人民政府向学校猕猴桃试验示范站赠送小轿车1辆。农业部国家首席兽医师于康震、陕西省人大常委会副主任吴前进、副省长祝列克、省政协副主席张生朝、副校长李华及科技推广处、园艺学院负责人出席大会。

为充分发挥学校的科教资源优势，并凝聚全省猕猴桃科技力量，围绕陕西省猕猴桃产业全产业链发展需要开展科学研究，解决产业发展中的技术难题，学校与陕西省果业管理局协商依托我校猕猴桃试验示范站，联合成立、共同建设并实行开放流动式管理的"陕西省猕猴桃研究所"。2012年11月20日陕西省果业管理局局长王振兴向学校授"陕西省猕猴桃研究所"牌匾。

2012年11月21日上午，学校与延安市人民政府、子长县人民政府在国际交流中心举行合作共建"西北农林科技大学延安市马铃薯试验示范基地"签约仪式。该试验站由学校、延安市人民政府和子长县人民政府共建，同时加挂"延安市马铃薯试验示范基地"和"子长县马铃薯试验示范基地"牌子。延安市人民政府和子长县人民政府负责每年给基地提供试验示范及技术推广经费30万元，用于在子长县和延安市开展马铃薯试验示范及技术推广工作。子长县人民政府每年给基地提供试验示范推广经费30万元，学校每年给基地提供推广经费30万元，三方共同为基地提供开展科研试验示范的工作条件和生活条件。校党委书记张光强、副校长李华、延安市委副书记杨霄及学校、延安市、子长县相关部门负责人出席签约仪式。

2012年11月22日，合作共建"西北农林科技大学新疆昌吉现代农业试验示范站"签约仪式在学校国际交流中心举行。副校长李华、昌吉市人民政府副市长陈立波、新疆昌泰农林有限责任公司董事长宋秀宁分表代表校、地、企三方在协议上签字。新疆昌吉现代农业试验示范站将建于昌吉市滨湖镇五十户村，其核心示范园区有1000亩。按照协议，学校将选派6至8名科教人员常驻试验示范站开展试验示范和技术服务工作；昌吉人民政府负责从基层农技部门选派技术人员参与试验示范站的试验示范工作，并向区域内现代农业产区示范推广产业新技术；昌泰农林有限责任公司负责试验站基本设施建设，按照"公司＋农户"或"公司＋合作社＋农户"的模式，在政府的扶持带动下，组织农户发展红枣和甜瓜产业，增收致富。校科技推广处负责人，红枣、甜瓜等方面有关科技专家参加座谈会和签字仪式。

2012年12月5~6日，西北农林科技大学原校长孙武学，苹果试验示范站首席专家赵政阳等人应邀到甘肃省平凉市灵台县实地考察调研苹果产业发展情况，并就当前果园管理中存在的一些突出问题与灵台县领导和县果业局技术人员进行交流探讨。县委书记王学书，县委副书记、县政府县长刘凯，县委副书记马春宁，县政府副县长杨东虎陪同。

2012 年 12 月 18 日，学校科技推广处组织 17 个试验示范站和示范基地的站长、首席专家等 40 余人，赴千阳县苹果试验示范站观摩学习。科技推广处、科研处负责人，农学院、园艺学院、林学院、动科学院、葡萄酒学院分管领导、科研推广秘书，宝鸡市、千阳县有关领导参加观摩学习。

2012 年 12 月 18～19 日，孙其信校长主持召开 2012 年第 12 次校长办公会。会议研究了学校与陕西省海外投资发展有限公司、陕西海隆金巢农业发展有限公司关于喀麦隆农业技术示范中心项目培训合作的有关问题。会议要求，有关部门和学院要做好项目论证和前期准备，决定由副校长李华担任项目组校方组长，负责组织合作事宜，侯曦副校长配合开展有关工作。会议强调，开展喀麦隆农业技术示范中心项目科研培训合作，是学校拓展以大学为依托农业科技推广模式服务领域、逐步走向国际化的重要尝试，是实施国际化办学战略的重要机遇，对于提升学校国际影响力具有重要的意义。科技推广处等有关部门要积极做好项目实施，切实增强科技服务效能，逐步扩大国内外影响力、辐射力、带动力。

2012 年 12 月 19 日，全校各试验示范站人员，相关学院负责人、推广秘书以及机关有关处室负责人、杨凌示范区管委会相关部门负责人在国际交流中心 210 会议室参加 2012 年大学推广模式建设项目工作总结表彰会。西北农林科技大学党委书记张光强，杨凌示范区管委会副主任刘天雄出席会议并讲话，李华副校长主持会议。清涧红枣、眉县猕猴桃、千阳苹果、甘肃庆城苹果试验示范站及米脂红枣试验示范基地被评为 2012 年度科技推广工作先进集体。梁俊、宋晓斌、姚春潮、冉隆贵、唐光辉、王华、张会梅、张秉奎、刘超、杨途熙、季志平、安贵阳、李高潮、张永科、张忠良、高华、董振生、王辉、李丙智、翟梅枝、孙光丽、马松涛等 15 人被评为 2012 年度科技推广工作先进个人。张光强、刘天雄分别为先进集体和个人颁奖。

会上，张光强对农业推广工作开展提出新要求。一是认真贯彻落学校《关于进一步加强农业科技推广工作 深入推进产学研紧密结合的意见》文件精神；二是新农村发展研究院要坚持开放办院，注意与地方政府、企业、农业合作社、农村金融组织等的结合，以农业科技为核心，支持农业产业发展，探索中国农业现代化的有效路子。科技推广人员要拓展胸怀，开拓眼界，从更高层次推进工作开展。三是解决试验站建设和运行的模式问题。要继续坚持在农业产业优势地区建立服务农业产业发展的专业化，永久性试验站的原则，实现大规模带动。要做好战略规划和顶层设计，动员和发挥地方政府的积极性，争取经费、土地、项目等方面的支持。要加强多学科团队建设，注意多学科的深度融合和协同创新。

2012年12月20日，中共西北农林科技大学党委召开2012年第18次常委会，会议研究审议通过了《关于贯彻〈进一步加强农业推广工作 深入推进产学研紧密结合的意见〉任务分工方案》。方案涉及实质性运行新农村发展研究院、理顺科技推广平台管理体制、强化科技推广岗位管理和队伍建设、完善试验示范站功能、深化科技推广系列专业技术职务评审改革、建立科技推广工作激励机制、多渠道筹措经费加大科技推广工作条件建设等7个主要方面14项具体任务。会议要求方案必须明确各项任务的牵头校领导和负责部门，明确工作质量要求和时限。各分工负责部门要根据《进一步加强农业推广工作 深入推进产学研紧密结合的意见》的总体部署，进一步分解细化工作任务和具体目标。

2012年12月25日，中共西北农林科技大学党委书记张光强、原校长孙武学教授率学校20余名科教专家赴渭南市经济开发区，就与陕西协和投资控股股份有限公司合作建设现代农业科技园进行考察。张光强表示，很高兴看到渭南市经济开发区的巨大变化。多年来，西北农林科技大学探索建立以大学为依托的农业科技推广新模式，为陕西社会经济发展提供了科技和智力支持，学校愿意为渭南经济开发区发展作出应有的贡献。副校长李华，党委校长办公室、科技推广处负责人陪同考察。

2012年12月28日，西北农林科技大学党委校长办公室印发《进一步加强农业科技推广工作深入推进产学研紧密结合的意见》任务分工（党办发[2012] 29号）。该文件从实质运行新农村发展研究院、理顺科技推广平台管理体制、强化科技推广岗位管理和队伍建设、完善试验站的功能、深化科技推广系列专业技术职务评审改革、建立科技推广工作激励机制、多渠道筹措经费，加大对科技推广工作的条件保障等7个方面对进行分解，明确了完成时间、牵头校领导、负责部门和参与单位。

2013年1月5日下午，中共宝鸡市委书记唐俊昌，在千阳县委书记郝晋升，县委副书记王雪峰，县委常委、常务副县长王天勋，县委常委崔新荣陪同下，深入位于千阳县张家塬镇王家庄村的学校苹果试验站检查苹果建园情况。唐俊昌感谢学校对宝鸡农业的大力支持，他强调，建园容易，管理难，希望试验站要现场指导到村，技术培训到户，保证千阳矮砧集约高效苹果栽培成功。

2013 年 1 月 5 日，西北农林科技大学校长办公会审议了《农业科技推广模式专项管理办法》和《试验示范站（基地）运行管理办法》，同意试行。

2013 年 1 月 9 日下午，在京参加第二十一次全国高校党建工作会议的中共西北农林科技大学党委书记张光强、校长孙其信，在会议期间向财政部教科文司司长赵路、副司长霍步刚、宋秋玲等汇报了学校 8 年来开展"以大学为依托的农业科技推广新模式"的工作实施进展情况和取得的成绩。赵路、霍步刚和宋秋玲对大学农业科技推广模式的探索和取得的成绩给予充分肯定和高度评价，认为这是农业科技成果直接转化并服务于农业产业的有效途径，表示对我校的农业科技推广工作将加大力度继续给予支持。学校计划财务处、北京办事处负责同志陪同参加了拜会。

2013 年 1 月 10 日上午，陕西省子洲县人民政府副县长刘晓明、陕西神木君泰煤炭有限公司、子洲县清水沟现代农业合作社董事长王岗一行 3 人来校洽谈科技合作事宜。西北农林科技大学常务副校长、教育发展基金会理事长赵忠，林学院、水保所、经管学院有关专家以及教育发展基金会、宣传部、教务处负责人与刘晓明一行在国际交流中心进行了座谈。赵忠表示，学校将组织专家到子洲县进一步调研，以清水沟合作社为平台，研究在子洲县建立学校推广示范基地。通过学校、政府、企业共同合作，进一步对黄土沟壑区生态经济型农业示范开展研究，探索以企业投入、政府推动、大学为依托、农民参与的农业推广新模式。希望与子洲县政府能够尽快达成合作共识、签订项目协议、启动相关工作，开展更富成效的交流合作，取得更好的经济效益和社会效益。

2013 年 1 月 13～22 日，甘肃省灵台县考察团一行来我校白水苹果试验示范站接受为期 10 天的苹果技术培训学习。灵台县县委副书记马春宁，县人大副主任任永福，全县 13 个乡（镇）党委书记和技术干部共 79 人参加了培训会。

2013 年 1 月 21 日，安康市石泉县人民政府徐晓丽副县长一行，代表石泉县委县政府为学校送来"科技示范引领，服务地方经济"的锦旗，以感谢学校"石泉蚕桑试验示范基地"在当地蚕桑产业提质增效、农民增收和地方经济发展方面作出的突出贡献。李华副校长接受了锦旗,并就农业科技推广工作的思路与做法、进一步深化校地合作促进蚕桑产业发展等有关问题与对方进行深入交流。科技推广处、动科学院负责人以及蚕桑基地驻站专家参加了座谈交流。

2013年1月22~23日,科技部新闻办组织中央电视台、科技日报、经济日报、中国科学报和中国新闻社等中央媒体记者来西北农林科技大学采访以大学为依托的农技推广模式相关工作。在国际交流中心举办的座谈会上,推广处、宣传部负责人介绍了以大学为依托的农技推广模式基本情况、实际效果等,李华副校长就如何实现试验站可持续发展,进一步做好以大学为依托的农技推广模式作了强调说明。白水苹果试验站、凤县花椒试验站、海南三亚育种基地、眉县猕猴桃实验站和安康水产试验站负责人分别汇报各自工作情况。座谈会后,记者们参观了推广展室。采访团还赴白水苹果试验站进行现场采访,与白水县领导、试验站专家和示范户进行座谈,详细采访仙果农业合作社社长、曾到哈佛大学演讲的果农曹谢虎等受益农民代表。

2013年1月24日下午,西北农林科技大学与陕西海外投资发展股份有限公司旗下陕西海隆金巢农业发展有限公司合作共建"喀麦隆农业技术示范中心"项目签约仪式在国际交流中心举行。陕西海外投资发展股份有限公司董事长李雪梅、常务副总经理梅铭及相关部门负责人,我校党委书记张光强、副校长侯曦、李华及科技推广处、国际合作与交流处、农学院、植保学院、动科学院、资环学院、机械与电子工程学院等部门和学院负责人出席签约仪式。"喀麦隆农业技术示范中心"项目将充分利用陕西海隆金巢农业发展有限公司获得的中国援非喀麦隆农业技术示范中心运营权和学校在农业科技教育方面的培训经验和技术实力,共同合作建设运营好示范中心。双方共同成立中国援喀麦隆农业技术示范中心领导小组、专家工作小组及专家组,共同负责喀麦隆农业技术示范中心的管理、培训、科研推广和农业产业化示范工作。同时,力争将示范中心建设成为西北农林科技大学海外试验示范基地和海外培训基地。

2013年1月25日上午,学校与铜川市人民政府在国际交流中心举行合作共建"铜川果树试验示范站"签约仪式。副校长李华、铜川市副市长曹远勃分别代表共建双方在协议书上签字。杨凌示范区管委会副主任刘天雄、铜川市政府办、果业局负责人和学校推广处、园艺学院负责人出席了签约仪式。根据协议试验示范站由双方共建，同时加挂"铜川市果树试验示范站"牌子。铜川市人民政府将无偿提供 120 亩土地交学校长期使用，并负责试验站办公食宿楼及水电路设施建设，同时每年向试验示范站提供 30 万元运行经费，提供工作用车 2 部。校党委书记张光强会见了铜川市副市长曹远勃一行，希望通过双方共同努力，紧密围绕区域产业发展需求，将该站建成国内一流的果树试验示范站。

2013 年 2 月 26 日，西北农林科技大学与淳化县人民政府在国际交流中心举行合作共建"淳化县苹果试验示范基地"签约仪式。副校长李华、淳化县委书记刘涛、县长张渭、副县长刘敏轩和学校推广处、园艺学院以及淳化县相关部门负责人出席签约仪式。仪式上，李华副校长和淳化县人民政府县长张渭分别代表校、县双方签署了合作协议。

2013 年 3 月 9 日下午，西北农林科技大学葡萄试验示范站揭牌仪式在合阳县举行。副校长李华、合阳县委书记樊存弟、陕西省果业局副局长范海龙、渭南市农业局局长张金荣共同为"西北农林科技大学合阳葡萄试验示范站"揭牌。仪式上成立"陕西省果业协会葡萄酒分会"，启动了国家火炬计划《西部葡萄与葡萄酒产业技术升级公共技术服务平台》项目和陕西省葡萄栽培技术培训班。李华副校长向合阳县轻工业集中区授予"就业实习基地"和"教学实习基地"牌匾。陕西省果业协会、全省各葡萄种植专业合作社、张裕及丹凤葡萄酒企业负责人计 150 余人出席仪式。

2013 年 3 月 14 日，赵忠常务副校长、吴普特副校长带领相关部门和学院负责人赴学校乾县试验站，就校外场站如何与相关学科结合、积极服务教学和科研工作、提高土地利用率等问题进行专题调研。

2013 年 3 月 23 日上午，宝鸡市人民政府市长上官吉庆、副市长景耀平在千阳县党政领导陪同下，深入千阳县张家塬镇检查指导我校苹果试验站春季建园情况。

2013 年 3 月 26 日下午，陕西省果业局副局长范海龙一行在宝鸡市果菜局及千阳县县委、县政府领导陪同下，到千阳苹果试验示范站检查指导工作。

安康水产试验示范站的科技推广及服务工作有力促进安康渔业快速发展，2012 年安康渔业总产值达到创纪录的 16.67 亿元，水产试验示范站首席专家吉红教授主持的"匙吻鲟高效养殖技术研究与示范项目"获安康市 2012 年度科学技术特等奖。2013年3月，安康市水利局渔政站副站长李志安作诗称赞我校水产试验示范站："安康建站立意远，着眼资源图发展；西农专家带团队，奔波秦巴汉水间；引进美洲匙吻鲟，年增产值数千万；狠抓名优新品种，安康渔业结构转；强化培训勤考察，吸收外地好经验；废寝忘食搞研发，投入产业效果显；淡薄名利系三农，陕南大地美名传；汉江渔业规划成，秦巴渔业谱新篇。"

2013年3月28日，西北农林科技大学副校长钱永华教授在国家教育行政学院"学员讲坛"发表主题演讲，重点讲解学校在探索"产学研紧密结合"特色办学道路的实践中开创的以大学为依托的农业科技推广新模式。系统介绍学校创新农业科技推广新模式的背景和起因、各个阶段的探索和实施过程，新型农业科技推广体系和配套政策框架的构建，新农村发展研究院的实质性运作，目前取得的实践效果和社会影响；分析了这项工作的总体经验体会和存在的问题。报告反响很好，使参加论坛各个高校领导干部对由我校首先开创大学为依托的农业科技推广服务模式有了比较全面的了解，也对农林高校承担的重要历史使命和改革发展的战略有新的认识。

2013年3月30～31日，西北农林科技大学原校长孙武学、陕西省财政厅农财处乔普处长、陕国投财务总监等一行4人，在动物科技学院闫祖书书记、学校推广处吴万兴副处长等陪同下到安康水产试验示范站检查指导工作。安康市水利局唐大明副局长、安康市水产工作站成定北站长、汉滨区水利局副局长张会康、安康水产试验示范站首席专家吉红教授和站长刘超等陪同考察。乔普处长对大学农技推广模式给予充分肯定，表示省财政将倾斜支持，并鼓励试验站联合安康市政府积极申报陕西省财政支农项目，大力推广水产新技术，因地制宜发展生态养殖，推动安康水产业的健康发展。原校长孙武学对试验站完成的"匙吻鲟高效养殖技术研究与示范项目"获安康市科学技术特等奖表示祝贺，对安康基地建站以来取得的成绩给予充分肯定，并就今后的工作提出了指导性意见。

2013年4月2日，校地企三方共建河南小麦试验示范站签约仪式在西北农林科技大学国际交流中心举行，副校长李华、河南荥阳市人民政府副市长王智明、河南金粒种业有限公司总经理黑更全分别代表三方在协议上签字。这标志着西北农林科技大学首个小麦试验示范站将在河南建立。该试验示范站由我校、河南荥阳市人民政府和河南金粒种业有限公司合作共建。

2013 年 4 月 9～10 日，北方茶产业技术创新战略联盟 2013 年年会在学校西乡茶叶试验站召开。园艺学院副院长王乔春主持会议，园艺学院党委书记肖斌出席会议并代表西北农林科技大学西乡茶叶试验站和国家茶叶产业技术体系汉中综合试验站作了重要讲话。

2013 年 4 月 25 日，西北农林科技大学与商洛市人民政府签订合作共建"西北农林科技大学商洛山阳核桃试验示范站"和"西北农林科技大学商洛镇安板栗试验示范站"协议。副校长李华和商洛市人民政府副市长王建领分别代表校市双方在共建协议上签字。商洛市全玉民副秘书长介绍共建内容，科技推广处吴万兴副处长主持签字仪式。签字仪式前，校党委书记张光强会见了王建领副市长一行。张光强希望学校和商洛市人民政府密切合作，办好试验示范站，为农民增收做出贡献。商洛市政府、市林业局、科技局、山阳县政府和校推广处、林学院负责人以及核桃、板栗两个试验示范站的专家参加签字仪式。

2013 年 4 月 26 日，学校与西安市阎良区人民政府签订合作共建"西北农林科技大学阎良甜瓜试验示范站"和"西北农林科技大学阎良蔬菜试验示范站"协议。副校长李华和阎良区副区长权利军分别代表校区双方在共建协议上签字。阎良区政府、农林局和校推广处、园艺学院负责人以及甜瓜和蔬菜两个试验示范站的专家参加了签字仪式。

2013 年 4 月 26 日下午，陕西省农业厅厅长白宜勤、省果业管理局副局长周智孝等一行到宝鸡千阳苹果试验示范站检查指导工作，并对试验示范站技术支持的陕西海升万亩矮砧苹果、百亩自根砧育苗基地和张家塬万亩矮砧苹果基地进行了考察。

2013 年 4 月，我国著名农经类学术期刊《农业经济问题》在 2013 年第 4 期头条刊发西北农林科技大学原校长、学校农业科技推广课题组负责人孙武学教授撰写的题为《围绕区域主导产业建立试验站 探索现代农业科技推广新路径》论文。文章从建立试验站的起因、主要影响因素、试验站功能定位、做法和成效、进一步完善多元化推广体系等五个方面对学校八年多来围绕区域主导产业建立试验站、大胆探索现代农业科技创新与推广新体制、新机制的工作实践进行了全面梳理和系统总结。

2013 年 5 月上旬，西北农林科技大学与渭南市人民政府、富平县人民政府签署协议，合作共建"渭南富平农业综合试验示范站"。

2013年5月13日，学校与渭南市人民政府在学校国际交流中心签订合作共建"西北农林科技大学白水苹果试验示范站"、"西北农林科技大学合阳葡萄试验示范站"和"西北农林科技大学富平现代农业综合试验示范站"协议。校长孙其信和渭南市委书记徐新荣、市长奚正平、杨凌示范区管委会常务副主任郭社荣、副主任刘天雄等领导出席签字仪式。副校长李华和渭南市副市长吴蟒成代表双方在合作协议上签字。渭南市政府、市农业局、市发改委、市财政局、白水县、合阳县、富平县主要领导和我校党委校长办公室、推广处、园艺学院、葡萄酒学院、资源与环境学院负责人以及三个试验示范站首席专家出席了校市合作共建签字仪式。

2013年5月14日，陕西省渔业管理局管薇局长、陕西省水产工作总站总工程师、副主任孙增民研究员等一行5人，在安康市和汉滨区有关部门负责人的陪同下，到学校安康水产试验示范站考察指导工作。

2013年5月16日，西北农林科技大学河南小麦试验示范站挂牌仪式在河南省荥阳市广武镇举行，荥阳市小麦试验示范站、河南金粒种业有限公司小麦试验示范站同时挂牌。这是学校在省外建立的第一个作物试验站，标志着大学推广新模式进一步深化。孙其信校长与荥阳市人民政府党组成员杨国强、金粒种业公司总经理黑更全共同为试验示范站揭牌并讲话。我校20多位小麦育种专家，党委宣传部、科技推广处负责人，河南省粮食局、种子管理站、荥阳市人民政府、河南豫粮粮食集团、金粒种业有限公司有关负责人，以及小麦试验示范站工作人员参加揭牌仪式并观摩，河南电视台等媒体对孙其信校长及河南小麦试验示范站首席专家王辉教授进行了现场采访。

2013年5月18日下午，全国人大常委会副委员长吉炳轩一行在陕西省人大常委会副主任宋洪武、吴前进和校长孙其信的陪同下来校视察。在校推广展室，吉炳轩副委员长认真察看学校创立的以大学为依托的农业科技推广模式以及所取得的成效，他充分肯定学校探索的以大学为依托的农业科技推广模式，认为这个模式在服务地方经济社会发展中取得显著成效。他对学校产学研紧密结合的办学特色表示肯定和赞赏。

2013年5月下旬，陕西省果业局局长高武斌、宝鸡市人民政府副市长景耀平等到千阳苹果试验示范站及试验站指导的海升万亩矮砧苹果基地、300亩自根砧苗圃检查指导工作。

2013年5月下旬，陕西省渔业暨水产技术推广工作现场会在合阳县召开，安康水产试验示范站在本次会议上被授予"陕西省水产技术推广工作先进单位"光荣称号。2013年5月24日，陕西省水产工作总站副主任、总工程师孙增民研究员专程到试验示范站表示祝贺，并与全站工作人员进行座谈。

2013年6月5日，西北农林科技大学孙其信校长率领校办、推广处、园艺学院、农学院等相关单位负责人和专家，到宝鸡千阳苹果试验示范站、陇县旱地小麦新品种示范园、陇县核桃试验示范基地实地检查调研，了解学校在宝鸡市开展的相关试验示范工作进展情况。宝鸡市政府景耀平副市长、市科技局、市农业局以及千阳县、陇县县政府领导陪同检查调研。实地检查调研结束后，孙其信一行还与宝鸡市政府、陇县县委县政府领导以及市县相关部门负责人进行了座谈交流。会上，景耀平副市长高度评价农林科大对宝鸡农业发展所做出的巨大贡献，并表示将进一步创造条件，加大力度，支持好学校在宝鸡开展的试验示范工作。孙其信表示，与宝鸡市科技合作中建立的有效机制和取得的良好成效，更加坚定学校加强校地、校企合作，进一步深入推进大学农业科技推广新模式探索的决心和信心，学校今后将在更宽领域、更深层次继续加强与宝鸡市、县的科技合作，为宝鸡农业发展和农民增收提供更加有效的科技支撑。

2013年6月6日上午，中共西北农林科技大学党委书记、杨凌示范区党工委书记梁桂同志在财政部分别拜会了部长助理、党组成员胡静林，农业司副司长卢贵敏，教科文司司长赵路，就学校科技推广专项经费增长、示范区农业科技项目等事项进行汇报交流。胡静林表示，将继续大力支持学校和示范区相关方面的工作。计财处、北京办事处及杨凌示范区办公室、财政局、驻京联络处有关方面负责人参加相关活动。

2013年6月7日下午，学校与甘肃省白银市人民政府、靖远县人民政府在国际交流中心签订协议，合作共建"西北农林科技大学白银靖远蔬菜试验示范基地"。副校长李华和白银市副市长吴震、靖远县县长刘力江分别代表三方在合作协议上签字。白银市政府、市科技局、农牧局、靖远县委、县政府、县林业、科技局、农牧局、蔬菜研究发展局、产学研合作中心和校党委校长办公室、推广处、园艺学院负责人以及试验示范基地专家出席校市县合作共建签字仪式。

2013年6月8日,李华副校长带领科技推广处、园艺学院负责人专程到学校铜川果树试验示范站检查工作。铜川市曹远博副市长和果业局负责人陪同检查。

2013年6月11日,赵忠常务副校长率教务处、动科学院负责人专程到安康水产试验示范站检查指导工作。座谈会上,安康水产试验示范站首席专家吉红教授对试验站工作作了专题汇报;赵忠在讲话中对安康水产试验示范站工作提出希望:一是试验示范站要办出特色;二是要重视专业综合实习,丰富实习内容。注重学生兴趣培养,引导学生自发成立学习小组。三是重视试验示范站的文化建设,营造良好的氛围。赵忠要求,驻站专家和工作人员要继续努力,加快推进相关设施建设和试验示范工作,使试验站更好地发挥示范引领作用。

2013年6月18日至20日,李华副校长利用参加省果业局榆林果业发展调研工作的间隙,先后到榆林马薯试验示范站和延安洛川苹果试验示范站检查工作,推广处、农学院、园艺学院负责人陪同检查调研。

2013年6月19日,美国普渡大学地球、大气与天体科学系及普渡大学中美生态环境可持续发展合作伙伴项目主任Timothy R Filley教授等人到白水苹果试验示范站考察与寻求合作。首席专家赵政阳、站长梁俊及白水县政府副县长刘建成、县果业局负责人等与客人进行深入交流。

2013年6月20日上午,陕西省人民政府副省长祝列克、省政府副秘书长王拴虎、省农业厅厅长白宜勤、省农发办副主任贺昌信等在宝鸡市人民政府市长上官吉庆、副市长景耀平陪同下,冒雨来到宝鸡千阳苹果试验示范站指导的张家塬万亩矮砧苹果基地现场检查指导工作。祝列克表示陕西正面临苹果更新换代阶段,省农业厅要在千阳召开现场会,推广千阳苹果试验站提出的苹果栽培新模式。

2013年6月20日下午,陕西省人民政府副省长祝列克、省政府副秘书长王拴虎、省农业厅厅长白宜勤、省农发办副主任贺昌信等在宝鸡市市长上官吉庆、副市长景耀平陪同下,来到宝鸡陇县核桃试验示范基地东凤镇杜阳村核桃产业示范园现场检查指导工作。

2013年7月5日下午,中共西北农林科技大学党委书记、党的群众路线教育实践活动领导小组组长梁桂❶同志在党委校长办公室、推广处、园艺学院相关负责人陪同下，冒着酷暑深入眉县猕猴桃试验示范站实地调研，倾听在站上工作的专家和学生对学校工作的意见和建议。听完大家的发言后，梁桂对专家在基层一线服务地方产业和百姓所做的成绩和贡献给予肯定，对专家反映的推广队伍后续血液补充、推广职称评审、基础设施建设等问题进行了解答。梁桂指出，农业科技推广一直是我校的传统和优势，新世纪以来，我校通过在农产品优势产区建立永久性试验站、示范基地，让专家走出校园，深入农业生产第一线，用科技服务"三农"，初步构建了农科教、产学研结合的社会服务平台体系，有效解决科技与农业生产脱节的问题，为解决我国农业科技成果转化树立了榜样。虽然我们在服务社会、探索农业推广新模式方面迈出了大步，走在了全国农业高校和科研院所前列，但与党和国家交付我们的使命相比，我们还有很长的路要走。加强农业科技推广工作是学校弘扬传统、彰显特色、增强优势、实现使命的重要举措，我们一定要立足特色，突出优势，在体制机制、队伍建设、人员管理、考核评价、职称评审等方面严格按照学校制定的政策执行，发现问题及时解决问题，全面提升学校服务"三农"的规模、质量、效益和组织化程度，突显学校在区域农业产业发展中的地位和作用，为我国旱区农业现代化作出更大的贡献。

2013年7月8日下午，中国延安干部学院中青年干部党性修养班学员60余人来校考察学习。李华副校长在国际交流中心208会议室为学员作了主题为"农业科技推广新模式探索与实践"的报告。李华从学校情况介绍、探索大学农业推广模式动因、基本思路与主要做法、主要成效与经验和思考与建议五个方面对农业科技推广新模式探索与实践作了阐述。

2013年7月18日，西北农林科技大学副校长李华、中国驻喀麦隆大使临时代办李昌林、商务参赞高永勤，喀麦隆农业和乡村发展部部长埃希米·芒耶先生等，在喀麦隆共和国首都雅温得共同出席了学校喀麦隆农业试验示范中心挂牌仪式。李华副校长与埃希米·芒耶部长揭牌。喀麦隆农业试验示范中心是学校农业科技推广模式在海外的拓展和延伸，揭开了西北农林科技大学科技服

---

❶ 这是梁桂自2013年5月22日担任西北农林科技大学党委书记（副部长级）后首次到学校试验站调研。

务走向国外的新篇章。随后，李华检查了由陕西海外投资发展股份有限公司承运的中国援喀麦隆农业技术示范中心，看望了我校在示范中心工作的专家，听取了路阳明副教授的工作汇报，现场考察了农业试验及示范田种植情况，并对学校农业试验示范中心工作做了重点部署安排。他强调在喀麦隆开展试验示范工作，一定要与产业化发展结合起来，在种子研发上下功夫，在推广模式上不断创新，树立循环农业观念。学校喀麦隆农业试验示范中心设在喀麦隆楠加埃博科市以北的萨纳加河畔萨纳加农场。

2013年7月20日至23日，校党委书记梁桂率学校茶叶、猕猴桃等相关方面科教专家赴贵州省六盘水市实地考察当地茶叶、猕猴桃等产业发展情况，并分别与六盘水市委副书记、市政府常务副市长魏树旺，市委常委、市纪委书记向昀进行了会谈，双方就农业科技推广、实训基地建设问题进行深入讨论，并达成共识。考察期间，梁桂书记和随行科教专家察看地处六盘水水城县猴场乡的猕猴桃种植示范园，听取该地负责人关于猕猴桃产业发展规划介绍，同时就下一步双方合作事宜进行了沟通交流。当地欢迎学校师生来六盘水考察指导，并希望校地双方精诚合作，将六盘水打造成高科技农业方面校地合作的典范。

2013年7月23日，陕西省委常委、常务副省长江泽林一行在渭南市市长奚正平等陪同下到白水苹果试验示范站调研指导工作。江泽林一行认真听取试验站站长梁俊教授关于苹果生产四大关键技术的专题汇报，在详细了解了西农苹果试验站支持苹果产业发展所做的努力后，给予充分肯定和高度评价。调研结束时，江泽林指出，现代农业的发展必须在科学技术的支撑下实现效益最大化。白水县委、县政府主要领导及果业部门负责人陪同。

2013年8月2日，中央第45督导组副组长、中央纪委监察部驻教育部纪检组监察局监察专员张其华等一行3人考察白水苹果试验示范站。张其华一行查看了这里的办公、科研、住宿等设施，深入试验站的试验示范园，听取试验站专家梅立新教授关于果园田间水肥、果园生草、树形培养、品种选育等实验研究以及学生培养、示范推广、国内外合作交流等方面的工作介绍，并品尝试验示范站培育的新品种秦阳苹果。白水县主管农业的副县长刘建成向张其华一行汇报了建站后白水县苹果产业的三个巨大变化。张其华一行对学校在主导产业区探索建立大学科技成果进村入户的创新实践表示称赞，他们认为这种农业科技推广新模式发挥了学校的科技与人才优势，真正实现学校与政府、科技与产业、专家与农民的有效对接，真正体现产学研紧密结合的办学特色，赢得了群众的信任和拥护，也是贯彻党的群众路线的有力举措。校党委组织部、宣传部以及学校科技推广处负责人陪同考察。

2013 年 8 月 19 日上午，西北农林科技大学原校长孙武学教授与陕西山河麟宇光电有限公司董事长兼总工程师赵笃川、华圣集团副董事长李涛、白水县副县长刘建成等人到白水苹果试验示范站考察，农林科大园艺学院赴白水苹果试验示范站志愿服务队的队员们跟随观摩学习。孙武学鼓励队员们在校掌握好理论知识的同时，并珍惜外出实践机会进行实地学习。

2013 年 8 月 22 日，原校长孙武学、苹果试验示范站首席专家赵政阳、陕西华圣集团副董事长李涛等人应邀到甘肃省庆阳市西峰区考察指导苹果栽植及苹果产业发展。庆阳市委副书记任燕顺，西峰区委常委、纪委书记张恢以及市区果业局、相关乡镇负责人陪同考察。孙武学一行先后深入温泉乡刘店村苹果专业村、温泉乡米堡村优质苹果示范园、广兴泰果品专业合作社优质苹果示范园及果库建设和三姓林果专业合作社苹果矮密栽培示范园等地进行实地考察。结合该区自然资源状况和国内外苹果产业发展趋势，对西峰区苹果产业下一步的发展思路和目标定位提出了建议。考察组指出，苹果产业的最大特点是必须立足当地自然资源，同时还要符合市场经济规律。西峰区苹果产业发展要加快制定促进产业发展的政策，积极探索土地流转、承包经营等模式，推进标准化、规范化的生产管理，要抓好当地农业科技骨干、科技能人的培训，树立一批科技示范户，把科技带到农民的果园里，让他们学有榜样，赶有目标，真正发挥科技能人和示范户的辐射带动作用。同时，延长产业链、提升科技含量，以此加快当地苹果产业发展步伐。

2013 年 8 月 22 日，原校长孙武学，苹果专家赵政阳带领陕西华圣企业（集团）股份有限公司负责人到甘肃省庆阳市庆城县考察苹果产业，并商谈投资意向。市县领导任燕顺、葛宏、辛少波、毛鸿博、李鹏飞陪同考察。甘肃省省长助理、庆阳市委书记夏红民在调研期间会见了孙武学一行。夏红民简要介绍庆阳苹果产业发展情况，并代表市委、市政府向西北农林科技大学甘肃庆城苹果试验示范站作出的贡献表示感谢。

2013 年 9 月 2 日，校党委书记梁桂、校长孙其信，杨凌示范区陕西省建设领导小组专职副组长、西北农林科技大学原党委书记张光强在京拜会财政部、教育部等有关司局领导，汇报学校工作，争取相关部委对学校的支持。在财政部科教文司就"985工程"项目、农业科技推广、基础设施建设等相关事项进行专题汇报，感谢财政部教科文司一直以来对学校相关工作的关心和支持，并希望继续加大力度，给予支持。科教文司领导同志对学校近年来的发展给予肯定，特别对农业科技推广示范的工作做了高度评价，建议学校今后不断扩展农业科技推广的辐射范围，争取让全国特别是西北五省更多的农民受益。并表示今后将继续给予学校倾斜和支持。同日，孙其信和张光强一同前往教育部财务司汇报学校"985工程"建设项目，农业科技推广和"长效机制"建设等工作，财务司领导表示对学校提出的困难和相关问题将积极支持，尽力解决。党委校长办公室、计财处、科研处、北京办事处有关负责人陪同参加相关活动。

2013年9月10日，由西北农林科技大学、杨凌示范区和杨凌职业技术学院共同主办的杨凌现代农业科技示范推广工作会议在杨凌召开，会议主要任务是贯彻落实国务院批复和第七次杨凌示范区省部共建工作会议精神，总结16年来示范区面向旱区的农业科技示范推广工作，研究下一步科技示范推广工作的总体思路和主要任务。科技部副部长张来武，陕西省人民政府副省长、杨凌示范区管委会主任祝列克出席会议并讲话。校党委书记梁桂致辞，杨凌示范区党工委书记郭社荣主持会议，校长孙其信，杨凌示范区党工委副书记、管委会常务副主任魏建锋出席会议。来自全国15个省、市、自治区的政府、企业、农业科技专家、农民技术员代表共700多人参加会议。会上，学校和示范区管委会分别汇报大学推广模式和成立16年来面向旱区的农业科技示范推广工作。甘肃省庆城县、陕西省白水县、青海省乐都国家农业科技园区、陕西大唐种业有限公司、陕西省眉县金渠镇红星村等进行了会议交流。祝列克在讲话中指出，杨凌示范区成立16年来，通过深化科教体制改革、整合科教资源，实现农科教产学研一体化，形成一些具有杨凌特色的农技推广新模式，为促进旱区现代农业发展和农民增收起到积极作用。下一步杨凌示范区要立足陕西，放眼旱区，从完善农业科技创新机制、扩大示范推广覆盖面、创新示范推广模式、增强示范推广实效性、加强农村实用人才培训五个方面入手，进一步加强体制机制和模式创新，加快探索示范推广新路径，建立起覆盖整个干旱半干旱地区的农业科技示范推广体系，进一步彰显"杨凌符号"，真正擦亮杨凌"金"字招牌，为我国农业现代化作出新贡献。张来武在讲话中充分肯定学校和示范区的科技推广工作，强调杨凌示范区要按照国务院《批复》提出的"五个重要"要求和示范区建设领导小组第七次会议要求，以办好新农村研究院、深化"一城两区百园"战略结盟、扎实推进农业科技特派员创业行动、加强区域协作配合四个方面工作为抓手，以促进现代农业发展为目标，进一步探索完善新型农业科技服务体系，创立出更多的农业新技术、新成果、新模式，不断放大农业科技示范推广效应，切实增强科技对农业的贡献率，真正成为我国干旱半干旱地区现代农业发展的"领头羊"。

2013年9月12日，陕西省质量技术监督局仵西居局长、杨明总工程师等在宝鸡市副市长袁军晓、千阳县委书记郝晋升等陪同下到宝鸡千阳苹果试验站及海升矮砧苹果基地检查指导工作。试验站首席专家李丙智详细介绍了矮砧苹果发展方向及千阳苹果试验站的建设情况及主要作用。仵西居局长表示，试验站指导建立的陕西海升矮砧苹果基地，为我国现代农业发展起到重要的推动作用，建议国家技术质量监督局向全国进行推广。

2013年9月16日，中国科协常务副主席、党组书记、书记处第一书记申维辰一行在省政协副主席冯月菊、校党委书记梁桂和副校长吴普特等陪同下来校考察。梁桂向申维辰一行介绍了学校历史以及合并组建以来的发展情况，特别是创立的以大学为依托的农业科技推广模式和试验示范站的分布情况，以及科技人员在服务地方经济、帮助农民提质增效方面所取得的成效，并陪同申维辰一行参观了校农业科技推广展等。党委校长办公室、科研处、推广处等部门负责人陪同考察。

2013年9月17日，梁桂书记主持召开科技推广工作座谈会，听取一线推广人员的意见和建议。学校有关部门负责人参加座谈会。会上，学校各个试验示范站负责人及首席专家就不同类型试验示范站功能定位、推广队伍建设、经费保障、校院两级管理等发表了意见。学校有关部门负责人就专家们提出的有关问题进行了解释和说明。梁桂在讲话中指出，近年来学校探索的以大学为依托的农技推广模式在服务地方经济、帮助农民增收、提升学校影响力等方面取得显著成绩，作为学校的办学特色，一定要一如既往地做好。梁桂指出，随着形势的不断发展，推广工作也面临不少困难，结合当前群众路线教育实践活动，学校各部门要用改革的精神抓好工作，要虚心听取意见，对现在出台的相关政策进行评估，并对原有政策进一步完善。学校要积极争取国家、陕西省和地方政府支持，做好顶层设计，立足学校教学科研，把握发展方向，对现有试验示范站进行分类管理，充分调动学院工作积极性，切实做好推广工作。

2013年9月23~26日，孙其信校长到地处延安、榆林的我校安塞水土保持综合试验站、榆林马铃薯试验示范站、米脂试验站、清涧红枣试验示范站和洛川苹果试验示范站，就试验示范站功能定位、基础设施与条件建设、管理运行、支撑服务科研推广工作等情况进行专题调研。孙其信强调，各试验示范站要立足实际情况，认真思考功能定位，在为师生教学科研工作提供高质量服务保障的同时，紧密围绕国家和区域经济社会发展需求，进一步整合科技资源，凝炼特色、突出优势，认真做好中长期发展规划和功能提升。孙其信指出，通过深入调研，看到了当地政府和老百姓对试验示范站工作的充分肯定和更高期待。这既是对学校工作的鼓励，也是更大的鞭策和更高的要求。希望试验示范站驻站专家和有关部门，进一步探索完善校地合作模式，直接面向生产实际发现、凝炼重大科学和关键技术问题，通过多学科专家团队联合攻关，尽快研究解决重大突出问题，为区域主导产业快速发展提供强有力的技术支撑，并在满足社会需求的同时促进学科建设和科研工作上水平。科研处、科技推广处等有关部门要在自主科研经费、科技推广专项立项中，对产业发展中的重大科学和关键技术问题联合给予重点支持，帮助驻站专家进一步做好工作。调研期间，孙其信还会见了延安市市长梁宏贤、副市长杨霄，榆林市市长陆治原、副市长王长安以及当地政府有关部门负责人。党委校长办公室、科研处、科技推广处，以及水土保持研究所、农学院、林学院、园艺学院等单位负责人陪同调研。

2013年9月24日，西北农林科技大学榆林马铃薯试验示范站揭牌仪式在榆林举行，校长孙其信、榆林市市长陆治原共同为试验示范站揭牌，孙其信、榆林市副市长王长安分别在揭牌仪式上致辞。校驻站专家及榆林市现代农业科技示范园有关专家参加揭牌仪式。

2013年9月26日，陕西省科技厅副厅长林黎明一行考察西乡茶叶试验站，汉中市科技局、农业局、西乡县发改局、科技局等领导陪同调研。西乡茶叶试验站站长、陕西省茶叶首席科学家肖斌教授详细介绍了我校西乡茶叶试验站的建设历程、设站目的和试验站的功能，并介绍了试验站实验室、茶叶中试车间等。林黎明认真查看茶叶试验站小绿叶蝉监测试验、老茶园改造试验以及茶园覆盖试验；查看了茶叶中试车间。他指出：茶叶试验站建在茶叶产区，与茶叶产业直接对接，对科学技术转化成生产力起到很大的促进作用。并鼓励茶叶试验站全体人员继续努力，把茶叶试验站建成茶叶技术孵化器，推动我省茶产业快速发展。

2013年10月10日下午，河南省南阳市市委书记穆为民、市委常委刘朝瑞、副市长张生起一行16人来校考察。校党委书记梁桂会见穆为民书记一行，并向客人们介绍学校历史以及合并组建以来的发展情况，特别是创立的以大学为依托的农业科技推广模式和试验示范站的分布情况，以及科技人员在服务地方经济、帮助农民提质增效方面所取得的成效。梁桂还陪同穆为民一行观看了校农业科技推广展。杨凌示范区党工委副书记、管委会常务副主任魏建锋以及校党委校长办公室、推广处等部门负责人陪同考察。

2013年10月22日，人民网、新华网、中新网、陕西传媒网、西部网、华商网等21家中省主流网络媒体主编、记者和陕西网络意见领袖、知名草根达人来校采访报道。学校探索的政府推动下、以大学为依托、以基层农技力量为骨干的农业科技推广新模式引起了采访团极大兴趣。大家纷纷拍照、记录，索取资料。推广处、宣传部有关负责人介绍相关情况。

2013年10月24日，汉中市人民政府在西乡县组织召开汉中市现代农业园区建设暨茶产业发展观摩会。会上，西乡茶叶试验站荣获"汉中市政府茶产业发展突出贡献单位奖"，西乡茶叶试验示范站站长肖斌荣获"汉中市茶产业发展突出贡献个人奖"。

2013年11月5日，千阳县委书记郝晋升、县长何玲率领农业、林业、畜牧、科技、财政等相关部门负责人，专程来校看望慰问专家，就建设全国矮砧苹果示范县寻求学校技术支持。李华副校长和推广处负责人及千阳苹果试验站驻站专家与千阳县委政府领导一行进行座谈交流。千阳县委书记郝晋升、县长何玲为韩明玉颁发千阳县聘为苹果产业首席顾问的聘书。

2013年11月17日，孙其信校长在科技推广处、农学院负责人陪同下到学校合阳葡萄试验示范站检查工作。葡萄试验示范站首席专家王华教授向介绍试验站设施建设、试验研究、示范推广、科技培训等工作开展情况。孙其信校长指出，示范引领地方产业发展是试验示范站的重要任务，必须围绕产业发展需要开展应用技术研究，解决制约生发展的关键问题，并密切配合地方政府加快技术成果的示范推广，为当地农业发展和农民增收贡献力量。

2013年11月21日，在西北农林科技大学眉县猕猴桃试验示范站的主持下，来自新西兰奥克兰迈克亚洲有限公司的代表参加了猕猴桃品鉴研讨会，并与眉县金桥果业公司签订合作备忘录。当天，猕猴桃试验示范站专家、眉县园艺站相关负责人、眉县金桥果业负责人与新西兰奥克兰迈克亚洲有限公司代表共聚试验站，参观了试验站的示范果园，观赏试验站选育的不同系列的猕猴桃新品种，并重点品尝了绿肉新品种金香、黄肉新品种金Ⅱ、红肉新品种脐红3种猕猴桃。新西兰客人从风味、质地、果形等7项指标，比照国内外主要品种进行综合评价，认为金香超过世界知名品种海沃德，金Ⅱ优于新西兰著名品种黄金果，脐红风味颜色、果形俱佳，有很高的商业价值。眉县金桥果业是学校猕猴桃试验示范站和眉县政府指导支持的一家龙头种植企业，它以合作社为基础，从事猕猴桃种植、包装以及销售。在猕猴桃试验示范站的帮扶下，双方进行深入交流，并签订合作备忘录。双方达成协议：奥克兰迈克亚洲有限公司为金桥果业提供技术支持以及果品出口营销服务，金桥果业将为该公司提供高品质猕猴桃。双方开展合作的关键一项是引入GLOBALGAP认证（即全球良好农业操作认证）。

2013年11月23日，在海南三亚参加会议的孙其信校长专程赶赴学校三亚育种基地进行调研，查看因台风"海燕"袭击而受灾的情况，听取基地人员对受灾情况及灾后恢复情况的汇报。

2013年12月11日，参加西北农林科技大学与河南省南阳市战略合作框架协议签字仪式之后，梁桂书记、李华副校长在南阳市委书记穆为民等的陪同下到新野县科尔沁肉牛产业集团、南阳市种子管理站小麦新品种试验示范站以及西峡县猕猴桃研究所、丹田万亩高效猕猴桃示范基地等地考察。在西峡县，梁桂详细了解当地土壤、水肥条件和猕猴桃产业发展情况，表示将积极发挥学校科教优势，通过联合建立科研机构，支持西峡县发挥资源优势，提升猕猴桃产业发展水平。学校有关部门负责人和相关专家陪同考察。

2013年12月13日，梁桂书记主持召开校党委常委会会议，研究教育实践活动专项整改和制度建设有关工作。会议听取《进一步加强农业科技推广工作 深入推进产学研紧密结合的意见》的落实情况报告，研究加强推广工作有关问题。会议认为《意见》实施一年来，在试验示范站（基地）建设与运行管理机制创新，"四位一体"功能的发挥，启动新农村发展研究院建设工作等方面取得很多进展，但工作中仍存在不少问题和困难。会议强调，以大学为依托的农业科技推广模式是适应国家战略需要，实现学校办学特色的非常重要工作，在这一方面的探索不能停顿。要统筹考虑省内农业科研与推广体制改革的新要求、新情况，在管理体系和工作体系建设方面做好顶层设计。按照分层分类的要求，进一步规范试验站（基地）的建设和管理。强化推广工作体系内部的考核评价，要把各个学院的积极性调动起来，参与试验站（基地）的建设与管理。坚持开放办站，提升试验站（基地）与学校人才培养、科研创新和学科建设的结合程度。要创新引人用人思路，确保试验站（基地）的可持续发展。会议还研究了其他多项工作。

2013 年 12 月 23 日，校党委书记梁桂在北京拜会财政部副部长史耀斌，教科文司副司长霍步刚、副巡视员宋秋玲，教科文司教育处处长王冬，就学校专项经费申请、科技推广体系建设等相关工作进行汇报交流。

......

第四章 大学改变社会的"农林科大经验"

改革创新农业科技推广模式是加强基层农业技术推广体系建设的应有之义，也是提升基层农技推广服务能力的重要举措。这是因为广大农民群众对农业科技的需求与日俱增，农业科技推广服务能力不足问题日益凸显，给基层农业科技推广带来了许多新的问题和挑战。建构以大学为依托农业科技推广新型模式既是我国建立多元化农业推广体系的一种重要形式，也是加强多元农技推广力量发展的有力举措，更是对现行政府主导型农业推广体系的一种重要补充和完善。"横看成岭侧成峰，远见高低各不同"。尽管对以大学为依托的农业科技推广新模式有各种不同的认识和评价，但是总的来看，位于陕西杨凌的西北农林科技大学自 2004 年以来大力突破原有以行政区域为单元的农技推广界限，积极探索建立政府推动下，以大学为依托、以基层农技力量为骨干，注重企业、农村经济组织和农户的积极参与，与区域农业产业发展紧密结合的农业科技推广服务新模式。它是国家现行农技推广体系的重要补充，对于探索和建立高效、快捷而又能够持续运行的农技推广新模式具有重要的现实意义、较强的推广价值和重要的借鉴作用。这是高校产学研紧密结合和农业现代化发展之"中国经验"来自基层的一个典型案例，从崭新的角度展现了"中国经验"的丰富内涵。在实践中逐渐成型的"农林科大经验"或"农林科大模式"❶，反过来能够更好地指导和推进以大学为依托农业科技推广的实践，并对全国基层农技推广改革和深化高校改革有一定的参考意义。可见，西北农林科技大学建立的以"农业试验示范站"为核心载体的农业科技推广新模式，采取"扎根

---

❶ 在笔者看来，"农林科大经验"或"农林科大模式"可以用 36 个字来进行简要概括："依托高校优势，着眼产业发展；注重基层合作，创新推广载体；重塑推广主体，丰富推广方式"。本章及第五章将展开更加详细的介绍。

农村"、"着眼产业"和"面向小农"等创新性举措，为构建中国多元化农业科技推广服务体系进行了十分有益的探索。"农林科大经验"除了具有重要的实践意义，还有重要的学术价值。

图 4-1 孙武学校长（左一）向全国政协副主席、科技部长万钢介绍"农村科大模式"，2009 年 11 月❶

图 4-2 时任陕西省委书记李建国（右二）视察白水苹果试验站，2006 年 4 月

---

❶ 本章中的照片若无特别说明，均来自西北农林科技大学新闻网。

一、农业科技推广改革创新的"农林科大模式"分析

有效破解农技推广"最后一公里"问题，切实提升农技推广服务能力是推进科教兴农战略需要迫切解决的一个重大课题。现行的以政府为主体的农业推广体系已经无法满足现实需求。"十一五"期间，我国"农业科技成果转化率只有40%左右，远低于发达国家80%以上的水平。"❶ 这其中有多方面的因素，如果单从农技推广角度考察至少有四个方面原因：一是过去的农技推广工作以技术咨询、总结农民生产经验、推广单项技术为多，缺乏成熟的核心成果和技术集成；二是推广方式、方法多为"学大寨"式的面上行政号召，忽视了农民的主体地位、接受意愿和接受能力；三是重产品轻产业，以增加农产品产量为技术推广重点，忽视对产业发展提供系统服务，特别在产后加工、储运、营销方面服务不到位；四是以推广"技术"为主，对提高农民技术素质关注不够，工作不力。❷ 建构和完善以政府为主导的多元化农技推广模式是适应未来发展需要的重要选择。2012年中央一号文件《关于加快推进农业科技创新持续增强农产品供给保障能力的若干意见》明确提出要强化基层公益性农技推广服务，"引导高等学校、科研院所成为公益性农技推广的重要力量"。在这样的情势下，探索和建立高效、快捷而又能够持续运行的农技推广新模式有着极为重要的现实意义。

（一）"农林科大模式"的内涵和做法

西北农林科技大学基于"一体两翼"为特征的农业科技推广新模式是以大学为依托农技推广体系的典型代表，它在推广理念、推广机制、推广方式和推广目的等方面具有较强的创新性，产生了良好的推广效益，具有重要的理论价值和现实意义。2004年以来，西北农林科技大学在财政部、科技部、农业部等国务院组成部门和陕西省人民政府的支持下，遵循现代农业发展规律，结合我国农业推广特点，充分考虑农业的生态区域性、环境的多变性、经营主体的分散性、生产时效性等特征，以及中国农民科技文化素质普遍偏低，对新技

---

❶ 余靖静，王政. 我国"十一五"期间农业科技成果转化率仅四成左右. 来源 http：//www. gov. cn/jrzg/2011－11/08/content_ 1988343. htm. 2011－11－08.

❷ 孙武学. 创新大学农业科技推广机制 增强服务新农村建设能力 [J]. 中国高等教育，2006 (24).

术接受意识和能力欠缺的现实情况，提出以自主技术创新为核心，通过技术创新、信息传播、技术示范、技术培训四轮驱动，探索建立"政府推动下，以大学为依托、以基层农技力量为骨干，吸纳企业、地方经济组织和农户参与"的农业科技推广服务模式，即"农林科大模式"。这不仅使得科学技术在农村产业发展中落地生根、开花结果，还成为现行基层农技推广体系的重要补充。

1. "农林科大模式"的基本内涵

在借鉴美国农业推广经验基础上，西北农林科技大学通过加强与地方政府和基层农技部门的融合，突破原有以行政区域为单元且"条条"色彩突出的农技推广界限，探索建立政府支持、企业和基层农技力量参与、大学为依托、与农村生产发展需要紧密结合的农业推广新体系。它的基本思路是依托大学学科优势在农业区域产业中心地带，设置为产业化服务的永久性试验示范站，以此为"联结点"形成大学与地方政府、基层农技力量的有效合作机制，满足现代农业发展对科技的系统需求。它形成一套行之有效工作方法，建立了创新性实践模式：即坚持"政府作用和社会力量有机结合"的原则，充分发挥大学在推广服务中的作用；以主导产业开发和市场需求为导向，设立试验站（基地）等新载体，使其成为服务区域产业的推广中心；以院系学科项目带头人为领军和基层农技力量为骨干，建立多元化农技推广方式方法；设计科学合理的激励机制，关心农村发展和定位农民增收致富的一种新型农技推广模式。在原理上，"农林科大模式"遵循和利用了农业区划理论，以此促进农业产业化发展，使不同地域产生最大效益；严格以推广理论为指导，把科技成果的潜在生产力有效转化为现实形态的生产力；按照系统原理，处理好系统内部各子系统之间的关系，提高了农技推广的运转效率；体现"结构—功能"原理，大学、试验站、科技示范户和农民之间充分密切合作，与地方政府、基层农技部门建立良好的横向协作结构关系，整体结构严密，形成自我发展的有机整体，最大限度地发挥推广服务的功能。

2. "农林科大模式"的主要做法

（1）创新农技推广载体，建立试验示范站（基地）

基层农技推广改革创新的"农林科大模式"选择区域主导农业产业中心地带，充分借助地方政府资源，有效整合和利用现有的基层农技力量，按照"建在产区、长期坚持、国内一流"原则，建设以产业发展为导向的农业试验示范站和农村科技示范基地，这种做法相对于以往以行政区划而设置推广组织而言，明显创新了基层农技推广载体。学校先后建立白水苹果、阎良甜瓜、眉县猕猴桃、安康水产、合阳葡萄、山阳核桃板栗❶等10余个试验示范站及一批示范基地，构建大学农技推广的集成平台和核心载体。每个试验站都拥有固定的试验地，试验站的土地面积绝大部分由地方政府无偿剐红使用，面积从几十亩到几百亩不等（表4-1）。各试验站都建有实验室、培训教室、学生宿舍、田间监测系统、网络远程咨询系统等配套设施。

图4-3　孙其信校长（前排中）到合阳葡萄试验
示范站检查工作，2013年11月

将科学研究、科技示范、技术验证、农民培训等职能融合于试验站，兼顾教学、科研、国际合作交流，使其成为综合化、系统性、开放式的产学研紧密结合的载体和产业服务平台。

---

❶ 根据商洛市人民政府建议，西北农林科技大学2012年决定将板栗试验站与核桃试验站分开，与镇安县人民政府合作共建西北农林科技大学板栗试验示范站，同时加挂镇安县板栗试验示范站的牌子。

表 4-1 各个试验示范站设施建设情况

试验示范站名称	启动建设年度	土地面积（亩）	楼房面积（m²）	平房面积（m²）	学校投入基本建设（万元）	备注
白水苹果试验示范站	2005	163	3100	400	1730.9	113.12 亩有土地证
清涧红枣试验示范站	2006	33	640	105	486.5	有土地证
眉县猕猴桃试验示范站	2006	160	360	120	591	学校土地
西乡茶叶试验示范站	2006	145	1800	300	830	有土地证
山阳核桃板栗试验示范站	2006	20.94	380	70	468.5	有土地证
合阳葡萄试验示范站	2008	100	2215	/	815	10 亩有土地证，90 亩无偿使用
阎良甜瓜试验示范站	2006	32	/	830	516.3	无土地证，无偿使用 20 年
阎良蔬菜试验示范站	2007	26	/	345	305	无土地证，无偿使用 20 年
安康水产试验示范站	2007	60.14	1411	/	882.3	有土地证
凤县花椒试验示范站	2012	50	/	/	80	无土地证，长期无偿使用
渭河樱桃试验示范站	2012	200		/	110	学校土地
镇安板栗试验示范站	2012	50	1500	/	50	无土地证，长期无偿使用
延安洛川苹果试验示范站	2012	160		/	220	无土地证，长期无偿使用
宝鸡千阳苹果试验示范站	2012	60	500	/	140	无土地证，长期无偿使用
三原斗口小麦玉米农作物试验示范站	2012	400	1000	/	50	学校土地
安康北亚热带经济林果树试验示范站	2012	373.9	160	/	30	有林权证，长期无偿使用
青海乐都设施农业试验示范站	2011	/	/	/	/	与县农业局合作
甘肃庆阳苹果试验示范站	2012	70	600	/	80	无土地证，长期无偿使用
合计		2103.98	1366	2170	7385.5	

注：1. 本表的统计数据等资料截至 2011 年 12 月 31 日；

2. 资料来源于西北农林科技大学科技推广处。

（2）组建多学科专家团队，提高农业科技推广效率

"农林科大模式"依托大学专家及其科研成果，以科研项目为纽带广泛吸纳基层农技力量的参与，开展推广服务多学科分工协作，有效解决农业发展各种实际问题。为支持多学科专家深入生产一线，西北农林科技大学特别设立"农业科技推广专项基金"。选派包含育种、栽培、植病、储藏、加工以及营销、管理等多学科的专家，组建推广团队开展集成攻关和综合技术示范。学校依靠具有自主知识产权的科技成果、集成规范化配套技术，实施产前产后全程技术服务；以试验站为基地开展科技创新与技术服务，实现了高等学校专家与基层农技力量的有效对接、科研课题与农业生产问题的直接对接、推广服务与农民需求的有机衔接，进而不断提高基层农技推广效率与水平。

（3）构筑农技推广快捷通道，开展多层次的科技培训

试验站建构了从"土地"到"餐桌"的技术标准与生产规范。各项技术首先在试验站集成，形成技术规范，再由学校专家与基层农技人员合作，按产业分布建立若干示范村、示范户，做出示范样板；由点到面，边培训边实践，辐射带动先进技术进入千家万户。通过示范与培训相结合，构筑"大学＋试验示范站（基地）＋科技示范户＋农民"的科技成果进村入户的快捷通道。

表4－2　部分试验示范站建站以来技术培训情况

试验示范站名称	办培训班（次）	培训班培训人数	现场培训人数	培训人数合计
白水苹果试验示范站	65	3630	128600	132230
清涧红枣试验示范站	23	2100	37600	39700
眉县猕猴桃试验示范站	28	3580	73228	76808
西乡茶叶试验示范站	19	3862	16632	20494
山阳核桃板栗试验示范站	23	3680	38000	41680
合阳葡萄试验示范站	5	638	4000	4638
阎良甜瓜试验示范站	54	2500	22500	25000
阎良蔬菜试验示范站	58	4000	8500	12500
安康水产试验示范站	18	1235	6950	8185
合计	293	25225	336010	361235

注：1. 资料来源于西北农林科技大学科技推广处；

　　2. 本表中数据截至 2011 年 12 月 31 日。

构建多层次结合、全方位覆盖的农技培训体系，大力培养懂技术、会管理、善经营的农业技术骨干（表4-2）。农业科技培训的方式既有在校内集中举办的对基层农技骨干、县乡村干部等人员的培训班，也有在各试验站开展的对基层农技人员、科技示范户的培训；既在各示范点的田间地头举行大规模农民科技培训，也在网络上开展远程培训和专家咨询服务。

（4）创新校地科技合作机制，密切农技推广合作关系

无论是试验示范站建设，还是科技推广服务的开展，西北农林科技大学都十分注重与地方政府、企业和农村经济合作组织的实质性合作。很多试验站建设都由地方政府无偿提供建设用地，有些县、市还提供一定的运行经费支持和条件保障（表4-3）。学校所建的产业试验示范站都加挂了市、县牌子❶，由各方共有共建，学校专家被聘为科技特派员。学校、杨凌示范区与有关地方政府还以试验站为纽带，建立了"两地三方"合作机制，共同实施科技示范与入户工程，使校地合作制度化、规范化。猕猴桃试验示范站自建站以来在与眉县合作过程中，为眉县培养了16名科技骨干，其中2名高级农艺师，7名农艺师；为眉县培养了20多名高级乡土人才，已成为眉县乃至整个产区的猕猴桃专业技术骨干。此外，注重培育农村专业合作组织，支持由科技大户带领组建农民专业合作社，开展农村科技创业，促使它们发挥更大推广作用，推动农业生产经营方式转变。

（5）创新农技推广服务方式，扩大农技推广的辐射面

农技推广所采用的传播方式和渠道对推广效果起着举足轻重的作用。学校既采取"农户—推广人员—推广专家—科研"自下而上的推广方法，还形成由市场信息中发现有价值的科研内容，交由试验站立项研究，然后再推广到农户的自上而下的方法；探索出"专家＋基地＋合作社＋示范户"等科技入户模式。构建"多渠道、全方位，宽覆盖、快反馈"的农技信息服务体系。依托"农林科大模式"先后创办了杨凌农业科技推广网、农业专家远程培训与咨询服务系统以及苹果、猕猴桃等一批专业示范推广网站；学校与陕西农林卫视合办农业科技推广专题节目，与陕西省电信公司合作开通"96889农家乐信

---

❶ 例如，白水苹果试验示范站，同时也是陕西省苹果科学实验基地、农业部苹果产业技术体系试验示范站、渭南市苹果试验示范站、陕西省苹果技术指导工作站、杨凌示范区苹果科技示范基地。

息台",与各地移动公司合作开展农技手机短信服务。实现农业科技信息的高效传播,指导农民科学种田、科学经营,不断提升推广的实效性。

表4-3 地方政府提供的经费、车辆和参与推广人员情况

试验示范站名称	启动建设年度	县政府经费（万元）	市政府经费（万元）	政府提供车辆	参与推广人数
白水苹果试验示范站	2005	20/年	30/年	4	56
清涧红枣试验示范站	2006	/	/	2	30
眉县猕猴桃试验示范站	2006	20/年	/	1	30
西乡茶叶试验示范站	2006	/	/	/	20
山阳核桃板栗试验示范站	2006	/	/	1	20
合阳葡萄试验示范站	2008	/	/	/	15
阎良甜瓜试验示范站	2006	20/年	/	/	15
阎良蔬菜试验示范站	2007	20/年	/	/	20
安康水产试验示范站	2007	/	20/年	/	20
凤县花椒试验示范站	2012	30/年	30/年	/	20
渭河樱桃试验示范站	2012	/	/	/	8
镇安板栗试验示范站	2012	20/年	/	1	20
延安洛川苹果试验示范站	2012	/	50/年	2	20
宝鸡千阳苹果试验示范站	2012	20/年	30/年	1	20
三原斗口小麦玉米农作物试验示范站	2012	/	/	/	20
安康北亚热带经济林果树试验示范站	2012	20/年	30/年	/	20
青海乐都设施农业试验示范站	2011	/	/	/	30
甘肃庆阳苹果试验示范站	2012	30/年	50/年	1	20
合计		200/年	270/年	12	399

注：本表数据等资料统计截至2012年12月31日。

图 4-4　西北农林科技大学农业试验示范站信息服务平台❶

（6）构建科学的激励机制，充分调动推广人员的积极性

为鼓励和支持科教人员积极参与推广，西北农林科技大学采取许多措施：一名副校长分管推广工作，设科技推广处负责全校推广工作的组织实施；建立、健全有利于推广服务的职称评定制度，单列"推广系列"职称，设立、推广教授岗位和专门的考核体系；"人才强校"战略中专设"推广专家"支持计划，对入选者每人资助15万元；出台《农业科技推广新模式探索工作先进集体和先进个人评选奖励办法（暂行）》，评选和表彰推广先进集体和个人。拨出专款支持开展推广服务，推广人员在试验站的最高生活补助每天为180元；推广服务按项目运作，实行首席专家负责制和推广人员双向选择招聘制，充分调动推广人员的积极性和主动性。

（二）"农林科大模式"取得的初步成效

1. 促进产业发展，实现农民增收致富

我国科技成果转化慢，特别是产业化程度低，与以往推广只注重产量增长，忽视产业发展有密不可分的关系。根据区域产业特点设置推广试验示范站促进主导产业又好又快发展，克服了既有推广体系的不足。各试验站在本地现

---

❶ 此图来自西北农林科技大学科技推广处网站，2013年11月15日。

图 4 - 5　梁桂书记（右四）到眉县猕猴桃试验示范站调研，2013 年 7 月

代农业发展中已起到引领作用，促进产业升级和新产业形成，实现农民增收致富。例如，猕猴桃试验站在眉县建立 8 个示范村、400 个示范户，每亩示范园收入超过 1 万元，带动全县近 30 万亩猕猴桃技术水平大幅度提升，2011 年仅此一项使全县农民人均增收 4500 元。甜瓜试验站通过示范推广甜瓜标准化生产技术，"累计示范带动辐射 46 万亩，新增产值 2.76 亿元；2010 年人均甜瓜

表 4 - 4　试验示范站建立的种质资源圃和试验示范园

试验示范站名称	种质资源圃面积（亩）	试验示范园面积（亩）	品种数量（个）	种质来源
白水苹果试验示范站	30	90	245	国内外
清涧红枣试验示范站	10	18	80	国内
眉县猕猴桃试验示范站	20	80	128	国内外
西乡茶叶试验示范站	9	87	136	国内
山阳核桃板栗试验示范站	10	10	51	国内外
合阳葡萄试验示范站	50	50	32	国内外
阎良甜瓜试验示范站		10	90	国内
阎良蔬菜试验示范站		10	95	国内
安康水产试验示范站		34	8	国内
合计	129	389	865	

收入达到 2600 元",阎良已成为我国北方最大的早春甜瓜产业基地。安康水产试验站推广具有净化水质作用的滤食性鱼类新品种和生态养殖技术,使水产养殖成为带动陕南沿江农民致富的新产业。表 4 - 4 显示出"农林科大模式"的试验示范站在建立种质资源圃和试验示范园方面的明显成效。

图 4 - 6 甜瓜试验示范站瓜农李广义、张小平等 50 多人
敲锣打鼓来校送锦旗,2006 年 5 月

2. 发挥技术效应,实现产学研紧密结合

基层农业科技推广改革创新的"农林科大模式"充分依托我国农业大学的科技资源,集成各项综合配套技术,以科技示范户为切入点带动农民,将成果拥有者、传播者和使用者有机联系起来,逐步形成技术集成、技术示范、信息传播、技术培训等四种扩散体系,有效解决科技成果转化"最后一道坎"难题。山阳核桃试验示范站突破嫁接技术瓶颈,使当地核桃嫁接成活率由过去的 10% 提高到 95%,核桃优良品种得以大面积推广,技术辐射到周边多个省市。传统"土炕"育苗方法严重阻碍甜瓜产业发展,甜瓜试验站研究总结出工厂穴盘育苗新技术,带动阎良建立工厂化育苗基地 11 个,推动甜瓜产业实现一次重大技术革命。该模式不仅加速了学校新品种、新技术的示范推广,还推进了农技创新体系与推广体系的有机对接。实施六年多来,各试验站累计推广新品种、新技术 220 多项(表 4 - 5),建立各类示范样板 180 个,指导建立科技示范户 2400 多户,取得社会经济效益 300 多亿元。

表 4 – 5　试验示范站"十一五"期间选育通过审定的良种状况

试验示范站名称	审定良种名称	审定级别
白水苹果试验示范站	秦阳、华夏、金世纪、纳春、秦红	省审
清涧红枣试验示范站	蜜罐新 1 号、方木枣、陕北长枣	省审
眉县猕猴桃试验示范站	海沃德、脐红	省审
山阳核桃板栗试验示范站	镇安 1 号板栗、泰山 1 号板栗	国审/省审
合阳葡萄试验示范站	爱格丽、媚丽、嘉年华	省审
阎良甜瓜试验示范站	西甜 208、千玉一号、陕甜一号	省审
阎良蔬菜试验示范站	凌玉萝卜、凌丰 58 白菜	省审
合计	20 个	

3. 培育新型农民，树立为农服务的新形象

以往推广通常存在"完成政府推广任务，忽视农民意愿"的现象，"农林科大模式"在提升农业产业水平和增加农民收入的同时，还注重推广过程，对农民进行"教育"，培育新型农民。主要通过多种形式的科技培训为农业发展提供人才保证；目前已培训基层干部和农民技术员 30000 多人次，培训农民 30 多万人次。推广专家在推广过程中只提供无倾向性实用知识，严格遵守自身作为服务者的角色。譬如，山阳核桃试验示范站通过培训班培训骨干以及现场培训等方式，手把手教农民学会核桃和板栗的嫁接、修剪、施肥、防治病虫，培训出 100 多名土专家，基层农技骨干 300 余人，农民 1 万多人次。红枣试验站在网络上讲解红枣的修剪、栽培和保花保果措施。试验站还催生和培育了一批农村专业合作组织，促进农业生产经营方式转变。该模式坚持公益性农业推广，保证了推广的有效性和科学性，受到农民高度赞誉，也树立了大学为农服务的新形象。

4. 促进创新型人才培养和国际科技合作交流

以试验站为依托为大学生实践锻炼创造有利条件，促进创新型、应用型人才培养（表 4 – 6）。仅 2011 年就有 1520 余名本科生到试验站开展课程实习或生产实践，140 名研究生在试验站完成学术论文。学生通过在试验站的实践活动，认识到现代农业发展趋势，培养了实践和创新、创业能力，增强学农、爱农、服务"三农"的思想。

表4-6 试验示范站承担实践教学人才培养情况

试验示范站名称	本科实习（累计人/班）	研究生（人）	学生科研助理
白水苹果试验示范站	668 人/28 班	46	12
清涧红枣试验示范站	16 人	24	4
眉县猕猴桃试验示范站	842 人/25 班	7	11
西乡茶叶试验示范站	133 人/5 班	18	5
山阳核桃板栗试验示范站	15 人	10	2
合阳葡萄试验示范站	25 人	8	1
阎良甜瓜试验示范站	600 人/20 班	5	7
阎良蔬菜试验示范站	780 人/26 班	2	9
安康水产试验示范站	230 人/8 班	16	8
合计	3309 人/112 班	136	59

注：本表数据截至 2011 年 12 月 31 日。

通过试验站搭建国际交流平台，促进国际科技合作与产业发展紧密结合（表4-7）。白水苹果试验示范站 2010 年举办国际苹果学术研讨会，多个国家的专家前来参会，实地考察试验站和示范园。同年 11 月在哈佛大学举办的"农业与食品论坛"上，白水苹果试验站、清涧红枣试验站的两位农民讲述了他们在"农林科大模式"专家指导下依靠科技致富的故事，引起热烈反响。

图4-7 清涧红枣试验示范站科技示范户惠国海在哈佛大学演讲，2010 年 11 月

之后，哈佛大学商学院提出以学校所建试验站为观测点，由两校师生合作进行中国农村金融问题的调查研究。

表4-7　建站以来承办的各类学术会议和来站的国外专家

试验示范站名称	会议名称	参加人数	举办时间	来站交流国外专家
白水苹果试验示范站	现代果业科技发展战略研讨会； 苹果产业技术交流座谈会； 渭南市矮化苹果栽培现场会； 中国苹果育种研究战略研讨会暨全国第四届苹果育种协作组会； 苹果产业技术需求与服务研讨会； 西北农林科技大学首届国际苹果学术研讨会； 苹果早起落叶病防控研讨会	230 80 100 120 75 150 100	2007 2008 2008 2009 2010 2010 2010	美国16人， 以色列8人， 日本8人， 新西兰3人， 意大利2人， 法国1人， 澳大利亚1人， 计39人
清涧红枣试验示范站	国际枣树植物及全国红枣研讨会； 中国清涧红枣论坛	80 200	2011 2009	美国8人，日本8人，计16人
眉县猕猴桃试验示范站	中国园艺学会猕猴桃分会第三届国际学术研讨会； 中国（陕西）国际猕猴桃经济技术研讨会	120 240	2008 2010	美国、新西兰、意大利、智利，计30人
西乡茶叶试验示范站	陕西茶产业发展论坛； 全国茶学学科建设学术研讨会	160 80	2007 2010	日本4人，美国2人，计6人
山阳核桃板栗试验示范站	全国第二届核桃大会； 核桃产业发展研讨会； 核桃高端论坛	800 120 120	2009 2011 2007	美国3人
合阳葡萄试验示范站	第七届国际葡萄与葡萄酒学术研讨会	130	2011	美国5人，法国3人，澳大利亚2人，计10人

续表

试验示范站名称	会议名称	参加人数	举办时间	来站交流国外专家
阎良甜瓜试验示范站				俄罗斯2人，美国5人，蒙古2人，计9人
阎良蔬菜试验示范站				美国2人，蒙古2人，计4人
安康水产试验示范站	匙吻鲟产业发展研讨会	26	2011	美国2人，日本2人，计4人
合计	举办学术会议18次	2801		接待10个国家的专家121人次

注：除眉县猕猴桃试验示范站的数据截至2013年11月30日之外，其他试验站的数据截至2011年12月31日。

（三）"农林科大模式"带来的若干启示

1. 要充分发挥大学在农技推广中的重要作用

作为科技创新重要源头的高校可以成为中国基层农技推广的重要力量，大学参与农业科技推广服务不只是外国某些国家的专利。推进和完善基层农业技术推广体系的进程中，中国大学"要在强化科研自主创新和人才培养重要职责的基础上，在多元化农业技术推广体系中充分发挥应有的作用。"[1] 农业大学要发挥科教资源优势，通过提供专家和技术，建立示范基地，开展科技培训和咨询服务。拥有自主知识产权的成果是建立以大学为依托农业科技推广新模式的灵魂，如果缺少源源不断科研成果的支撑，则难以持续为区域产业发展服务。建议认真贯彻2012年8月新修订通过的《农业技术推广法》，完善和扩展公益性农技推广体系。充分利用大学资源优势弥补现有农村科技服务的不足，同时为涉农大学学科发展提供更加广阔的空间。

---

[1] 李维生. 我国多元化农业技术推广体系的构建 [J]. 中国科技论坛，2003（3）.

图4-8 中共中央政治局委员、国务委员刘延东视察"农林科大模式"及成果，2012年7月

2. 创新载体是提升农技推广能力的有效支撑

基层农技推广服务要构建支撑体系，特别是要创新推广载体，建立科技示范典型样板，否则难以提升农技推广能力。"农林科大模式"告诉我们，农技推广网络布局要以自然经济区域而不是以行政区划为单元，建立"中心区—示范区—辐射区"与产业紧密结合的试验站和基地为主要载体。这既是现代农业科技成果的显示器、产学研结合的实验场，农民看得见、摸得着、学得到的典型样板，也是科技推广的一种重要手段。这种改革创新有助于增强推广的针对性和有效性，架起科技与农民之间的桥梁，不断提升基层农技推广服务能力。

3. "教育"要成为农业科技推广服务的重要理念

基层农业科技推广服务不仅要与"物"打交道，更要学会与"人"打交道。要克服农技推广以"技术"为中心，忽视对农户推广"教育"的倾向；充分尊重农民意愿，发挥农民主体的作用。推广工作重心要从物化技术推广为主转向物化技术与提高农业生产经营者素质相结合。推广人员要牢固树立通过"教育"来帮助人们的宗旨；注重通过科技培训和信息咨询服务等方式塑造新型农民，不断提高农业生产者综合素质，更好地促进现代农业和农村发展。与此同时，要充分发挥和利用科技示范户的"能人效应"，以加速农技的传播与推广。

4. 注重合作、形成合力是加强农技推广的重要保证

现行的农技推广体系之所以难以发挥出应有的水平，与它们各自为战，缺乏合作不无关系。基层农技推广服务与主导产业结合能加快现代农业的发展。缺乏地方政府的支持和配合，农业科技人员难以充分发挥作用；没有行政力量的组织推动，许多技术难以真正落到实处。以大学为依托农业科技推广工作仅靠大学自身的力量远远不够。试验站建设要加强与当地政府合作，政府的主要作用是通过市场导向制定产业发展规划，出台相关政策，提供资金和建站用地。重视与基层农技部门、科技示范户合作，扶持龙头企业，培育农民协会。要将高校培养的农业科技人才有机整合到推广体系中，使农技推广成为推动农业发展的核心动力。努力实现政府推动、大学科教依托、基层农技参与等多方合作，形成强大合力，推动推广服务发展。

5. 加强制度建设是促进农技推广发展的重要保障

探索多元化农技推广模式要健全相关法律法规，要"将以大学为依托的农业技术推广模式加以规范和制度化，"❶ 为其发展提供稳定的制度环境。改革大学内部管理体制，制定一套符合农技推广性质、适合推广特点的优惠激励政策，如实施"推广专家"支持计划、单列推广系列职称等；加强经费保障力度，逐步建立以政府投入为主，多渠道并存的农技投入机制，吸引更多科教人员积极从事推广工作，努力形成一支以高校科教人员为主体的高素质农技推广专家队伍。

二、建构以大学为依托农技推广模式的价值与限度❷

基层农业技术推广体系是中国实施科教兴农战略的核心载体和推动农业科技进步的重要力量，也是科技成果转化为现实生产力的桥梁和纽带。新中国成立以来，我国基层农技推广体系在曲折中不断发展，在建设现代农业、推动农村发展和培育新型农民等方面起到显著地促进作用。但是建立在计划经济基础之上的政府主导型农技推广体系在传统农业转向现代农业过程、农村基层社会

❶ 杨起全，张峭，刘冬梅，等. 如何才能加快推进农业科技创新［J］. 中国科技论坛，2012（3）.

❷ 高建梅为本部分做了资料收集等工作，对此表示感谢。

144

变迁和市场化与社会化进程中不可避免地暴露出局限性并面临新的挑战，必须及时深化基层农技推广体系改革。《国务院关于深化改革加强基层农业技术推广体系建设的意见》（国发〔2006〕30号）明确指出，"面对新形势、新任务，基层农业技术推广体系体制不顺、机制不活、队伍不稳、保障不足等问题亟待解决。"与此同时，我国"十一五"期间，"农业科技成果转化率只有40%左右，远低于发达国家80%以上的水平。"❶ 因此，如何改进农业科技服务体系，特别是探索新的、更加有效的农技推广模式，建构和完善多元农技推广模式，更好地促进现代农业发展，增加农民经济收入是当前迫切需要解决的重要问题。

（一）以大学为依托农业科技推广模式的崛起

美国农业科技推广率已达80%，农业科技对农业总产值的贡献率达到75%，其根本原因之一是它有一套协调高效的以大学为核心的农业科技推广体系，从而使现代农业科学技术广泛而大规模地获得应用。然而，当前我国农技推广服务以政府四级农业推广体系为主，尚未形成有效的、多元力量共同参与的格局，由此导致现行推广机制运行效率低和成本高、对市场反应能力缺乏、科研成果转化机制和推广体制严重脱节、难以保障推广成果的有效性和持续性。为适应市场经济和现代农业的发展要求，需要完善多层次、多元化推广体系。在这样的情势下，以大学为依托（或称大学主导型）的农业科技推广逐步进入探索建设阶段。

中国在实践中主要存在四种推广模式：一是河北农业大学坚持"生产为科研出题，科研为生产解难"，科研、教学和生产实践相结合科技富民的"太行山道路"模式；二是南京农业大学通过开展培训讲座、现场指导、科技咨询、赠送资料和考察规划五种形式服务于地方农村经济的发展，把农民与农业科技紧密联系起来的科教兴农"科技大篷车"模式；三是东北农业大学利用网络技术面向"三农"传播农业科技与成果，提供农情分析、科技咨询、国内外农业科技动态、市场评估灾害预测及病虫害防治、畜禽疾病防治等方面服务的"农业专家在线"模式；四是西北农林科技大学以不同区域主导产业的

---

❶ 余靖静，王政. 我国"十一五"期间农业科技成果转化率仅四成左右. 来源：http://www.gov.cn/jrzg/2011-11/08/content_ 1988343. htm. 2011-11-08.

农业试验示范站（基地）为载体，多层次科技培训和多渠道信息服务网络为两翼的"一体两翼"科技推广新模式。这些新模式在弥补既有推广体系不足的同时，也充分发挥农业大学的科技、人才和信息优势，体现了大学和地方政府以及基层农业推广站的密切合作关系，取得了良好的经济社会效益。特别是西北农林科技大学借鉴美国"国家—州政府—大学"合作推广体制的成功经验，以区域经济社会发展的重大需求为导向的农业试验示范站（基地）地设立得到政府支持并有力推动区域农业和农村经济发展，在全国产生较大影响，受到社会高度关注。有鉴于此，以此为例来阐述大学主导型农技推广模式崛起的价值和限度也就具有较强可行性和代表性。

西北农林科技大学2004年在全国率先提出"以大学为依托的农业科技推广新模式"，探索实现学校与政府、科技与产业、专家与农民的有效对接，以促进科学技术迅速向现实生产力转化。这种新模式的基本思路是组建多学科参与、多专业协同、多层次联动的科技推广队伍，开展从"土地到餐桌"的全产业链技术服务；在农业区域产业中心地带建立产学研三位一体的试验示范站，构建"大学——试验示范站（基地）——科技示范户——农民"的科技进村入户快捷通道。"农林科大模式"现已基本形成"政府推动下、以大学为依托、以地方主导产业开发和市场需求为导向、以院系学科项目带头人为领军和以基层农技力量为骨干，以建立农业试验示范基地（站）为载体和以农业科技培训和信息咨询服务体系为支撑的农业科技推广新模式"雏形（如图4-9所示），为我国逐步建立多元化农业推广体系积累了重要经验。其中，建立农业示范基地（站）是该模式最重要的节点，同时对基层农技人员和行政干部、农村致富能手和专业示范户、项目实施区广大农民三个层次开展系列化培训；利用现代通信和网络信息技术，为农民和涉农企业提供政策、科技、市场等综合信息咨询服务，指导农民科学决策、科学生产和科学经营。截至目前，"据不完全统计，西北农林科技大学在陕西建立9个试验示范站，指导建立示范村108个，培训乡村农技骨干36500人，带动数百万户农民致富。在陕豫青等10个省区建立农业科技示范基地110个，新增社会经济效益200多亿元。"❶通过该模式实现了农民增收、政府满意和农业主管部门认同的预期效果。

❶ 吴万兴. 大学农技推广新模式推动现代农业发展［N］. 科技日报，2011-11-06.

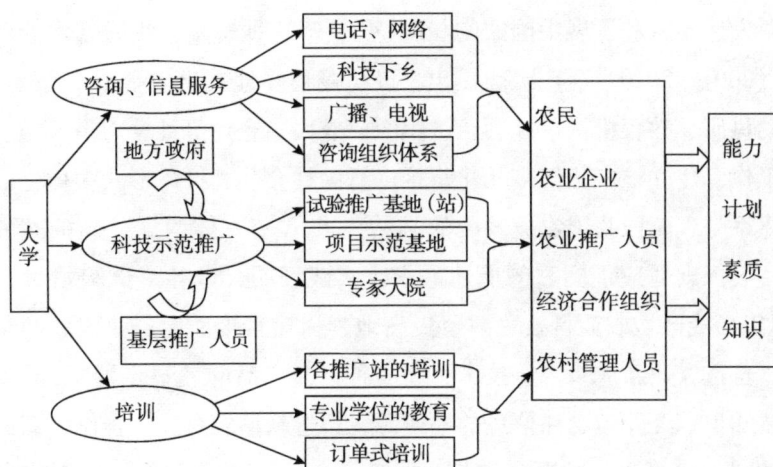

图4-9　农技推广改革创新的"农林科大模式"表述

（二）建构以大学为依托农技推广模式的价值

建构以大学为依托农技推广模式的价值主要在于，它既是对中国加强基层农业技术推广体系建设进程的缺憾的一种补充，又对农技推广体系多元发展道路提供了一种经验性范式。

1. 以"试验站"为联结点的"一体两翼"[1] 新模式有助于克服既有推广机构重叠、力量分散和运行低效等现象，适应我国建立多元化农业科技推广体系的客观需要

我国现行的农业科技推广体制的组织结构、运行方式主要是按计划经济时代的要求设计和运行的，市场化进程中出现了所谓"网破、线断、人散"现象，难以适应农村产业发展、农民致富对科技的需求。现行农业推广机构按照行政区域设置，造成不必要的重复和资源浪费。"据统计，目前全国共有种植业、畜牧业、水产、农机化、经营管理五个系统的专门推广机构21.5万个，全国从事农业科技推广的专业人员130多万人。"[2]庞大的推广队伍并未产生应有的推广效果，反而出现了中国每百万美元农业GDP拥有农业科技人员数远

---

[1] 这是一种较为形象的表述法。因为"农林科大模式"很大程度上充分依托大学以科技示范推广为主体，以信息咨询服务和培训为重要支撑。

[2] 龙新. 农业科技创新与应用体系［N］. 农民日报，2005-02-04.

高于主要发达国家和发展中国家的状况。❶ 基于这种现实，我国《农业科技发展纲要（2001—2010 年)》明确提出，"积极稳妥地推进农业推广体系改革，大力调动科研、教育机构、社会经济组织、农民、企业等社会力量参与农业科技推广工作，建立推广队伍多元化、推广行为社会化、推广形式多样化的多元化推广体系是现阶段我国农业发展的必然要求。""一体两翼"新模式的应运而生和持续探索适应了国家的上述需求。实践证明，以各个试验站为"联结点"，可以形成区域农业科技资源聚集高地，构建直接面向产业服务的科技创新平台，打造农业新成果、新技术、新品种、新产品的"显示器"，推动形成农业科技知识、经营理念和信息的辐射源，塑造新型农村经济合作组织的孵化器。通过"一体两翼"的平台转化为服务"三农"的力量，可以形成以自然经济区域为单元的农技推广新格局，从而实现研究、开发、培训、推广和信息服务一体化；大学优势学科、核心技术和产业发展相结合；地方政府、大学和龙头企业、农村经济合作组织相结合；大学科技专家与地方科技推广人员、农民相结合；开通了农业大学和农民、农村、农业之间的"直通车"，实现了农民增收、产业升级、农村发展和区域经济增长的多元化目标。

2. 立足农村，着眼产业，面向小农的"一体两翼"新模式在推广目的上既注重产量提高，又重视产业整体发展，有助于推进社会主义新农村建设

当前我国农村产业发展对科技需要越来越突出，农业科技逐渐成为农民增收的决定性因素。这就需要根据区域农业主导产业，结合农民的经常性、多样性需求，依靠大学的科教优势，通过建立基地、进行示范、举办培训、提供信息，实现科技与农村、专家与农民、技术与生产的有效对接，建立一条大学科技成果进村入户的便捷通道。"一体两翼"新模式立足农村，推广专家把农业技术集中在示范站，有助于农民看得见、摸得着、跟着做，这在目前我国农民文化素质普遍偏低的情况下是最有效的面向小农的方法。我国科技成果转化慢，特别是产业化程度低与以往推广目的只注重产量增长，忽视产业发展密不可分。"一体两翼"新模式的显著特点是根据区域产业特点设置、推广试验站，以促进主导产业的又好又快发展为核心目的，避免了既有推广的不足。这

---

❶ 百万美元农业 GDP 拥有农业科技人数状况是：美国 0.14，德国 0.13，日本 0.15；印度 0.16，墨西哥 0.14，巴西 0.05，中国高达 0.49。

种做法在实践中取得很大成效。例如西北农林科技大学猕猴桃试验示范站2006 年建站时，"眉县的猕猴桃面积为 8.3 万亩，产值 2.2 亿，到 2009 年，眉县猕猴桃栽培面积达 17 万亩，产值达 6.17 亿，给全县农民人均收入贡献 2340元。"❶山阳核桃试验示范站通过实施核桃高接换优技术，一举改变了山阳核桃不结果和嫁接成活率低的局面，使山阳核桃一跃成为山区群众增收致富的朝阳产业。2006—2010 年，西北农林科技大学甜瓜试验示范站示范推广甜瓜标准化生产技术，累计示范带动辐射 46 万亩，新增产值 2.76 亿元；阎良区全区农民人均收入中有 1350 元来自甜瓜产业；2010 年甜瓜种植面积 4.12 万亩，人均甜瓜收入更是达到 2600 元❷；试验站所在的关山镇被誉为"中国厚皮甜瓜之乡"，阎良区及周边的甜瓜产业得到长足发展，有力地推动了社会主义新农村建设。

图 4 - 10　陕西省人大常委副主任李晓东（左一）
视察阎良蔬菜试验示范站，2008 年 6 月

3. 推广主体与科研主体、行政手段与市场机制的有机结合和"环状辐射"的推广方式，顺应国际农业科技推广发展的趋势，具有较强的引领作用

我国的农业推广与农业科研、农业教育部门分属不同的政府部门管理，没

---

❶　该组数据来源于眉县猕猴桃试验示范站 2009 年的总结报告。

❷　数据来自李红涛、甄丽琴撰写的《创新农业科技推广模式研究——阎良甜瓜试验示范站调查报告》（内部资料），2011 年 8 月 30 日，第 30—31 页。

有机制上的内在联系，只有工作的相互协作，相互之间协调困难、运行不通畅，导致它们的结合基本上还是低水平的、松散的、随意性的，削弱了教育、科研、推广三者相辅相成的整体功能。"一体两翼"新模式形成了比较科学的推广体系，建立了新阶段科技进村入户的新通道、新机制。它形成和发展了教育科研单位科教人员创造各类推广形式优点，将政府、科技、企业、协会、示范户、专业户和农民有机地结合在一起，发挥了农业大学的科教优势，可以有效克服推广主体与科研主体脱节的现象，提高科研成果转化率，使大学科技成果迅速传播到广大农村。在政府推动下，以大学为依托，着眼于区域主导产业发展的"一体两翼"新模式避免了自上而下主要依靠行政推动，忽视市场力量发挥的缺陷，有效协调和运用"有形之手"与"无形之手"，解决了科技推广与农户需求错位问题，从而确保推广实践取得更大成效。它以科技示范户作先导，辐射整个产区；学校各试验站主要采取"中心示范区—示范区—辐射区"的模式进行科技示范，并将示范与技术培训紧密结合起来。技术扩散通过建立科技示范典型样板，从科技示范户开始，由点到面，边培训边实践，辐射带动先进技术进入千家万户。

这种"环状辐射"推广方式更符合中国农村实际，也顺应国际农业推广发展趋势。以农村科技示范基地为主体、以农业科技培训和信息咨询服务网络为支撑的"一体两翼"的科技成果转化平台，有助于逐步形成技术示范、技术培训、信息传播等三种技术成果扩散体系，从而不断实现科技自主创新、人才培养和成果转化的一体化，切实发挥试验站的综合功能。此外，"一体两翼"新模式坚持"全程质量控制"的理念和做法也与世界发展趋势相吻合。因此，以大学为依托农技推广模式具有专家和问题对接，专家和农民融合，教学、科研和推广相统一的基本特征，是适应现阶段我国农业发展需要和为解决"三农"问题而进行的开创性工作，是对现阶段我国以政府推广机构为主体的推广体制的一种必要补充，是我国多元化推广体系的重要组成部分，将对全国农业推广体制改革起到示范、带动乃至引领作用。

4. "永久基地"建立和"面对面"推广方法等举措有利于促进大学科技成果与农民有效对接，深化科教单位与地方政府的密切"合作"

众所周知，农业现代化首先要做到的就是产业化。由于农业生产是一个自然再生产的过程，受自然规律的影响很大；农业生产具有很强的区域性特征，必须遵循自然和经济的双重规律。全面把握这些特点，依托农业大学的学科优势，在区域农业主导产业和特色产业中心地带建立农业示范基地，是建立政府推动下、以大学为依托和基层农技力量为骨干的农业科技推广新模式的核心任务。在农村建立示范基地（试验站）主要有四个任务：一是建立新品种、新技术、新成果示范样板；二是组装、形成农业先进实用技术，制定标准化技术规程；三是帮助政府制定产业化发展规划；四是为示范户、广大农民提供科技信息、进行季节性培训，引导农民学习、掌握和应用新技术，推动当地主导产业、特色产业发展。实践表明，美国以大学为主体的合作农业科技推广体系，有效地实现产学研紧密结合，充分发挥大学在区域经济建设中的人才支撑作用，最大限度实现了大学的社会价值，同时将最新科技行之有效地传授成果给农场主，使其及时掌握最新技术。

西北农林科技大学在农业技术推广中充分借鉴美国的经验，选择在农业最佳产区与地方政府合作建立试验示范站，让专家教授走出实验室，深入农业产业实地解决生产技术问题，给农民做出示范，引导农民在尊重自然规律的基础上，采用先进技术，提高资源利用率和生产效率，促进农业向"高产、优质、高效、生态、安全"的方向发展。在农业科技推广实践中，各试验站建立了"10＋10"和"1＋4＋4"等示范推广方法❶，探索出"专家＋基地＋合作社＋示范户"等推广方式，从而实现科技与产业结合、技术与农民对接、学校科技人员与地方科技人员的合作。特别是"试验站"的推广专家深入基层与农户"面对面"的推广方法的优势以及"永久基地"所产生的示范和辐射作用不断凸显。这些既有助于深化科教单位与地方政府的合作，建构出新型的农技推广模式，也有利于促进大学科技成果的及时转化，实现与农民、农技需求的有效对接，达到农村科技的"零距离服务"。

5."教育"已成为"一体两翼"新模式农业推广的重要理念，这有助于克服以往推广以"技术"为中心，忽视对农户推广"教育"的倾向和弊端

美国农业推广工作是以教育方法而不是以行政方法或财政方法进行；它的

---

❶ "10＋10"即西北农林科技大学10名专家与试验站所在当地的区（县）、乡（镇）10名农技推广人员相结合，共同促进科技成果的转化和示范的方法。"1＋4＋4"指的是西北农林科技大学1名推广专家带4名县级技术干部和4名乡级技术人员，以充分调动地方农技人员的积极性。

推广人员在推广过程中严格遵守自身作为教育者的角色，只提供无倾向性的实用知识，采用与否由农场主决定；通过教育来帮助人们是推广人员的最高宗旨。这些与我国既有农业推广理念和实践通常存在"完成政府推广任务，忽视农民意愿"的现象存在较大差异。"一体两翼"新模式崛起是农业大学办学思想的重要展现，它与以往推广模式的显著区别在于，不仅仅围绕提升农业产业水平和增加农民收入开展活动，还注重在推广过程中对普通农民进行"教育"，以提高农民科技文化素质。它主要通过"信息、咨询服务"和"培训"这"两翼"开展推广教育，塑造新型农民。"以山阳核桃试验示范站为例，尽管山大沟深，居住分散，不易集中培训，该站5年来还是通过扎实开展工作，培训出100多名土专家，县乡农技骨干300余人，农民1万多人次。目前，各试验示范站（基地）累计培训农民技术员28000多人次，培训农民30多万人次。"❶ 运用现代传媒技术，开展网络培训。例如陕南的板栗基地依靠网络给农民传授优质丰产、保鲜、嫁接等技术；陕北的红枣基地在网络上讲解红枣的修剪、栽培和保花保果措施。"一体两翼"新模式的推广专家在农业推广活动中始终充当教育者和服务者的角色，坚持农业推广的公益性，保证农业推广工作的公正性和科学性，获得农民群众的高度信赖。

图4-11 时任陕西省常务副省长娄勤俭（右一）
参观西北农林科技大学科技推广工作展，2010年12月

---

❶ 西北农林科技大学科技推广处内部资料，2011年11月27日。

（三）以大学为依托农业科技推广模式的限度

建构以大学为依托的农业科技推广模式是高校融入我国社会经济发展中心的战略选择，对于推进农科教体制改革和提高农业综合生产能力有重要意义。受各种因素制约，"农林科大模式"同时也面临可持续性发展、体制身份认同、综合功能发挥、与地方政府利益博弈等诸多问题，需要在实践中不断深化、完善。当然，当以大学为依托农技推广模式成为基层农技推广体系建设的一个亮点时，许多人又将过多的光环加以其上。而在笔者看来，以大学为依托农技推广模式的形式示范效应远远大于其实质性。"农林科大模式"的限度也是显而易见的。

1. 难以成为主导模式，具有弱小性的特征

大学主导型农技推广新模式尽管是在政府推动下成立的，但它更多的是一种社会力量的农技推广方式，而不是完全意义上的政府形态的农技推广方式。无论是从其覆盖的范围还是人员力量，也尚未形成网络化，仍处于探索发展阶段。受国情、历史、经济和体制等因素制约，以大学为依托农技推广模式只能是我国多元化农业推广体系中的一分子，而很难完全复制"美国的模式"，使之成为主导形式和主要力量。未来中国深化和加强基层农技推广体系建设将"坚持政府主导，支持多元化发展"的原则。此外，由于受资源有限和模式运行的制约，"一体两翼"新模式也可能无法在全国遍地开花，特别是不能覆盖到无产业特色的地域，无法关注和对接缺乏产业特色的县域；由于大学专家的人数以及学科设置不尽相同，其辐射带动的范围和程度相对广大的农村和农业发展需要来说还比较有限。这些也将影响到该模式的适用性和它的进一步发展壮大。

2. 推广经费来源面临能否可持续性的问题

在经费投入方面，美国合作农业推广体系经费由联邦政府、州政府和县以及个人等多渠道筹措和保障，并且有立法保证；而目前我国具有"公益性"特征的以大学为依托的农业科技推广模式是从财政部专项经费申请获得开始，尽管逐步常态化，但还尚未进入制度化阶段。不仅建立"试验示范站"需要大量资金投入，建成后的有效运转也需要不少经费。譬如，西北农林科技大学在建立阎良甜瓜"试验站"时就投入 600 多万元，现在每年仍需要投入 30 万~40 万元的运转经费。该校"一体两翼"模式经费主要来源于财政部以大

学为依托农业科技推广模式专项资金，每年 2000 万元。尽管已经连续支持八年，但依然存在未来经费投入的不确定性或不可持续性问题。经费投入问题如果不能得到有效解决，将深刻影响大学从事农业科技推广服务的信心和长效机制的建设。从长远发展和社会效益视角来看，从中央到地方按照一定比例将大学农技推广经费纳入到各级政府的财政预算，支持和鼓励多元资金保障渠道和投入机制，只有如此才能进一步支持以大学为依托农业科技推广模式的广泛、深入探索。如果就"农林科大模式"而言，未来要大力探索公益性与市场化相结合的有偿服务新模式，所得收益主要用于补充推广运行经费的不足，进而确保它顺畅运转。

3. 示范推广功能与试验研究功能失衡问题

在区域农业产业中心地带建立试验示范站，当前还处于初期发展阶段；虽然体现出试验和推广示范功能，但目前仍然是以单一产业为主，并且示范推广功能偏多，试验研究功能不足，还没形成综合性的推广站功能（表 4－8）。从实地调研来看，各试验站均不同程度出现此问题。

仅以阎良甜瓜试验示范站为例，当前该站的科学研究工作出现一定程度的后劲不足问题，其主要表现在：新成果逐渐减少，甜瓜生产中的一些技术难题没有得到根本解决。例如，新品种的选育方面，目前的甜瓜优良品种还不够丰富；重茬对甜瓜的产量和质量有着不可忽视的影响，但是此问题还未获得根本解决；甜瓜病虫害以预防为主，还没有根本性的治疗方法和药物。假如出现病虫害，瓜农损失将非常严重。因此，如果要成为永久性的试验示范站，还需要加强科研投入。换言之，农业大学要充分认识到农业技术创新的核心地位，加强试验示范站的科研创新功能，以科技成果创新引导大学农业推广，以持续的创新发展支撑推广体系的发展。建议试验示范站（基地）要紧紧围绕制约当地主导产业的主要问题开展深入研究，进一步在原创技术上下功夫，注重基础和应用基础研究和品牌战略，真正把试验示范站（基地）建成开放、共享的永久平台。

表4-8　试验示范站人员"十一五"期间主持完成通过鉴定的部分成果

试验示范站名称	成果名称	鉴定部门	鉴定时间	备注
白水苹果试验示范站	果树专用诱虫带	国家专利局	2006	发明专利
	一种防治套袋水果病害药剂及其制备方法	国家专利局	2006	发明专利
	无公害苹果关键技术研究与示范	省科技厅	2007	省科技一等奖
	苹果提质增效关键技术示范与推广	省农业厅	2011	省农业推广一等奖
	一种用于苹果杂交育种的高效聚合方法	国家专利局	2011	发明专利
清涧红枣试验示范站	红枣良种选育及高效栽培技术研究	省科技厅	2011	省科学技术一等奖
眉县猕猴桃试验示范站	海沃德猕猴桃引进及其高效栽培技术推广	省农业厅	2010	省科技推广奖和全国农牧渔业丰收奖二等奖
山阳核桃板栗试验示范站	核桃高接换优新技术标准化管理示范推广	省农业厅	2009	省科技推广一等奖
	核桃优良品种及栽培技术推广	国家林业局	2010	省科技推广一等奖
	板栗优质高产培育技术研究	国家林业局	2010	
	板栗优良品种及栽培技术推广	国家林业局	2011	
合阳葡萄试验示范站	葡萄酒技术体系研究与产业化开发	陕西省	2009	省科学技术一等奖
	埋土防寒区葡萄"爬地龙"栽培模式研究	教育部	2010	
阎良甜瓜试验示范站	甜瓜穴盘基质育苗配套新技术示范	省农业厅	2010	省农业推广二等奖
合计	陕西省科学技术一等奖3项，省农业推广一等奖3项，发明专利3项			

4. 法律地位有待明确，制度空间需要拓展

"我国农业科技推广服务还没有作为一项法律和制度化职能赋予各农业院校。"❶ 根据美国农技推广的成功经验，以大学为依托农业推广模式应当纳入国家农业科技推广体系建设的范畴。国家应鼓励和支持全国的农业大学按照各

---

❶ 刘光哲. 中美大学主导型农业科技推广体系的比较研究——以西北农林科技大学农业科技推广模式为例 [J]. 西安电子科技大学学报（社会科学版），2010（3）.

地不同生态区域和产业特色，建设农业试验示范站和示范基地，以更加有力地推动农业发展。《农业法》和《农业技术推广法》等国家相关法律要进一步明确阐述大学农业推广体系的地位、职能和任务，既要大力支持农业大学开展科技推广活动，还要明确构建以大学为依托的农业推广体系，使之切实成为国家农业科技推广的有效补充。换言之，要通过立法等方式保障大学农业科技推广服务模式的有效运行，实现农业推广的多元化发展。只有如此，才能进一步加强基层农技推广体系建设，更好地服务于我国现代农业发展。

5. "试验站"与地方政府存在利益博弈问题

西北农林科技大学在区域产业中心地带建立"试验站"具有强烈和真诚的意愿；截至 2012 年 3 月，该校已建立苹果（白水县）、甜瓜（西安阎良区）、猕猴桃（眉县）、茶叶（西乡县）、红枣（清涧县）、核桃板栗（山阳县）、水产（安康市汉滨区）、蔬菜（太白县）等 9 个农业"示范试验站"，从而有效发挥大学社会服务功能。但是"试验站"与地方政府的广泛合作有待深化。调研发现，一些地方政府有着利益和政绩上的双重考虑，并不愿意与大学合作建立"试验站"，导致真正具有产业特色的县域的农户可能没有与教学科研单位顺利对接起来，无法及时推进产业升级与更新，从而导致农业产业示范基地并没有建在有规模发展的县区。山阳的核桃、白水的苹果、眉县的猕猴桃等"试验站"并非最核心（或者最优质）的"主产区"，只是由于这些县级政府强力推动地方农业产业发展并且无偿提供试验站所需土地，它们才建立了相应的"试验站"。根据美国大学合作农业推广体系中"合作"这一本质特征和成功经验，在建构和完善以大学为依托的农业科技推广模式工作，下一步应加强与地方政府、基层农技部门、涉农企业、农村经济合作组织、示范户、农民的广泛合作，积极探索有机结合的模式与机制，充分调动和发挥各方面的积极性，共同推进先进、实用农业科技成果的示范推广，努力提高科技成果的推广率和贡献率。

6. 试验示范站人员可持续发展问题日益突出

客观地讲，目前试验示范站的研究推广队伍尚未真正形成紧密型的多学科团队，团队整体攻关能力等有待加强。先进的农业技术集成度还较低，特别是农技推广人员年龄结构不合理；45 岁以上的推广人员占据绝大多数，年轻的推广专家和推广人员非常少，有后继乏人之虑。不仅在推广人员结构上面临

"断层"等严峻问题，在推广人员总量上也面临着十分突出的问题。2008年到2013年，"农林科大模式"所拥有的试验示范站由8个增加到18个，但是大学专家学者中参与到这种模式的农技推广人员并没有相应增加，其数量基本维持不变，推广人员总量面临严重短缺状况。另外，少数推广人员的实际推广能力并不比政府推广机构中的农技人员突出。

加强基层农技推广体系建设和创新农业推广模式是一项系统工程。如何根据农业科技推广体系的现实情况和中国国情，建构适应市场化、多元化和面向小农的农业科技推广机制和模式是发展现代农业和建设社会主义新农村需要解决的主要问题之一。大学主导型的农业科技推广模式要以农业科技示范基地为核心，以信息咨询服务网络和农业科技培训体系为支撑，融科研、教学、推广为一体，将科教、农村经济合作组织、企业和农民联系在一起，建立科技入户进村的新通道，推进产学研、农科教的紧密结合，实现学校科技、人才、信息、设备等资源的充分共享，同时提升学校的综合教育水平。大学农业科技服务是公益性推广服务、社会化创业服务、多元化科技服务"三位一体"相互促进的新型农村科技服务体系的重要组成部分，也是公益性推广服务和社会化创业服务的衔接载体。本文虽然对大学主导型农技推广模式的崛起及其价值和限度进行了分析和判断，但是还有待不断完善和提升，特别需要实践的进一步验证。当然，任何事物的成长、理顺各方面的关系都需要一定时间和政府管理体制的改革。以大学为依托农技推广模式所面临问题的有效解决，也需要实践的进一步探索和政策空间的持续拓展。

三、科技兴农中"试验示范站"推广服务的经验与反思

现代社会以经济为基础，而经济又以农业为基础。农业技术推广体系是中国"科技兴农"的主力军和排头兵，是连接农业技术和中国数以亿计的分散农户的桥梁，是促进中国农业发展的重要技术支撑体系。[1] 在持续推进科教兴农的背景下，创新农业科技推广服务模式不仅是提升基层农业技术推广能力的需要，也是加强现代农业建设的重点之一。面对转型期的基层农技推广服务新

---

[1] 王建明，李光泗，张蕾. 基层农业技术推广制度对农技员技术推广行为影响的实证分析 [J]. 中国农村经济，2011（11）.

形势，如何充分发挥科技对现代农业的支撑和引领作用、构建新型农技推广模式，是推进农业现代化建设的新课题。中共中央《关于加快推进农业科技创新持续增强农产品供给保障能力的若干意见》明确提出，要把农业科技摆在更加突出的位置，"引导高等学校、科研院所成为公益性农技推广的重要力量"。这既给大学农技推广带来极为广阔的社会服务空间，也带来了破解农技推广"最后一公里"问题的现实挑战，更带来如何推进现代农业建设的新任务和新要求。本部分的研究以西北农林科技大学创建实施的"农业试验示范站"为介入视角，探讨在科技兴农进程中基层农业科技推广机制的革新，以促进政府主导型农技推广体系向以主动介入、大学依托和社会参与为特色的大学农业科技推广新模式转变。

（一）大学农技推广服务模式创新的动机和背景

目前，中国农村社会结构和农技推广模式正在发生两个方面的突出变化：一是农业现代化和广大农民群众对农业科技的需求与日俱增，二是基层农技推广服务能力不足问题日益凸显。这两个变化不仅使原有的农业科技推广机制遭到破坏，而且使原有的基层农业科技推广模式受到挑战。

1. 日益凸显的推广能力不足对基层农技推广的挑战

我国现行的农业科技推广机构建立于计划经济时代，按照行政区域设置，造成不必要的重复和资源浪费。"据统计，目前全国共有种植业、畜牧业、水产、农机化、经营管理五个系统的专门推广机构21.5万个，全国从事农业科技推广的专业人员130多万人。"❶ 更为严重的是，原有农技推广的运行方式越来越难以适应市场经济深入发展的要求，不仅出现缺乏活力和有效分工协作、推广行为模式忽视提高农民素质，甚至还出现某种程度的"网破、线断、人散"现象。"十一五"期间，我国"农业科技成果转化率只有40%左右，远低于发达国家80%以上的水平。"❷ 农技推广能力不足问题日益凸显，难以适应农村的产业发展和基层民众对科技的需求。

---

❶ 龙新. 农业科技创新与应用体系［N］. 农民日报, 2005 - 02 - 04.
❷ 余靖静, 工政. 我国"十一五"期间农业科技成果转化率仅四成左右. 来源: http: //www. gov. cn/jrzg/2011 - 11/08/content_ 1988343. htm. 2011 - 11 - 08.

2. 农村社会结构变化所引发的农业现代化建设问题

当前既是中国科技进步对农业发展贡献率最高的时期，也是农业科技推广问题相对较多的时期。这不仅是由于原有的政府主导型农技推广模式已难以适应现实需求，还在于农村社会结构变化所引发的现代农业发展问题。迅速消失的村落，日益凋敝的农村和农业劳动力结构性失衡，特别是由于农村大量青年劳动力转移到城镇而产生的"农业女性化"和"农业老年化"现象既是农业科技推广和传播需要直面的问题，也对发展现代农业提出新的挑战。建构与我国农村社会阶段变化相适应的基层农业科技推广机制是发展现代农业的必然要求，也是提升基层农技推广的有效举措。

（二）大学农技推广服务模式创新的价值与目标

高校社会服务创新的目标是积极回应社会需求，改善民生水平，提升高校社会服务能力和美誉度。西北农林科技大学 2005 年建立的以"农业试验示范站"为核心载体和联系纽带的大学农业科技推广新模式，通过加强与地方政府和基层农技部门的有效融合，突破原有以行政区域为单元的农技推广界限，探索建立政府支持、大学为依托、以基层农技力量为骨干，吸纳涉农企业、地方经济组织和农户参与，同时与农村生产发展需要紧密结合的基层农业推广新模式，呈现出以下几个维度的价值与目标：

1. 优化了基层农技推广体系

以"农业试验示范站"为联结点的农业科技推广模式，在借助地方政府资源的基础上，有效整合和利用基层农技力量的做法，有助于克服既有推广机构重叠、力量分散以及运行低效等弊端。它不是对既有政府主导型农业推广体系和组织机构的替代，而是多元化农业推广体系的重要形式之一，也是对原有推广体系的补充和完善，有效优化了基层农技推广体系。

2. 创新了农业科技推广载体

农业科技推广要构建支撑体系，特别是要大力创新推广载体。西北农林科技大学按照"建在产区、长期坚持、国内一流"的原则，选择区域主导产业中心地带建设以产业发展为取向而不是以行政区划为界限的农业试验示范站和农村科技示范基地，构建了大学农业科技推广的集成平台，从而创新了农技推广载体。这有助于架起科技与农民之间的桥梁，提升基层农技推广服务能力。

3. 形成了多元合作的新格局

以"农业试验示范站"为鲜明特色的大学主导型农技推广服务模式与当地主导产业相结合可以加快现代农业发展，推动农民增收致富。在"试验站"建设和发展过程加强了与当地政府的合作并获得相应支持，同时重视与基层农技部门、涉农企业、农村合作组织和科技示范户等组织之间的紧密合作，实现了多方合作的格局，形成了强大的农技推广合力。

图 4 – 12　山阳县王立栋副县长将小汽车钥匙交给核桃试验示范站
首席专家翟梅枝，2008 年 2 月，支勇平摄

4. 构建了提高农民素质的机制

以往的很多农技推广以"技术"为中心，"见物不见人"，忽视对农户的推广"教育"。农业试验示范站的推广人员在推广过程中牢固树立通过"教育"来帮助人们的宗旨；推广工作尊重农民意愿，充分发挥农民主体作用；利用科技示范户的"能人效应"，加速农技传播与推广。通过信息咨询服务和科技培训塑造新型农民，不断提高农业经营者素质，构建了"教育农民"的机制。

（三）大学农技推广服务模式创新的结构与功能

"很多情况下，创新很可能就是对做事方式的调整与改进，通过'结合'、'组合'、'联系'，实现多项工作、任务、程序的协同运行，解决以往'单打一'不能解决的问题"❶ 正是在这一层面，西北农林科技大学以"农业试验示范站"为核心的农业科技推广新模式的探索，通过搭建"试验示范站（基地）＋科技示范户"工作平台和吸纳、整合多方面力量，形成政府推动下、以大学为依托、以基层农技力量为骨干等多方参与、共同作用的新型农业科技推广服务体系，促进大学的农技推广职能得到更加充分发挥。

1. 大学农技推广服务模式创新的结构

西北农林科技大学坚持"政府作用和社会力量有机结合"的原则，通过"扎根农村"、"着眼产业"和"面向小农"等举措，充分发挥大学在农业技术推广服务中的作用，使其成为促进农村发展和推动农民增收致富的一种新型基层农技推广服务模式。具体来讲主要有如下几点：

（1）建立试验示范站（基地），创新农技推广载体

2005 年至今，学校先后建立白水苹果、阎良甜瓜、眉县猕猴桃、阎良蔬菜、清涧红枣、西乡茶叶、安康水产、山阳核桃板栗、合阳葡萄等 10 余个试验示范站及一批示范基地，构建了大学农技推广的核心载体。每个试验站都拥有面积不等的固定试验地，建有培训教室、实验室、学生宿舍、网络远程咨询系统和田间监测系统等配套设施。试验站同时拥有科学研究、科技示范、技术验证、农民培训等职能。

（2）组建多学科专家团队，提高农业科技推广效率

学校为支持多学科专家深入农业生产第一线，设立农业科技推广专项基金。选派包含栽培、育种、植病、储藏、加工、营销以及管理等多学科专家，组建推广团队开展集中攻关和综合技术示范。依托大学优秀专家及其科研成果，以科研项目为纽带吸纳基层农技力量的参与，开展农业推广多学科分工协作，有效解决各种实际问题，不断提高农技推广效益。

（3）构筑农技推广快捷通道，创新农技推广服务方式

构筑"大学＋试验示范站＋科技示范户＋农民"的科技成果进村入户的快捷通道。探索出"专家＋基地＋合作社＋示范户"等科技入户模式。构建全方位覆盖和多层次结合的农技培训体系，大力培养农业技术骨干和新型农民。采取"自上而下"和"自下而上"等推广服务方式。创办了

---

❶ 吴建南，马亮，杨宇谦. 中国地方政府创新的动因、特征与绩效［J］. 管理世界，2007（8）.

农业专家远程培训与咨询服务系统、杨凌农业科技推广网、以及红枣、苹果等一批专业示范推广网站，实现农业科技信息高效传播，不断扩大农技推广的辐射面。

（4）创新农技推广管理机制，充分调动推广人员积极性

设立科技推广处，统筹全校推广服务的组织管理；职称晋升中单列"推广系列"，设立推广研究员岗位，考评注重推广实绩；设立"推广专家"支持计划，对入选者予以资助；实行推广专家驻点工作业绩津贴。学校表彰奖励系列中单设推广先进单位和先进工作者的奖项，同时出台一系列管理文件。推广服务实行首席专家负责制和推广人员双向选择招聘制，充分调动推广人员积极性和主动性。

2. 大学农技推广服务模式创新的功能

（1）延伸大学社会服务职能

大学农业科技推广新模式依托"农业试验示范站"组织开展科技创新与技术服务工作，形成大学专家与基层农技力量的有效衔接，科研课题与农业生产问题的无缝对接，克服了农业科研与农业生产实践脱节的缺陷，促进区域性主导产业又好又快发展，实现了大学社会服务职能的拓展和延伸。

（2）整合农业科技推广资源

依托于农业大学、立足于区域农业产业发展的"农业试验示范站"推广服务模式是多方力量共同参与的展现。试验站所在的基层农技力量、涉农企业和合作组织等推广力量都在不同程度上参与到大学农技推广服务之中。它整合了跨越行政区划的农技推广组织及其资源，形成优势互补的新格局。

（3）搭建学校与基层联动平台

农业试验示范站建设大都由地方政府无偿提供建设用地，有些地方政府还提供一定的运行经费支持或条件保障。试验站通常都加挂了市、县牌子，由各方共有、共建，大学专家被聘为科技特派员。西北农林科技大学、杨凌示范区与有关地方政府还以试验站为纽带，构建"两地三方"合作机制，共同实施科技示范和入户工程，使校地合作实现制度化、规范化。

图 4 – 13　果农赵耿生向白水苹果试验示范站赠送锦旗，2008 年 10 月

（4）畅通农民的科技需求渠道

建构以农民需求为导向的农业科技推广新体系是大学农业科技推广新模式的重要理念。各项农业技术先在试验示范站集成，形成技术规范，再由推广专家与基层农技人员合作，按产业分布建立若干的示范村和示范户，做出示范样板；由点到面，边培训边实践，有助于农民看得见、摸得着、跟着做，辐射带动先进技术进入千家万户。

（四）大学农技推广服务模式创新的边界与限度

以"农业试验示范站"为核心的大学农业科技推广新模式作为农业大学的一种推广服务创新，本身也具有局限性，甚至可能带有普及性和持续性的弱点。为此，今后一方面要倡导有规划性的创新，将大学农业科技推广导向合乎规律的通道上来，另一方面要倡导持续性创新，将"农业试验示范站"变为持续不断的行为模式。而在当前则需要重点研究和解决农业试验示范站运行中已经或即将凸现出来的若干障碍和问题，及时厘定大学农技推广服务创新的边界与限度。

1. 合理界定大学农技推广的职能延伸边界，使其在发挥基层农技推广职能的轨道上具备自身的合法性

作为科技创新重要源头的农业大学可以成为基层农技推广服务的重要力量，但是大学农技推广的职能延伸是有限度的，同时又受到有效规制。特别是在当下，"我国农业科技推广服务还没有作为一项法律和制度化职能赋予各农业院校。"[1]如何在强化和履行科技创新和人才培养职责的基础上，力争在多元化农业技术推广体系中占据应有地位并发挥相应作用，无疑是一个急需解决的问题。建议认真贯彻落实2012年8月新修订通过的《农业技术推广法》，切实明确大学农业科技推广新模式的地位，以充分发挥大学在中国特色农业推广体系中应有的、更加重要的作用。

2. 准确把握农业试验示范站的触角职能，使其在发挥基层农技推广职能的轨道上凸显自身的独特性

赋予组织或部门职能必须以其能够胜任为前提。处于探索发展阶段的、以农业试验示范站为核心载体的大学主导型农业科技推广新模式尽管是在政府推动下成长的，但它更多的是一种社会力量形塑的推广方式，有别于政府主导型的农技推广体系。受多种因素制约，大学农技推广模式无法取代政府的农业推广体系而成为主导力量。大学和地方政府、涉农企业、农村经济合作组织相结合；大学科技专家与基层农技力量、农民相互协作；农技推广网络布局以自然经济区域而不是以行政区划为单元。这些均是大学农业科技推广新模式的特色，需要在今后探索中不断坚持和进一步完善。

3. 科学定位农业试验示范站的服务性质，使其在发挥基层农技推广职能的轨道上保持自身的独立性

试验示范站展现出试验和推广示范功能，但目前仍然是以单一产业为主，且示范推广功能偏多，试验研究功能不足，还没形成兼顾教学、科研、国际合作交流的综合性推广站功能。加强试验示范站科技创新功能，以科技成果创新引导大学农技推广，以持续的创新发展支撑推广体系的发

---

[1] 刘光哲. 中美大学主导型农业科技推广体系的比较研究——以西北农林科技大学农业科技推广模式为例 [J]. 西安电子科技大学学报（社会科学版），2010（3）.

展。建议试验示范站要紧紧围绕制约当地主导产业的主要问题深入开展研究，进一步在原创技术上下功夫，注重应用基础研究，实施品牌战略，真正把试验示范站建成开放式、综合化、系统性的产学研紧密结合的载体和产业服务平台。

4. 有效保障农业试验示范站的资金支持，使其在发挥基层农技推广职能的轨道上实现自身的延续性

具有明显公益性特征的大学农业科技推广模式是从申请获得财政部专项经费开始的，尽管逐渐呈现常态化的趋势，但尚未进入到制度化阶段。试验示范站的建设和运作离不开相应的资金支持。譬如，建设阎良甜瓜试验站一共投入600多万元，但是建成后每年仍需运转经费30～40万元。如果不能有效解决经费投入问题，将影响到大学从事农业科技推广的信心和常态化。从长远发展和社会效益视角来看，要加强农业试验示范站的经费保障力度，逐步建立以各级政府投入为主，支持和鼓励多元资金保障渠道，从而实现大学农业科技推广服务的延续和拓展。

四、"农林科大模式"：大学农业科技推广的典型经验

（一）日益受到关注的"农林科大模式"

加强先进农业技术的推广力度，解决科技服务"最后一公里"问题，是我国农业现代化进程中一项重大而紧迫的课题。我国实行的是政府推广机构与其他各类组织（或力量）相结合的"一主多元"农业技术推广体系，提升农技推广能力需要充分发挥各类推广组织的功能和作用。随着国内农业科技推广体制改革的不断深入，高等学校在农技推广体系中的作用日益凸显。2012年中央一号文件《关于加快推进农业科技创新持续增强农产品供给保障能力的若干意见》明确指出要"引导高等学校、科研院所成为公益性农技推广的重要力量"。2012年8月31日修改通过的《中华人民共和国农业技术推广法》则进一步要求"农业科研单位和有关学校应当适应农村经济建设发展的需要，开展农业技术开发和推广工作，加快先进技术在农业生产中的普及应用。"建构以大学为依托的农技推广模式还在持续探索且具体做法不尽相同。其中，地处国家农业高新技术产业示范区的西北农林科技大学率先探索建立以"试验

示范站"为载体的农业技术推广模式并取得显著成效❶，被誉为"一种创新型的农业技术推广模式"。它具有区域化、本土化的特征，并在引领地方农业产业发展方面产生巨大的积极影响，受到广大农户高度认可。党中央、国务院和陕西省领导多次到杨凌考察并肯定了这种推广模式的成果。本部分如前所述将西北农林科技大学探索的以大学为依托农业科技推广新模式概括为"农林科大模式"❷，并进一步探讨它的经验启示和可移植性（或称复制性）问题。

（二）"农林科大模式"的发展

1. "农林科大模式"产生的背景

（1）基层推广体系的检视

21 世纪初，在我国实行的政府主导型农业技术推广体系中，政府推广服务机构尽管有法定的农技推广责任，但是缺乏农业技术和灵活有效的推广方式。与此同时，拥有农业科技的高校及科研院所大都没有明确的推广任务，未能有效参与农业推广。这就导致作为科技创新源头的高等学校和服务对象农民存在较为严重的脱节现象❸。为破解农业科技推广"最后一公里"难题，西北农林科技大学开始逐步探寻具有"大学特色"的新型农技推广服务模式。"农林科大模式"正是在这样的大背景下逐渐出现的。

（2）具体实践探索的反思

如果说全国农技推广状况欠佳是"农林科大模式"产生的大背景，那么大学参与农技推广的"遭遇"则是它产生的直接原因。2001 年西北农林科技大学与宝鸡市人民政府合作，将学校科技推广工作和农业生产、农村经济发展联结起来。地方政府根据农业发展需求聘请学校相关专家，依据不同农作物和养殖业设立了 32 个"农村专家大院"，初步消除了农业科研与技术推广分离的现象。经过 3 年实践，该模式出现运行机制不健全，专家学科单一导致以单项技术推广为主，缺乏长远发展规划以及对产业支撑力度不足等若干问题。受此启发，学校开始构思在区域产业中心地带建设若干专门为农业产业发展服务

---

❶ 郭占锋. "试验站"：西部地区农业技术推广模式探索——基于西北农林科技大学的实践［J］. 农村经济, 2012（6）.

❷ 何得桂. 农业技术推广服务创新的"农林科大模式"［J］. 中国科技论坛, 2012（11）.

❸ 孙武学. 创新大学农业科技推广机制增强服务新农村建设能力［J］. 中国高等教育, 2006（24）.

的永久性、综合型的试验示范站。

（3）农业农民状况的考量

大学参与农业科技推广表面上是为了弥补既有推广体系的不足，更为深刻的动力则在于发展产业，促进农业生产者的又好又快发展。通过考察并充分借鉴美国农技推广的成功经验，考虑到农业的生态区域性、环境多变性、生产时效性和经营主体分散性等特征，以及当前我国农民科技文化素质相对偏低，对新技术的接受意识和能力不足等各种现实情况后，在国家财政部、科技部等部委和陕西省人民政府的支持下，西北农林科技大学逐步探索建立了政府推动下、以大学为依托的农业科技推广新模式。力争以此显著推动农业发展和农民增收。

2. "农林科大模式"的本质

作为农技推广服务领域新的突破和创新的"农林科大模式"实际上就是在国家大力推进科教兴农战略的背景下，从基层农业科技推广和发展现代农业的实际情况出发，积极借鉴美国的农业合作推广体制，延伸大学社会服务职能，创新农技推广载体，并与区域农业产业发展紧密结合，构筑得以大学为依托，以基层农技力量为骨干，同时吸纳涉农企业、地方经济组织和基层农户有效参与的农业科技推广服务新模式（图4-14）。它抓住了农民需求和产业发展，整合各方科技资源，创新体制机制，实现各方共赢。具体措施可以总结为以下四个方面：

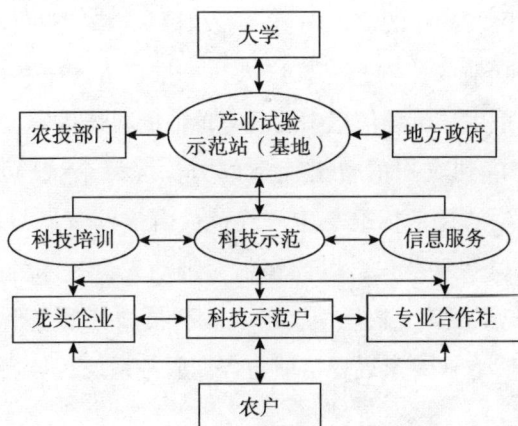

图4-14　"农林科大模式"运行示意图

（1）着眼产业发展，创新推广载体

我国科技成果转化率较低，特别是农业产业化程度不高与以往推广目标主要注重产量增长而相对忽视产业发展不无关系。[1]"农林科大模式"以推动产业发展为核心目标，在区域主导产业中心地带，根据"建在产区、长期坚持、国内一流"的原则，建成若干以产业发展为主要导向的农业试验示范站（基地），构建大学农技推广的集成平台。截至目前，学校已先后建立白水苹果、阎良甜瓜、清涧红枣、眉县猕猴桃等 10 多个试验示范站以及一批示范基地。每个试验站有固定的试验地、实验室，也建有学生宿舍、培训教室、网络远程咨询系统、田间监测系统等配套设施。试验示范站有科技研发、技术示范、技术验证和农民培训等职能，兼顾科研、教学和国际合作交流，初步具备系统性、综合化和开放式的产学研紧密结合现代农业产业服务平台。该模式的推广网络布局主要是以自然经济区域而不是以行政区划为单元，有效创新农技推广载体。通过以农业试验示范站为纽带，构建了"大学＋试验示范站（基地）＋科技示范户＋农民"的科技成果进村入户地快捷通道。

（2）面向农户需求，提高推广效率

建构以农民需求为导向的农业科技推广机制是"农林科大模式"的重要理念。为满足广大农民对先进农业技术的需求，西北农林科技大学依托大学专家及其科研成果，组建由育种、栽培、植病、储藏、加工和营销等多学科专家构成的推广团队开展集成攻关；实施产前产后全程技术服务，有效解决各种实际问题。为开通农民对科技的需求渠道，"农林科大模式"不断探索和改进基层农技推广方式。既采取"农户—推广人员—推广专家—科研"这种自下而上的推广方式，也采用从市场信息中发现有价值的科研内容，交由试验示范站立项研究，然后推广到农户的自上而下的方法。每个试验示范站构建了从"土地"到"餐桌"的技术标准与生产规范。由学校专家与基层农技人员合作，建立若干示范村和示范户，以此辐射、带动先进技术的推广。通过构建"多渠道、全方位，宽覆盖、快反馈"的农业科技服务信息平台，例如创建杨凌农业科技推广网、农业专家远程培训与咨询服务系统；与陕西农林卫视合办

---

[1] 何得桂，高建梅. 建构以大学为依托农业科技推广模式的价值与限度［J］. 安徽农业科学，2012（16）.

农技推广专题节目等方式，实现农业科技信息高效传播。通过采取多种形式，对农村基层干部、农技人员、科技示范户和农民开展先进实用技术、经营技能和管理知识的培训，为区域现代农业发展提供人才保证。总之，面向农户需求，以试验站为"联结点"开展科技推广服务，实现科研项目与农业生产问题的直接对接，推广服务与农民需求的有机衔接，有效提高农技推广效率。

图4-15　张光强书记（右一）在安康水产试验示范站
考察网箱匙吻鲟养殖情况，2011年3月

（3）整合多方资源，增强推广能力

依托于农业大学，有效地把大学科教资源与地方政府资源和企业的经济资源对接起来，形成立足于区域农业产业发展的以农业试验示范站为主体，以农业科技培训和信息咨询服务网络为支撑的"农林科大模式"是多方力量共同参与的展现。每个试验示范站都加挂了市、县牌子，由各方共有、共建，大学有关专家被聘为科技特派员。试验示范站所在地方政府的作用主要是以市场为导向制定当地产业发展规划，出台相关政策并提供建站用地和资金保障；大学主要发挥科教资源优势，提供专家和技术，建立示范基地，开展科技培训和科技咨询服务；龙头企业和农业合作社以土地和劳动力投入作为主要的合作条件。加强与基层农技部门合作，特别是重视吸纳基层农技人员参与技术推广和大力培训基层农技人员。白水苹果试验示范站的7名大学苹果专家与白水县56位基层技术骨干组成的科技推广队伍一同开展工作，使8项苹果关键技术迅速得到推广❶。在"农林科大模式"的推广体系中，地方农技人员被正式纳入大学技术团队，统一分配任务，共同开展工作并统一发放工作补贴，从而使大学科技专家与基层农技力量逐渐融为一体，激活了现有农技推广体系。该模式整合分散于行政区划的农技推广组织及其资源，形成优势互补格局，消除了科研、推广和应用之间的"隔阂"，促进大学农业科技成果进村入户，明显增强农技推广能力。

（4）改革管理机制，保障推广力量

提供强有力的农业科技人才是保障示范推广的核心。为充分调动科教人员从事农技推广工作的积极性，西北农林科技大学从组织管理、岗位设置、职称晋升和表彰激励等方面都进行改革创新，建立一套科学高效的管理运行机制。在全国高校中率先设立科技推广处，统筹负责全校农业推广的组织管理；在人员岗位设置中单列了"推广类别"，各试验示范站有相应的岗位编制；职称晋升则单列"推广系列"，设有"推广研究员（教授）岗位"；专门设立校级"推广专家"支持计划，对入选者予以重点资助；建立和完善了推广实绩的评价指标体系等一系列激励政策和管理办法，如实行推广专家驻点工作业绩津贴。完善和科学的管理机制，极大地调动了农技推广人员工作的主动性和积极性，确保"农林科大模式"的持续深入探索。

（三）"农林科大模式"的经验启示

1."农林科大模式"取得的效果

以围绕产业建设产学研三位一体的永久性农业试验示范站为核心的"农林科大模式"开辟了科技成果进村入户地快捷通道，有效增强了技术辐射力。它促进了大学科技创新与农业生产需求的直接对接，强化了产业关键技术和共性技术的研发；通过集成创新，有力地促进了最新农业技术的推广应用。它创新校地科技合作机制，密切了与地方的科技合作关系；实现按产业实地培训与网络指导服务相结合，明显提升培训效能；催生和培育一批农村专业合作组织，促进农业生产经营方式转变，有效推动区域主导产业的升级。据统计，实施7年来，各试验站累计推广新品种和新技术超过230项，建成各类示范样板180个，指导和建立科技示范户2500多户，培训农村基层干部和农民技术

---

❶ 张俊杰. 大学农业科技推广模式的三重螺旋机制创新性实践 [J]. 科技管理研究，2008（3）.

员 30000 多人次，培训农民 36 多万人次，取得社会经济效益达 300 多亿元
（表 4 - 9）。

表 4 - 9　试验示范站建站以来示范推广主要经济效益统计

试验示范站名称	示范村	示范户	主要经济效益
白水苹果试验示范站	30	100	1. 白水县的苹果产值由建站前 2005 年 5.25 亿元增加到 2011 年 15.5 亿元； 2. 示范户由建站前 2005 年亩均收入 3300 元提高到 2011 年亩均收入 1 万元，20% 苹果农户亩收入超 1 万元 3. 柏树鲜苹果的绿色认证面积达 30 万亩
清涧红枣试验示范站	15	60	1. 清涧县的红枣产值由建站前 2006 年 4.5 亿元增加到 2011 年 15 亿元； 2. 示范户由建站前 2006 年户均收入 1.8 万元提高到 2011 年户均收入 5 万元
眉县猕猴桃试验示范站	10	100	1. 眉县猕猴桃由建站前 2005 年 8.3 万亩发展到 2013 年 28 万亩，产值由 3.1 亿元增加到 21 亿元； 2. 示范户由建站前 2005 年人均收入 3100 元提高到 2013 年人均收入 1.6 万元
西乡茶叶试验示范站	18	66	1. 西乡县茶叶产值由建站前 2006 年的 1.3 亿元增加到 2011 年 7.6 亿元； 2. 示范户由建站前 2006 年亩产 17 公斤提高到 2011 年 35 公斤；亩均收入由原来的 3000 元提高到 2011 年的 12000 元
山阳核桃板栗试验示范站	12	106	1. 山阳县的核桃规模由建站前 2006 年 20 万亩发展到 2011 年 32 万亩；推广的良种与嫁接技术，使核桃嫁接成活率达到 95%，嫁接 4 年核桃示范园由退耕前亩收入 500 元提高到 3000 元，亩收入提高了 6 倍； 2. 推广的良种与嫁接技术，使板栗嫁接成活率达到 95%，嫁接 4 年板栗示范园由退耕前亩收入不足 100 元提高到 500 元，亩收入提高了 5 倍
合阳葡萄试验示范站			1. 葡萄示范园收入 1 万元以上； 2. 带动了十几个省葡萄与葡萄酒产业发展

试验示范站名称	示范村	示范户	主要经济效益
阎良甜瓜试验示范站	10	100	1. 阎良区甜瓜规模由建站前 2006 年 3 万亩发展到 2011 年 12 万亩，产值由 1.3 亿元增加到 7.2 亿元； 2. 示范户由建站前 2005 年亩均收入 4500 元提高到 2011 年亩收入 8000 元
阎良蔬菜试验示范站	5	100	1. 阎良区蔬菜规模由建站前 2007 年的 6 万亩发展到 2011 年的 11 万亩，产值由 3 亿元增加到 8 亿元； 2. 示范户由建站前 2007 年人均收入 5500 元提高到 2011 年人均收入 10700 元
安康水产试验示范站	12	24	1. 安康网箱养鱼由建站前 20 口发展到 2011 年 24000 口； 2. 水产养殖总产量由建站前的 4300 吨提高到 20543 吨
合计	112	1056	

注：合阳葡萄试验示范站在示范村和示范户建设方面主要通过协会指导。

2. "农林科大模式"的经验启示

（1）创新农技推广载体，建立区域性农技推广组织

提升基层农技推广服务能力要构建支撑体系，特别是要大力创新推广载体。在产业规模化程度较高的中心地带建设面向区域主导产业的永久性农业试验示范站，直接与广大农业生产者结合，整合区域内的科技资源，以自然经济区域而不是行政区划为单元，建立"中心区—示范区—辐射区"与产业发展结合的区域性推广载体。这有助于克服现行的行政力量推动型农技推广模式所存在的推广机构重叠、力量分散、相对封闭和运行低效等弊端。借助基于产业发展而不是行政区划为界的区域性农技组织，推动科技创新、科技示范、科技培训、信息服务四轮联动，是科技快速植入农业产业发展最为有效的方式。"农林科大模式"也意味着，农业产业化的又好又快发展要充分借助农业区划理论，而不能搞"小而全"的模式；农技推广机构设置要突出产业化、区域化的特征，使之能够发挥应有作用。在这些意义上，这种模式对原有的农技推广体系事实上已经构成不小的冲击，中国基层农技推广体系的改革创新步伐要进一步加快，只有如此才能更好地提高农业效率，促进现代农业发展。

（2）强化产学研紧密结合，充分发挥大学科教优势

科技是发展现代农业的决定性力量，科学探索与科技推广要并驾齐驱，农业科研、推广服务要与产业发展有效地结合起来。❶"农林科大模式"的经验充分表明，作为科技创新重要源头的高校，特别是农业高校完全可以通过走产学研紧密结合的办学道路成为基层农技推广的重要力量。2012 年中央一号文件明确提出，"鼓励高等学校、科研院所建立农业试验示范基地，推行专家大院、校市联建、院县共建等服务模式，集成、熟化、推广农业技术成果。"这为大学农技推广赢得了更为广阔的空间。要以此为契机充分发挥高校的科教资源优势，建立农业试验示范基地，大力开展科技培训和咨询服务，促进农民增收致富和区域主导产业持续发展。

图 4-16 孙武学校长向时任陕西省委书记赵乐际（左一）
介绍白水苹果试验站的总体情况，2009 年 11 月

（3）开展农业科技培训，为农技推广提供人才支撑

现有很多农技推广模式以"技术"为中心，忽视对农业技术推广者和接受者的"教育"，导致推广出现"见物不见人"的现象。"农林科大模式"在

---

❶ 黄天柱. 农业高校产学研结合创新型办学模式浅析——记西北农林科技大学建立产学研结合办学模式［J］. 农业科技管理，2008（5）.

提高农民收入和提升农业产业水平的同时，还注重以试验示范站为依托，通过举办各种形式的培训班、技术指导会等方式来培育新型农民和提升基层农技人员的科技素质，从而不断提升农技推广服务效果。未来推广工作的重心是要把物化技术与提高农业生产经营者素质有机结合起来，为基层农技推广提供有力的人才支撑。只有如此，基层农技推广中的"主体性"才能更加突出，推广才能取得更大成效。

（4）构建信息咨询服务网络，拓宽推广范围与成效

"在农业技术推广中，采用何种传播方式和传播渠道，对所达到的推广效果也起着举足轻重的作用。"❶在信息化时代，农业技术推广不仅要讲究推广的具体方式和方法，还要重视和借助现代信息网络技术来提升农业科技的推广速度和覆盖面。实践证明，通过各类农业科技推广网站，汇集、分析、处理、集成和发布国内外最新农业科技信息，开展网上远程培训和进行专家咨询服务，有助于实现科技信息的快速汇聚与高效传播，较好地拓宽了农业实用技术的推广范围，有利于扩大基层农技推广服务的辐射面和成效。

（5）整合统筹科技资源，构建农技推广的创新机制

现行的基层农技推广体系隶属于各级农业行政部门，虽然机构众多，但是推广资源分散。在大力建设基层公益性农业推广体系的同时，要对各省农业大学、科研院所和农技推广中心的科技资源进行整合，向"农林科大模式"一样主动参与农业科技推广服务。可以通过考核机制的改变，开展基层农技推广体制、机制创新。要充分利用每一种推广组织的积极作用并进行交叉式的移植。应进一步重视农技推广队伍建设，解决非专业人员占用农技人员编制问题，有力促进基层推广人员与大专院校的专家教授结合，共同推动现代农业发展。建议可以从个别省份（如陕西）开始运行，将政府推广组织与大学"试验示范站"模式进行整合，按照产业化、区域性的原则设置地方和基层农技推广中心，达到集中力量和资源做好基层农技推广工作这件事关农业现代化的大事。

---

❶ 苑鹏，国鲁来，齐莉梅，等. 农业科技推广体系改革与创新［M］. 北京：中国农业出版社，2006：60.

表 4 - 10　接待上级检查和交流参观的单位和人数

试验示范站名称	主要单位	接待人数
白水苹果试验示范站	国家各部委局、甘肃宁夏陕西等省级政府及厅局、市级政府及市局、相关农业大学与科研单位、县级政府、乡镇和村民团体等	2053
清涧红枣试验示范站	国务院政研室、国家各部委局、山西甘肃陕西等省级政府及厅局、市级政府及市局、相关农业大学与科研单位、县乡政府和村民团体等	2010
眉县猕猴桃试验示范站	国家各部委、河南陕西等省级政府及厅局、市级政府及市局、相关农业大学与科研单位、中国林学会、全国老教授协会、台湾中兴大学、上海妈妈团、县乡政府和村民团体等	2220
西乡茶叶试验示范站	湖南省和安徽省茶叶研究所、贵州省茶叶站、陕西省厅局、汉中市局、陕西各产茶县等	785
山阳核桃板栗试验示范站	湖北河南山西甘肃陕西相关厅局、市政府市局、核桃生产县级团体、核桃种植乡镇及村民等	1600
合阳葡萄试验示范站	甘肃新疆宁夏陕西相关厅局、陕西葡萄分会理事、葡萄协会成员、葡萄培训班学员等	377
阎良甜瓜试验示范站	甘肃山西河南陕西相关厅局、西安市政府及市局、西安各区县、咸阳市各区县、乡镇、合作社、村民团体等	1390
阎良蔬菜试验示范站	陕西山西相关厅局、西安市各区县、乡镇村民团体等	362
安康水产试验示范站	农业部、陕西科技厅、陕西省水利系统、安康市政府和县政府及税率系统、乡镇村民等	506
合计		11303

注：1. 本表数据截至 2011 年 12 月 31 日；

2. 资料来源于《大学农业科技推广新模式探索工作进展报告》（内部资料），2012 年 6 月。

（四）"农林科大模式"的可移植性探讨

1."农林科大模式"移植的意义

（1）成熟推广模式的移植具有重要意义

较为成熟推广模式的移植（或复制）可以为被移植地（或组织）提供有益的经验借鉴，从而节约大量的实践成本，农业科技推广新模式的移植也能取得同样效果。这种移植在实践操作中比较普遍，就"农林科大模式"自身而

**图4－17　红枣试验站首席专家李新岗向时任陕西省省长
赵正永汇报试验站情况，2011年7月**

言，明显就有"农业专家大院模式"、"农业综合开发模式"、"农业信息咨询模式"、"农业科技大篷车"等转型探索模式❶的影子。在学术界该类问题的探讨已有先例，比如余学军对"浙江农林大学农业科技特派员"的研究❷。在我国多元化农技推广模式探索中，"农林科大模式"无疑是较为成功和突出的。"农林科大模式"的本质清晰，效果明显，而且该模式的区域特殊性不强，完全可以作为其他地区和大学农技推广的模板，甚至于将"农林科大模式"直接移植到其他农业大学。构建和完善多元化农业科技推广体系进程中，要进一步支持大学科技推广服务的多样性和特色化，这或许正是大学主导型农技推广的活力和吸引力所在。

（2）我国基层农技推广面临诸多共性问题

中国基层农业推广体系改革的基本趋势是由单一的、多线型朝着多样化、整体性方向发展，一主多元的发展格局在逐步形成。中国农业的科技贡献率近年来提升较快，2011年底已达53%，但是农业科技成果转化率还有待进一步

---

❶ 黄国清，宋心果，邱波. 中国大学农业科技推广的典型模式分析［J］. 南方农村，2010（1）.
❷ 余学军. 美国农业科技推广经验与中国的创新——以浙江农林大学科技特派员实践为例［J］.世界农业，2012（3）.

提高。据统计,"十一五"期间,我国"农业科技成果转化率只有40%左右,远低于发达国家80%以上的水平。"❶改革创新农业科技推广模式是提升基层农技推广能力的有力举措。学术界关于如何提升基层农技推广能力还存在争议,但是当前基层农技推广面临的共性问题是被普遍认同的,具体包括农技推广体系依然面临结构不合理、运行机制不活、提升产业发展不足、科技资源分散和"最后一公里"难以贯通等,而恰当、有效的方案则能够解决这些共性问题。

2. "农林科大模式"移植的途径

(1)涉农高校应结合本地情况,借鉴"农林科大模式"

涉农高校拥有农科教结合、教科研一体等共同的职责特征。我国50多所农业类大学和涉农大学分布于30多个省市(区),学科专业涵盖全国农业产业各个领域。然而,目前我国大学参与农业科技推广服务工作对整个农业推广体系的推动作用比较有限,未来具有巨大的发展空间。据不完全统计,农业类大学从事农业科研推广的专业技术人员有1万余人。高等农林院校要紧密围绕区域创新发展和社会主义新农村建设的实际需求,以新农村发展研究院建设为重要契机,不断转变社会服务方式,逐步建立面向农村基层的服务基地和信息化服务平台,构建以大学为依托、农科教相结合的综合服务新模式。与此同时,尽管我国农业院校存在诸多共性特征,但每一所大学又有其自身的特点,因而"农林科大模式"并不是放之四海而皆准的。这里所提及的移植(或复制)绝非完全照搬照抄,而是结合本校和本地的科教资源、人员结构、产业结构、区位特点等,借鉴"农林科大模式"的核心思路和关键做法,促进当地农业科技推广的持续发展。

(2)其他高校亦可借鉴"农林科大模式",推进社会服务

"公益性推广体系不仅包括五级农技推广体系,还要包括大学、科研机构等的推广职能。❷"其他高校(组织)也具有农业大学的某些特性,如需要强化产学研紧密结合,在多元化农业科技推广服务体系中充分发挥应有作用。在

---

❶ 余靖静,王政. 我国"十一五"期间农业科技成果转化率仅四成左右. 来源:http://www.gov.cn/jrzg/2011-11/08/content_1988343.htm. 2011-11-08.

❷ 刘冬梅. 构建新型农村科技创业服务体系[OL]. 科技日报, 2011-11-06.

推进社会服务和农技推广方面，它们也可以采取学校与地方共建、成果与地方共享的建设模式。这些高校也需要把科研论文写在田间地头、农民口袋，同时还要把创新、创业放在支撑区域产业发展的链条上。如果能够充分利用这些大学的相关资源优势，构建信息咨询服务网络，整合统筹科技资源可以有效弥补现有农村科技服务和农业大学的不足之处。要以持续的创新发展支撑大学推广体系发展，同时也为其学科发展和社会服务提供更加广阔空间。

依托大学创建"农业试验示范站"，是西北农林科技大学设计推动的农业现代化发展、建设"美丽乡村"的一种创新实践，是新型农技推广模式的新载体，它以扎根农村、着眼产业、面向小农为核心理念，以技术集成、技术示范、信息传播、农技培训"四大推广工程"为重点，着力打造"高效、快捷、实用、低成本"的新型农技推广模式。作为高校产学研和现代农业发展之"中国经验"来自基层的一个典型案例，"农林科大经验"或"农林科大模式"从新的视角展现了"中国经验"的丰富内涵。它既是基层农技推广改革创新的代表性个案，也是中国高校产学研紧密结合的成功案例。这使"农林科大经验"或"农林科大模式"又具有了超越杨凌本身的意义，不仅具有指导本地、为外地提供参考的实践意义，而且具有重要的理论意义。在农业现代化发展面临的严峻情势下，以大学主导型农技推广模式为代表的新型基层农技推广模式的价值将日益凸显。在上述基础上，"农林科大经验"或"农林科大模式"具有了可复制的重要特征，也拥有理论探讨的关注点。

基于研究"中国经验"的"二维视野"和"双侧分析"方法❶，可以对"农林科大经验"或"农林科大模式"作如下的解读。"农林科大经验"是在特定时空背景下的创新性实践探索，同时也是组织结构的重要创新。它是在借鉴美国农技推广经验的基础上，根据农业区划理论和现行农技推广状况，同时结合高校产学研的优势，充分利用基层的其他推广资源而进行的主动探索，也是在创新推广载体和变革推广组织的基础上的一种可贵探索。它是立足农业产业特点、大学科教优势、农业生产者需求特点因地制宜的创新性实践探索，尊重农业的客观规律，满足大学服务社会和农业生产者对现代农技的需求而开展

---

❶ 郑杭生，杨敏. 社会实践结构性巨变对理论创新的积极作用——一种社会学分析的新视角 [J]. 中国人民大学学报, 2006 (6).

的开拓性探索。它同时还是自我纠偏与自我超越的创新性实践探索。作为新型农技推广的地方性探索努力，"农林科大经验"发展过程中无论是在政策设计层面，还是在具体实践层面，都存在一定的不成熟、不完善之处。但是主要推动者（创建者）与管理主体都能及时与不断地总结经验、教训，适时提出优化方案，为整个推广模式的良性运行提供有力保障。这种自我反思、自觉纠偏并在纠偏中不断超越自我的努力，反映了"大学推动"模式的主动性和便捷性，也反映了"产业拉动"的有效性和效益追求，是"农林科大经验"对全国各地基层农技推广有参考意义的又一重要体现。

第五章　研究结论与未来图景

农业竞争力弱是中国农业现代化进程中面临的核心问题。探索和完善以政府为主导的多元化农业科技推广模式是适应未来发展需要的重要选择。政府推动下，以大学为依托，以基层农技力量为骨干的"农林科大模式"之所以被称为一种"经验"或"模式"，并不仅仅在于它的具体做法和微观经验具有代表性和创新性，还在于它所蕴含的普适性、规律性、前瞻性。从实践来看，"农林科大模式"无论是在推广载体、推广理念，还是在推广目标、推广机制等方面都具有较强的创新性。它着眼于产业发展，创新农技推广载体；面向农户需求，提高推广效率；整合多方资源，增强推广能力；改革创新管理机制，保障农技推广力量。大学依托型农技推广模式对于完善基层农技推广体系和提升基层农业推广能力有启示作用。展望未来我国基层农技推广的愿景，需要反思既有的制度安排并进行改革创新。在健全多元化农业推广体系和推进农业治理能力现代化的进程中，"农林科大模式"的活力和吸引力还在于它具有可移植性。

一、研究的基本结论

笔者围绕大学、推广、社会三者之间的关系，对构建中国新型基层农技推广体系提出了基本思路和发展路径，揭示了以大学为依托的社会本质，填补了多学科视角对大学农技推广模式研究的空白，拓宽了社会科学的解释力，对于进一步唤起全社会重视农技推广、关心农业发展和关注大学功能具有积极意义。通过前面几章对基层农技推广服务模式创新典型代表"农林科大模式"较为系统的探讨，不仅使读者对其发生动因、发展背景、创新做法、内在机理、成效影响、经验启示以及可移植性等方面有了全新的认识，在全面深化改革的大背景下它还能帮助读者至少得出以下几条基本结论：

(一)"农林科大经验"助推基层农技推广模式发展

"农林科大模式"体现了中国农林类大学从被动社会服务向主动社会服务方式的转变，为推进国家治理体系和治理能力现代化做出有益探索。研究包括大学主导型农技推广在内的基层农技推广模式创新需要在具体案例和经验的基础上，进行适当的提炼、提升，得出某种意义上具有"放之四海而皆准"的结论或启示。"农林科大经验"不仅表明了基层新型农技推广体系重构和农业现代化发展的必要性，而且本身就提供了一个新型农技推广模式的活生生的案例。大学参与农技推广不仅可以在国外农技推广体系中发挥重要作用，在中国也具有发展的必要性和可行性。它不仅为政府主导型农技推广体系与大学依托型农技推广模式的差别提供了某种参考，也为构建新型农技推广体系动力问题的探讨提供了一定借鉴。"农林科大经验"既对现行的基层农技推广体系构成有益的补充和发展，也对政府主导型的农技推广组织形成一定程度的冲击。改革创新基层农技推广需要增强动力，依托大学的科教优势，不仅符合大学自身发展需求，也有助于打通"最后一公里"的障碍。此外，以大学为依托的农技推广模式还为新型农技推广载体和推进手段的探讨提供了有益启发。基层农技推广要重塑"推广主体"，不能只见"技术"，而不见"人"、不见"产业"；农技推广需要打破目前较为单一的格局，创设类似"农业试验示范站"这样新型的推广载体；在推进"技术下乡"的过程中，应避免"单兵突进"，要"多措并举"、多种力量协同。只有如此，基层农技推广体系才能更加合理、健全，才能取得突出的推广成效。

今后应改革与完善我国农业技术研究推广管理体系人多地少的国情以及农业生产规律的约束，未来的基层农技推广机构设置要打破行政区划的制约，根据农业区划设置区域性、产业化的推广载体。在推广体制上，基层农技推广模式（或体系）要由单一型、政府主导型走向多元型、复合型。要及时更新和丰富农技推广理念，突出"以人为本"和"以产业为本"的理念。在推进路径方面，要注重推广机制的改革与创新，注重多种推广力量的合作，更加有效地整合和利用各种推广资源。注重以农技推广模式改革来促进区域农业产业化发展以及农业生产者增收致富，使他们过上体面的生活。当然，由于这种模式还在不断发展当中，同时也受到了内部和外部环境或结构的种种影响，或许还不那么完美，有待今后实践和时间的进一步检验，也有待于学界和社会的持续观察和跟踪探讨。然而，基于多年实践生长和总结出来的"农林科大经验"对于推动我国大学主导型农技推广模式的发展具有积极作用，使之成为农技推广体系的重要组成部分；以大学为依托农技推广模式逐渐在全国范围内获得蓬勃发展，这对于深化高校产学研改革和基层农技推广改革有推动作用。

（二）创新体制机制是深化基层农技推广改革的关键

从发展路径和实践效果来讲，创新体制机制是"农林科大模式"最重要的内容，也将成为我国全面深化改革的关键举措。中共十八届三中全会审议通过的《中共中央关于全面深化改革若干重大问题的决定》（以下简称《决定》），全面系统地提出深化改革开放的战略任务和创新举措，是今后一个时期指导我国经济社会发展的纲领性文件。《决定》特别强调体制机制创新的重大保障作用。据统计，在高频词汇当中，"制度"一词以 183 次高居榜首。制度创新将是各领域改革的关键，它也将有效地激发创新动力和发展活力。习近平同志指出，农业的出路在现代化，农业现代化关键在科技进步❶。与发达国家相比，我国农业科技水平不高❷。我国目前正处在推进农业现代化的关键时期，推进包括农技推广体系在内的基层改革创新也需要相应地创新体制机制。

"农林科大模式"之所以能够在农业生产实践中茁壮成长，发挥显著的、有特色的推广服务作用并促进区域性农村经济社会发展，离不开它通过一系列科学的制度设计和灵活有效的推广机制以及顺畅便捷的运行机制而"嵌入"到整个基层农技推广系统之中。无论是推广理念，还是推广方式、方法，不论是推广载体，还是社会协同，该模式都体现出明显的创新性，成为公益性农技推广的重要组成部分和一股新兴力量。这些都离不开它在体制机制方面所进行的探索和创造，否则难以取得显著的社会经济效益和巨大的社会影响力。包括基层农技改革在内的农村改革发展到今天，改革的实践已经充分证明并将继续证明：制度创新是关键，是灵魂。在推进"四化"的进程中，创新体制机制，加快建设和完善中国特色农技推广制度，是构建政府、大学、社会之间新型关系，充分发挥现代大学的社会服务功能，持续推进我国农业现代化和"美丽乡村"的必由之路。"创新"包含多方面的含义，其中组织机构（机制）的创

---

❶ 韩长赋. 稳固农业基础，确保粮食安全［N］. 人民日报，2013－12－29.

❷ 根据初步判断，2013 年中国农业科技进步贡献率预计达到 55.2％。

新是一种值得重视的形式。深化基层农技改革的落脚点在于全面提升农业竞争力。体制机制创新不仅是各领域改革的需要，更是深化改革发展的重要着力点和关键点，这是基层农技推广服务模式创新"农林科大模式"带给我们的重要启示。

（三）推进改革要坚持"摸着石头过河"与顶层设计相统一

"摸着石头过河"作为指导中国改革的重要方法与"顶层设计"并非相互排斥而是相互契合。"摸着石头过河"体现了对人类自身具备的理性及所掌握知识的有限性的承认、非整体工程式的"零星社会工程"思维和渐进式改革的路径选择；而"顶层设计"受制于人类的有限理性和知识，中央与地方、国家与社会、社会各阶层之间的共识以及改革本身的不确定性和风险性。从内外关系和发展思路来讲，"农林科大模式"的产生与发展，一方面是西北农林科技大学等组织立足我国农业生产和农技推广的现状，在尊重客观规律的前提下打破常规思维，敢闯敢干、大胆尝试、主动探索的结果，体现出典型的"摸着石头过河"的发展路径和成长轨迹；另一方面也与"顶层设计"和制度安排有很大的关系。事实上，在 2004 年开始正式探索实行以大学为依托农业科技推广新模式的时候，就得到了科技部、农业部、陕西省等单位的大力支持和认真引导。从其发展历程来讲，国家层面的支持既包括对农技推广经费上的有力资助，也包含着对这种新模式的发展方向等方面科学的制度设计以及对弥补既有推广体系（机制）不足的若干期许。如果从较为微观的层面来看，作为实施单位的西北农林科技大学对这种新型推广模式也有自身的长远打算和相关安排。2012 年中央一号文件中关于农技推广体制改革的相关精神和发展思路，以及在全国 10 所大学设立新农村发展研究院等制度安排，更是高层级公共部门"顶层设计"的明显体现。大学主导型农技推广模式的发展是强制性制度变迁与诱致性变迁共同作用的结果。当然，"农林科大模式"这十年来的坚守和持续探索更是难得可贵的。试想一下，如果离开"摸着石头过河"与"顶层设计"相结合这一改革的"法宝"，不仅"农林科大模式"这样的新生事物难以成长和得到更大范围的推广，其他的很多事物和改革也不可能顺利发展。换言之，只有处理好内、外部关系，从大处着眼，小处着手，既要脚踏实地，也要抬头看路、仰望星空，改革发展之路才能越行越远、越走越宽。

（四）治理农业须"增量改革"与"存量改革"相结合

推进国家治理体系和治理能力现代化是一个内涵丰富的概念（或框架），治理农业与治理国家有很大的相似度。农业产业化与农技推广是推进国家治理体系和治理能力现代化过程中的重要课题。如同没有农业现代化就没有社会主义现代化一样，没有农业治理体系和治理能力现代化就没有国家治理体系和治理能力现代化。如果说"摸着石头过河"与"顶层设计"相结合是"农林科大模式"取得成功的核心思路，那么"增量改革"与"存量改革"相结合，则是这一模式获得广泛社会影响的核心做法。从笔者已有的论述来看，"农林科大模式"带来的有益启示是：不论是基层农技体系改革创新，还是推进农业治理能力现代化都须激活"存量体制"，也要打破路径依赖，促进体制机制的"增量"，二者需要相互配合、共同合作，才能更好地全面深化改革，以取得预期的改革成效。

据统计，全国共有地（市）级以上农业科研机构 1115 个，基层农技推广机构 12.6 万个。据概算，共有农业科研人才 27 万人，农技推广人才 77.7 万人，农村实用人才约 1000 万人。"农林科大模式"在探索过程中并没有完全放弃这些"存量"另起炉灶，而是善于通过将已有的政府性推广资源予以嫁接、激活，使之能够在不影响和改变原有的制度下推进改革、深化改革。这不仅是政府推动下，以大学为依托，以基层农技力量为骨干是"农林科大模式"的核心理念和根本做法，同时也是它能够发展壮大并发挥强大辐射作用的强有力的保障。至于"增量改革"也十分明显。例如，在推广载体上，"农林科大模式"中设立的"试验示范站"，将农业大学的科技资源优势投入到农业生产和科技推广之中便是有力例证。如果说激活"存量体制"，有助于减少改革的成本和阻力，有利于在协同中凝聚力量，在行动中相互支持，进而形成工作合力、改革合力，那么促进体制机制的"增量"则有助于提升改革的创新性和前瞻性，有利于在改革中增强"正能量"，在创新中深化改革，进而达到事半功倍的改革效应，推动改革向纵深持续发展。因此，深化改革如同社会主义现代化建设一样，要"两手都要抓，两手都要硬"，不能顾此失彼、孤军深入，否则改革的成效将大打折扣，不仅无助于改革的深化，甚至可能导致事倍功半。这也是本书案例及其经验带给读者最为重要的启示。

（五）改善提升社会治理能力离不开"大学改变社会"

目前越来越多的社会主体在一般意义上认为，不是大学改变社会，而是社会在改变大学。然而，"农林科大模式"所取得的巨大社会经济效益，所获得的广泛社会影响，已经逐渐颠覆了上述看法。它足以证明是大学改变社会，不一定是社会改变大学。如果从组织的角度来看，现代大学是一种社会组织，它在一定程度上肩负着推进和改善社会治理的重要任务。加强和改善社会治理离不开"大学改变社会"的理念与路径。大学主导型农技推广模式通过"农业试验示范站"推进区域农业产业化发展是一个创新性举措，它改变的不仅是当地推广组织结构、"技术下乡"，还带动社会主义新农村建设。改革创造美好未来，要采取有力措施以充分激发和释放大学的潜能，从而更好地为社会服务、促进社会治理。农业科技成果要从潜在生产力转化为直接的现实生产力，必须使先进技术"进村入户"，要将它变为农民的种养技能。现代大学在参与农技推广的过程中改变的不仅仅是农业，还有农村和农民。本书所探讨的大学主导型农技推广模式至少在这一环节（或领域）上领先于其他的推广模式，它深深地改变了区域农业主导产业发展，塑造了典型的大学改变社会、以农技推广助推"中国梦"的经验。当然，现代大学在服务社会的过程中，也感受到自身的社会责任，同时可以更多地从社会这块肥沃的土壤汲取前进的力量，获得社会对它的认同感与美誉度。在这个意义上，大学与社会是一种共生关系，而不仅仅是"嵌入"与塑造关系。

美国哈佛大学原校长德鲁·福斯特（Drew Faust）女士认为，"就其本质而言，大学培育的是一种变化的文化甚至是无法控制的文化。这是大学为未来承担责任的核心。教育、研究、教学常常都是有关变化的——当人们学习时，它改变了个人；当我们的疑问改变我们对世界的看法时，它改变了世界；当我们的知识运用到政策之中时，它改变了社会。"❶这种从更高层次上去理解和推进大学的目的需要我们高度引起重视并予以借鉴。当然，"农林科大模式"的发展理念、具体做法和运行机制基本符合上述特征。它通过农业科技推广传播先进实用技术和信息，"教育"和引导农民、培育新型职业农民，培养和锻炼在校学生的综合能力，开展与生产实践紧密结合的科学研究与科技推广，推进

---

❶ 郭英剑. 大学存在的意义和价值在于改变社会［N］. 中国青年报，2007 - 12 - 19.

技术集成和国际交流合作，使试验示范站基本具备科技推广、人才培养、科技创新和国际交流合作等四位一体的功能，以大学为源头和依托，借助政府、企业等多方力量，以农业试验示范站为核心载体，对社会系统进行最大努力的改造，从而极大地增进所在地区的社会主义新农村建设和农业现代化发展。大学是现代社会的头脑，引领社会的发动机。大学作为农业科技创新体系的重要组成部分，在推进农业科技成果转化方面发挥着重要作用。大学作为一种社会组织，在改善社会治理中也大有可为。现代大学存在的意义和价值在于改变社会，现代大学服务社会的价值在于改善社会治理。它们二者之间有异曲同工之妙。显然，"大学"这一重要的社会主体（或社会组织）潜能是巨大的，如果能够采取得力措施使之潜能充分激发和有效释放出来，有助于进一步改善社会治理，促进社会良性发展，创造更加美好的未来。

二、未来图景的展望

"实践发展永无止境，解放思想永无止境，改革开放永无止境"❶。推进农业治理体系和治理能力现代化的进程中，对本项研究未来图景的展望至少应该包括两个方面，一是对笔者所探讨的大学主导型农业科技推广模式的展望或预测，二是对本研究不足的反思和未来研究的设想。当然，在某种意义上，这二者之间是相互联系的，通常难以缺失。

（一）大学推广模式的展望

以大学为依托的农业科技推广新模式作为"中国经验"的一个组成部分和农技推广体系的一个内部，其未来发展要处理好内部与外部关系、短期与长期关系、特色与普适关系。总的来看，"打通最后一公里"，探索基层农技推广服务的中国道路，既要立足中国的具体国情，又要注意汲取已经实现农业现代化国家的科学理念和先进经验。要进一步解放思想，努力冲破不合时宜旧观念的束缚。凡是有利于我国现代农业又好又快发展的农技推广改革模式都要受到应有的重视。笔者探讨的是西北农林科技大学在基层农技推广服务创新方面的探索做法和有益经验。如果从类型学角度看，"农林科大模式"属于大学主导型农技推广模式的范畴，它与政府主导型的农技推广等类型在目前的情势下

---

❶ 引自《中共中央关于全面深化改革若干重大问题的决定》。

已经并列存在推广实践之中，尽管前者所起的作用还较为有限。

要加强顶层制度设计，从战略上谋划农业治理体系和农技推广体系的现代化。中国基层农业科技推广体系要有一种动态的制度结构，既要与农业技术进步和农业生产力发展相适应，也要与基层的创造性、积极性和主观能动性以及农户生产观念等相吻合。基层农技推广服务模式要获得更加强大地生命力，需要与时俱进、需要变革创新。"农林科大模式"的可移植性和国家层面为以大学为依托的农技推广予以的鼓励和支持，将使大学在中国农技推广体系中将扮演越来越重要的角色。未来我国农技推广将进一步突出公益性农技推广服务的主导地位，而大学农技推广新模式作为其中的一部分，其作用的凸显或增强有助于整个基层农技推广服务体系的健全与发展。换言之，今后一个时期要进一步整合各类农业科技资源，探索多样化的农技推广服务模式，使得公益性农技推广服务与经营性农技推广服务协调发展，从而发展壮大多元化的农技推广服务主体，促进现代农业发展。农业现代化是新时期中国"四化"不可或缺的组成部分。在这一历史进程中，大学主导型的农技推广模式具有广阔的发展空间和美好的前景。当然，要实现上述目标离不开政府组织在政策、资金和人才等方面对它的有力支持，也离不开高层级政府对基层首创精神的尊重。否则，以"农林科大模式"为代表的大学主导型农技推广服务模式难以可持续发展，也难以真正走向全国，发挥其应有的辐射作用。此外，还要将试验示范站的科技推广、人才培养、科技创新和国际交流合作等功能有效激发和合成出来，要鼓励科技推广人员与农业企业、农村经济合作组织合作，探索公益性与市场化相结合的有偿服务新模式，所得收益主要补充推广运行经费的不足，以确保试验站的可持续运转。

尽管大学参与农业科技推广已作为我国一主多元农业推广体系的重要组成部分，特别是在未来将发挥着更加重要的作用，但大学依托型的农业科技推广服务体系还需要处理好内部关系，健全运行机制。从外部关系来讲，尤其要处理好与其他推广主体之间的关系，既要韬光养晦，也要努力获得更多的外部性支持。只有进一步完善大学主导型农技推广模式并提升其社会影响力，才能获得更多的认可并得以更好地推广。以大学为依托农技推广模式的多样复合功能不仅能带来巨大的经济效益，更有巨大的社会贡献，用经济学术语来说，就是这种模式具有巨大的正外部性，而这样巨大的正外部性，仅靠市场或社会这只手是难以实现的，因为大学农业技术推广模式在一定意义上已经成为公共品，而公共品的供给，没有政府承担一定的费用肯定不行。换言之，作为具有公益性特征的推广模式，它无法仅依靠自身的能力确保这种推广模式的有效运转，外部性的支持（如资金、人才、政策等）是必不可少的。大学依托型农技推广模式的运行机制要从行政推动向内源发展进行转变，应遵循系统性、客观性、实用性、特色性、导向性等基本原则，"有所为有所不为"而不是"包打天下"，注重发挥自身独特优势而不是越位、错位。通过与其他推广主体之间的协调与合作，例如鼓励科技推广人员与农业企业、农村经济合作组织合作，促进整个农技推广体系的"上下结合、相互衔接"，形成农技推广的强大合力，以更好地为现代农业发展和美丽乡村建设服务。这将是大学农技推广新模式的发展远景。可以预测，大学主导型农技推广模式的社会价值将得到越来越多的重视。在实现农业治理体系和农业治理现代化的进程中，政府需要在以下三方面发挥作用：一是保障大学依托型农技推广组织的健康运转，二是构建和完善符合国际惯例又结合我国特点的基层农技推广体系，三是大力培育新型职业农民和新兴农业生产主体。如果从理想意义上和顶层设计的层面上看，"国家应改革农业大学办学与管理体制，让农业大学全面直接介入农技推广，使其成为农技推广的主力军"❶。或许不久的将来，这种图景能够在中国得以真正实现，在造福农业生产者和实现农业现代化的基础上，进一步促进国家经济长期稳定发展！

（二）研究图景的未来展望

大学主导型农业科技推广模式作为我国一主多元农技推广体系的重要组成部分，对它展开更加深入、全面的研究，对于深化基层农技推广体系改革以及推进农业治理现代化具有十分重要的理论价值和现实意义。笔者以案例实证的方式，综合政治学、经济学、社会学等多学科的视角和智慧，以达到从微观透视宏观的目的。这样的研究相对于既有研究而言，具有一定的创新之处和特色。然而，客观地讲，它还有一些值得完善之处，或者说还有不少问题尚未充分论述。未来至少要在以下五个方面进行更为深入、全面的探讨。

首先，要更加重视基层农业技术推广中的"非正式制度"的作用问题。

---

❶ 党国英. 有竞争力的农业是经济长期稳定发展的基础 [N]. 光明日报，2014 – 01 – 15.

大学农业科技推广模式是"嵌入"在乡村社会进行运行，需要关注其所处的"生态环境"。本研究更多是探讨正式制度的制定、执行等问题，尽管也已意识到上述问题的重要性，但并未深入展开探讨，有待今后进一步完善。在"农林科大模式"发展过程中，基层事实上已涌现出许多农业能人、农民合作组织等新兴力量，他们在农技推广服务中具有越来越显著的作用。无论是政府组织还是学界学人要关注到这些新变化对农技推广的各种影响，要重视农民的价值观、习惯、习俗等的变化并借助这些来更好地探讨基层农技推广服务成效问题，以此促进和完善农技推广基础性制度和能力。

其次，注重对大学主导型农技推广模式与其他推广模式之间关系的研究。在推进城镇化进程中，大学农技推广服务模式作为我国构建和完善"一主多元"基层农业科技推广体系中的一个"元"，它如何与其他各元（涉农企业、科研机构、农村经济合作组织和社会团体组织等）之间有效衔接与有机融合，如何通过相互协作，达到优势互补、平等竞争，进而充分发挥"多元"的作用，找出具有中国特色的大学主导型农业科技推广发展的方向和路径，以及从多角度、多方位、多层次满足现代化进程中的农民对农业科技服务日益增长的个性化需求，推进我国现代农业发展和农村现代化，这是今后研究需要给予高度重视的课题。

再次，总结大学农技推广改革创新的经验使之上升为国家政策。改革开放35年来，特别是20世纪90年代以来，高等学校在农技推广服务方面做了大量可贵的探索，积累了不少宝贵经验。有不少好的农技推广改革因为没有上升为国家政策而被中止，或者只是在小范围内实施。未来一个时期，应当更加尊重基层的首创精神，有意识并系统地总结各类高校农技推广改革经验，及时将那些成熟的改革创新政策上升为法规制度，力争从制度上、法律上进一步解决大学农技推广改革以及基层农技推广体系改革创新的动力问题。加强和改进社会治理离不开大学作用的有效发挥，离不开对农业治理的关注，只有如此才能更好推进国家治理体系和治理能力现代化。

第四，重视对大学主导型农技推广模式自身特性等问题的关注。事实上，大学已经成为我国农技推广的重要主体之一，但是由于大学的性质决定了其并不只是一个推广机构，它有自身的局限性，如"农林科大模式"虽然做法具有创新性，成效具有显著性，但是要在全国范围内全面推广这种经验并非易事。今后还需要国家以及各级地方政府在政策导向、经费支持、职能定位、人员编制及待遇等方面给予适当的重视，而这些在本研究中还有待加强。在未来的研究中如何健全其运行机制是一个值得学界深入探索的方向。

最后，在研究的方法论上也有待进一步的改进和丰富。在对"农林科大模式"研究中，尽管作者努力在方法论上有所提升，但是因受到诸多因素的制约，方法论的自主、自觉还明显不够。比如，对于这种模式的学理性提升尚显不足，对它的内在规律性的把握也有待加强；此外，本研究还没有很好地处理中国与外国之间、规范研究与实证分析之间、历史与现实之间的关系。这些都是未来研究中需要注意和改进的。

参考文献

一、著作类

[1] ［丹］约恩·德尔曼. 中国农业推广——农业革新及变革中的行政干预之研究 ［M］. 聂闯，吴俊译. 北京：农业出版社，1993.

[2] ［英］登斯库姆. 陶保平，译. 怎样做好一项研究——小规模社会研究指南 ［M］. 3 版. 上海：上海教育出版社，2011.

[3] ［美］福罗拉. 农村社区资本与农村发展 ［M］. 肖迎译. 北京：民族出版社，2011.

[4] ［美］西奥多·W. 舒尔茨. 改造传统农业 ［M］. 梁小民译. 北京：商务印书馆，1987.

[5] ［荷］W. 范登班，［澳］H. S. 霍金斯. 农业科技推广 ［M］. 张宏爱译. 北京：北京农业大学出版社，1990.

[6] ［英］迈克·希尔，［荷］彼特·休普. 执行公共政策 ［M］. 黄健荣等译. 北京：商务印书馆，2011.

[7] ［英］彼得·华莱士·普雷斯顿. 发展理论导论 ［M］. 李小云，齐顾波，徐秀丽译. 北京：社会科学文献出版社，2011.

[8] ［美］德雷克·博克. 侯定凯，梁爽，陈琼琼，译. 回归大学之道——对美国本科教育的反思与展望 ［M］. 2 版. 上海：华东师范大学出版社，2012.

[9] 吴聪贤. 农业推广学原理 ［M］. 台北：联经出版事业公司，1988.

[10] 王雷. 大学社会教育研究——基于大学服务社会的历史考察 ［M］. 北京：人民出版社，2013.

[11] 孙冰红. 大学教育与社会发展论 ［M］. 北京：中国社会科学出版社，2009.

[12] 李小云，齐顾波，徐秀丽. 参与式科技发展——在行动中改革中国农业科技体系 ［M］. 北京：中国农业大学出版社，2008.

[13] 刘伯龙，竺乾威，何秋祥. 中国农村公共政策：政策执行的实证研究 ［M］. 上海：复旦大学出版社，2011.

[14] 许无惧. 农业推广理论研究（全国农业推广理论学术研讨会论文精选）［M］. 北京：中国农业出版社，1995.

[15] 马春文，张东辉. 发展经济学 [M]. 2 版. 北京：高等教育出版社，2005.

[16] 简小鹰. 农业推广服务体系 [M]. 北京：社会科学文献出版社，2009.

[17] 韩清瑞. 国外农业推广经验及启示 [M]. 北京：中国农业科学技术出版社，2006.

[18] 孙广玉，李春英. 农业推广学 [M]. 哈尔滨：东北林业大学出版社，2003.

[19] 张以山. 农业推广理论与方法 [M]. 北京：中国农业出版社，2008.

[20] 章之汶等. 农业科技推广 [M]. 北京：商务印书馆，1936.

[21] 黄天柱. 中国农业科技推广体系改革与创新 [M]. 北京：中国农业出版社，2008.

[22] 谢建华. 建设有中国特色的农技推广事业 [M]. 北京：中国农业出版社，1997.

[23] 杨映辉. 中国农业科技推广运行机制改革 [M]. 北京：中国农业科技出版社，1998.

[24] 祖康. 农业技术推广体系的理论与实践 [M]. 北京：中国科学技术出版社，1990.

[25] 朱希刚. 中国粮食生产与农业技术推广 [M]. 北京：中国农业科技出版社，2000.

[26] 邓大才. 小农政治：社会化小农与乡村治理 [M]. 北京：中国社会科学出版社，2013.

[27] 洪名勇，等. 欠发达地区农技协生成机制与发展模式研究 [M]. 北京：中国经济出版社，2012.

[28] 苑鹏，国鲁来，齐莉梅，等. 农业科技推广体系改革与创新 [M]. 北京：中国农业出版社，2006.

[29] 扈映. 基层农技推广体制改革研究 [M]. 杭州：浙江大学出版社，2009.

[30] 中国农业技术推广协会，全国农业技术推广服务中心. 中国基层农业推广体系改革与建设——第六届中国农业推广研究征文优秀论文集 [M]. 北京：中国农业科学技术出版社，2009.

[31] 柏振忠. 现代农业视角下的农业科技推广人才需求研究 [M]. 北京：中国经济出版社，2011.

[32] 翟虎渠. 科技创新与现代农业 [M]. 北京：中国农业科学技术出版社，2009.

[33] 宋敏，陈廷贵. 日本农业推广体系的演变与现状 [M]. 北京：中国农业出版社，2009.

[34] 孔祥智. 中国农业社会化服务：基于供给和需求的研究 [M]. 北京：中国人民大学出版社，2009.

[35] 汪三贵. 技术扩散与缓解贫困 [M]. 北京：中国农业出版社，1998.

[36] 农业部软科学委员会. 中国农业发展新阶段 [M]. 北京：中国农业出版社，2000.

[37] 蒋和平. 当代农业新技术革命与中国农业科技发展 [M]. 南昌：江西人民出版社，2002.

［38］王慧军．农业推广学［M］．北京：中国农业出版社，2002.

［39］马洪，王梦奎．中国发展研究［M］．北京：中国发展出版社，2003.

［40］唐正平．世界农业问题研究［M］．北京：中国农业出版社，2002.

［41］全国农业技术推广服务中心．前进中的中国农技推广事业——中国农业技术推广工作回顾与展望［M］．北京：中国农业出版社，2001.

［42］张维迎．博弈论与信息经济学［M］．上海：上海三联书店，2004.

［43］顾焕章，张超超．中国农业现代化研究［M］．北京：中国农业科技出版社，1998.

［44］李维生，等．构建我国多元农业技术推广体系研究［M］．北京：中国农业科学技术出版社，2007.

［45］冬青．揭开行为的奥秘——行为科学概论［M］．北京：中国经济出版社，1987.

［46］徐勇．田野与政治［M］．北京：中国社会科学出版社，2009.

［47］党国英．变革的理性［M］．广州：广东南方日报出版社，2011.

［48］陈锡文．陈锡文改革论集［M］．北京：中国发展出版社，2008.

［49］中国社会科学院农村发展研究所宏观经济研究室．农村土地制度改革：国际比较研究［M］．北京：社会科学文献出版社，2009.

［50］聂闯，吴俊．农业推广的重要趋势国际研讨会论文汇编［M］．北京：农业出版社，1993.

［51］聂闯，吴俊．国外农业推广经验极其对中国的借鉴［M］．北京：农业出版社，1993.

［52］张慧新，刘旭桦，孙佑琴，等．世界粮食和农业领域土地及水资源状况——濒危系统的管理［M］．北京：中国农业出版社，地球瞭望出版社，2012.

［53］高启杰．农业推广理论与实践［M］．北京：中国农业大学出版社，2008.

［54］于永德．科技组织制度与农业技术进步［M］．北京：中国农业出版社，2005.

［55］林毅夫．制度、技术与中国农业发展［M］．上海：上海三联书店，1992.

［56］吕火明，李晓，刘宗敏，等．农业科技创新能力建设研究［M］．北京：中国农业出版社，2011.

［57］陆益龙．制度、市场与中国农村发展［M］．北京：中国人民大学出版社，2013.

［58］郁建兴，高翔，等．从行政推动到内源发展：中国农业农村的再出发［M］．北京：北京师范大学出版社，2013.

二、论文类

［1］孙武学．围绕区域主导产业建立试验站 探索现代农业科技推广新路径［J］．农业经济问题，2013（4）.

[2] 孙武学. 创新大学农业科技推广机制 增强服务新农村建设能力 [J]. 中国高等教育, 2006 (24).

[3] 孙武学. 坚持体制创新 推进实质融合 探索产学研紧密结合的办学新路子 [J]. 中国高教研究, 2002 (4).

[4] 梁桂, 郭社荣. 科技创新: 为杨凌农业示范区插上腾飞的翅膀 [J]. 求是, 2013 (2).

[5] 陈四长. 一种创新型的农业技术推广模式——西农模式 [J]. 西北农林科技大学学报: 社会科学版, 2013 (1).

[6] 邓大才. 改造传统农业: 经典理论与中国经验 [J]. 学术月刊, 2013 (3).

[7] 黄天柱. 农业高校产学研结合创新型办学模式浅析——记西北农林科技大学建立产学研结合办学模式 [J]. 农业科技管理, 2008 (5).

[8] 黄天柱, 夏显力. 新时期我国农业主导功能的定位 [J]. 改革与战略, 2010 (12).

[9] 党国英. 中国农村改革与发展模式的转变——中国农村改革 30 年回顾与展望 [J]. 社会科学战线, 2008 (2).

[10] 郭占锋. "试验站": 西部地区农业技术推广模式探索——基于西北农林科技大学的实践 [J]. 农村经济, 2012 (6).

[11] 沈贵银, 张应禄, 姜梅林, 等. 农业企业主导的农业推广服务特点与模式分析 [J]. 中国科技论坛, 2007 (11).

[12] 贾启建, 康杰, 苏玉. 国外以大学为依托的农业技术推广的实践及启示 [J]. 安徽农业科学, 2010 (11).

[13] 郝风, 欧阳柬, 陈旭, 等. 科研院所专家负责制的农技推广模式探讨 [J]. 中国科技论坛, 2008 (2).

[14] 李伯川. 论我国农技推广体系及运行模式的重建 [J]. 农业现代化研究, 1998 (6).

[15] 刘占德, 刘艳飞, 陈鑫, 等. 以大学为依托的猕猴桃产业化技术推广效益研究 [J]. 安徽农业科学, 2012 (18).

[16] 滕卫双. 国外农业科技推广体系建设经验比较及对我国的启示 [J]. 农业考古, 2012 (6).

[17] 高翔, 等. 建立农业大学推广体系创新体系的思考 [J]. 西北农林科技大学学报: 社会科学版, 2002 (4).

[18] 黄国清, 宋心果, 邱波. 中国大学农业科技推广的典型模式分析 [J]. 南方农村, 2010 (1).

[19] 张俊杰. 大学农业科技推广模式的三重螺旋机制创新性实践 [J]. 科技管理研究,

2008（3）.

[20] 张蕾. 国外农业推广体系运行机制研究与启示［J］. 安徽农学通报，2013（4）.

[21] 余学军. 美国农业科技推广经验与中国的创新——以浙江农林大学科技特派员实践为例［J］. 世界农业，2012（3）.

[22] 陈锡文. 推动城镇化和农业现代化相互协调发展［J］. 中国党政干部论坛，2013（6）.

[23] 张正新，韩明玉，吴万兴，等. 美国农业推广模式对我国农业高校的启示与借鉴［J］. 高等农业教育，2011（10）.

[24] 项继权. 农村公共服务呼唤多元供给机制［J］. 中国邮政，2012（2）.

[25] 高启杰，朱希刚，陈良玉. 论我国农业技术推广模式的优化［J］. 农业技术经济，1996（2）.

[26] "农技推广：成本、效益与农民决策"课题组. 农技推广：成本、效益与农民决策［J］. 中国农村经济，1997（8）.

[27] 张雨，高峰. 科技特派员制度的内涵与特征［J］. 中国农村科技，2007（10）.

[28] 吴春梅. 公益性农业技术推广机制中的政府与市场作用［J］. 经济问题，2003（1）.

[29] 贺东航，孔繁斌. 公共政策执行的"中国经验"［J］. 中国社会科学，2011（5）.

[30] 张玉平，乔文祥，等. 市场经济与农业技术服务［J］. 农业技术经济，1997（4）.

[31] 高翔，张俊杰，胡俊鹏. 建立大学农业技术推广创新体系的思考与实践［J］. 研究与发展管理，2003（1）.

[32] 聂海. 建立以大学为依托的农业技术推广体系的思考［J］. 中国农业大学学报，2006（3）.

[33] 丁振京. 我国现行农业技术推广模式及存在问题［J］. 河北农业大学学报，2001（2）.

[34] 胡瑞法，李立秋. 农业技术推广的国家比较［J］. 科技导报，2004（1）.

[35] 张俊杰. 农业科技专家大院科技推广模式的探索［J］. 西北农林科技大学学报（社会科学版），2005（4）.

[36] 石萍，王雨濛. 多元化农技推广服务体系构建研究［J］. 科技进步与对策，2013（14）.

[37] 丁自立，焦春海，郭英. 国外农业技术推广体系建设经验借鉴及启示［J］. 科技管理研究，2011（5）.

[38] 谢特立. 美国农业产业特征与农业推广体系运作、推广目标［J］. 世界农业，2008（6）.

［39］顾淑林，魏勤芳，刘冬梅，等．如何构建我国的农业科技创新体系［J］．中国科技论坛，2007（12）．

［40］朱方长．对国外农业技术推广体系构建经验的再认识［J］．中国经济与管理科学，2008（10）．

［41］王川．美国农业推广项目的管理［J］．世界农业，2005（12）．

［42］卢小磊，陈曦，陶佩君．我国大学主导型农业推广相关研究的分析与评价［J］．中国农机化，2012（2）．

［43］穆养民，刘天军，胡俊鹏．大学主导型农业科技推广模式的实证分析——基于西北农林科技大学农业科技推广的调查［J］．中国农业科技导报，2005（04）．

［44］刘有全．大学农业科技推广模式的探索和实践［J］．农业科技管理，2007（3）．

［45］陈晓华，徐桂华，徐文娟．大学农业科技推广体系的思考［J］．农机化研究，2005（4）．

［46］赵广东．杨凌新型农业科技推广模式的创建——大学依托型农业科技推广模式［J］．西北农林科技大学学报：社会科学版，2006（6）．

［47］涂立超，梅方竹．新时期中国农业科技推广体系建设与创新模式探讨［J］．中国农学通报，2005（11）．

［48］白志礼，范秀荣，穆养民，等．陕西农村科技试验示范基地运行模式与发展探讨［J］．西北农林科技大学学报：社会科学版，2003（6）．

［49］瞿振元．现代农业科技创新与农业高等教育发展［J］．中国高教研究，2006（11）．

［50］陈志英．我国与美国农业推广的比较研究［J］．农业科技管理，2003（2）．

［51］郑明高，芦千文．公益性农技推广体系的发展路径选择［J］．科学管理研究，2011（5）．

［52］吴素春，项喜章，刘虹．农业科技产学研合作博弈分析［J］．科技管理研究，2011（13）．

［53］叶良均．以农民组织为纽带的农业科技成果转化机制研究［J］．中国科技论坛，2008（10）．

［54］李佛琳，朱玉玲，杨生超．高等农业院校在农业科技推广中的实践与认识［J］．农业科技管理，2000（2）．

［55］夏敬源．发展多元农技推广 服务现代农业建设［J］．中国农技推广，2010（4）．

［56］许新清．基层农技推广体系现状调查与改革对策分析探讨［J］．农业科技管理，2011（5）．

［57］李艳军．公益性农技推广的市场化营运：必要性与路径选择［J］．农业技术经济，

2004（5）.

［58］孔祥智，楼栋. 农业技术推广的国际比较、时态举证与中国对策［J］. 改革，2012
（1）.

［59］戎键，王琪，时允昌，等. 我国农业推广发展历程与问题［J］. 农村经济与科技，
2012（3）.

［60］冀宪武，栗俊英. 国外农业推广经费的来源［J］. 科技情报开发与经济，1994（6）.

［61］黄季焜，胡瑞法，智华勇. 基层农业技术推广体系 30 年发展与改革：政策评估和建
议［J］. 农业技术经济，2009（1）.

［62］薛桂霞. 日本农业推广经验对我国农业推广改革的启示［J］. 中国农技推广，1996
（6）.

［63］农业部农村经济研究中心课题组. 我国农业技术推广体系调查与改革思路［J］. 中
国农村经济，2005（2）.

［64］扈映. 1983—2005 年我国基层农技推广体制改革的历史考察——以浙江省为例［J］.
中国经济史研究，2008（3）.

［65］孔祥智，楼栋，何安华. 建立新型农业社会化服务体系：必要性、模式选择和对策
建议［J］. 教学与研究，2012（1）.

［66］郑红维，吕月河，张亮，王书芝. 基层农业技术推广体系构建及运行机制研究——
基于河北省 640 个农户的调查分析［J］. 中国科技论坛，2011（2）.

［67］申红芳，廖西元，王志刚，王磊. 基层农技推广人员的收入分配与推广绩效——基
于全国 14 省（区、市）44 县数据的实证［J］. 中国农村经济，2010（2）.

［68］农绍凡，侬汉群. 基层农技推广体系是构建农村和谐社会的基础［J］. 中国农技推
广，2006（5）.

［69］简小鹰. 以农户需求为导向的农业推广途径［J］. 科技进步与对策，2007（7）.

［70］林英. "以大学为依托的农业技术推广模式"探析［J］. 陕西农业科学，2007（5）.

［71］夏刊，禹智谭. 我国农技推广供给短缺分析与对策［J］. 求索，2010（11）.

［72］回良玉. 坚持不懈做好"三农"这篇大文章［J］. 求是，2013（3）.

［73］管叔琪，王光宇. 公益性农技推广体系与社会化服务组织建设与创新［J］. 管理观
察，2013（20）.

［74］郑家喜，宋彪. 基层公益性农业科技推广的困境与对策［J］. 科技进步与对策，
2013（13）.

［75］张世辉，王书芝，董静，钟秀华. 改革期间加强基层农业技术推广体系建设的几点
建议［J］. 河北农业科技，2008（18）.

[76] 廖西元，王志刚，朱述斌，等. 基于农户视角的农业技术推广行为和推广绩效的实证分析 [J]. 中国农村经济，2008 (7).

[77] 智华勇，黄季焜，张德亮. 不同管理体制下政府投入对基层农技推广人员从事公益性技术推广工作的影响 [J]. 管理世界，2007 (7).

[78] 贾晋. 中国农技推广体系改革的政策模拟与优化——基于基层推广机构行为视角的分析 [J]. 中国软科学，2009 (9).

[79] 秦亮生. 我国农业推广体系的问题与对策 [J]. 广东农业科学，2009 (7).

[80] 裴翠娟，董志强，贾秀领. 我国农业科技成果转化的现状、问题与对策 [J]. 农业科技管理，2010 (5).

[81] 赵武军. "农业专家大院"——新型农业科技推广模式的探索与思考 [J]. 陕西农业科学，2004 (4).

[82] 赵炜，Willism J. Roberts. 美国的农业推广体系 [J]. 中国农业科技导报，1999 (3).

[83] 李华. 探索以大学为依托的现代农业科技推广新模式 [J]. 中国高等教育，2006 (7).

[84] 聂海，郝利. 以大学为依托的农业科技推广新模式分析——农业科技专家大院的调查与思考 [J]. 中国农业科技导报，2007 (1).

[85] 黄国清，宋心果，邱波. 中国大学农业科技推广的典型模式分析 [J]. 南方农村，2010 (1).

[86] 徐继宁. 赠地学院：美国高等农业职业教育的开拓者 [J]. 中国农业教育，2008 (5).

[87] 朱鸿. 美国农业技术推广体系的特点与职能 [J]. 台湾农业探索，2006 (3).

[88] 刘光哲. 中美大学主导型农业科技推广体系的比较研究——以西北农林科技大学农业科技推广模式为例 [J]. 西安电子科技大学学报（社会科学版），2010 (3).

[89] 翟虎渠. 大力加强农业科技创新能力建设 [J]. 求是，2005 (6).

[90] 郑杭生，杨敏. 社会实践结构性巨变对理论创新的积极作用——一种社会学分析的新视角 [J]. 中国人民大学学报，2006 (6).

[91] 黄季焜，胡瑞法，等. 农业技术从产生到采用：政府、科研人员、技术推广人员与农民的行为比较 [J]. 科学对社会的影响（中文版），1999 (1).

[92] 徐勇. 中国家户制传统与农村发展道路——以俄国、印度的村社传统为参照 [J]. 中国社会科学，2013 (8).

[93] 付少平. 农业技术传播中的知识沟现象分析 [J]. 科学学与科学技术管理，2002 (12).

[94] 何得桂，高建梅. 建构以大学为依托农业科技推广模式的价值与限度——以西北农林科技大学为例 [J]. 安徽农业科学，2012 (16).

[95] 高建梅，何得桂. 大学在美国农技推广体系中的功能及其借鉴 [J]. 科技管理研究，2013 (1).

[96] 高建梅，何得桂. 涉农企业主导型基层农业科技推广改革创新——以"大荔模式"为例 [J]. 前沿，2013 (24).

[97] 何得桂. 科技兴农中的大学农业科技推广服务模式创新——"农业试验示范站"的经验与反思 [J]. 生态经济，2013 (2).

[98] 何得桂. "农林科大模式"：大学农技推广的典型经验 [J]. 农业经济，2013 (9).

[99] 何得桂. 农业技术推广服务创新的"农林科大模式" [J]. 中国科技论坛，2012 (11).

三、报纸及其他

[1] 美国大学农业科技推广体系考察报告. 美国大学农业科技推广体系培训考察团，2011 年 6 月.

[2] 国务院关于深化改革加强基层农业技术推广体系建设的意见（国发 [2006] 30 号），2006 年 8 月 28 日.

[3] 中共中央国务院关于加快推进农业科技创新持续增强农产品供给保障能力的若干意见（中发 [2012] 1 号）.

[4] 中华人民共和国农业农业技术推广法（修订），2012.

[5] 教育部、科技部关于开展高等学校新农村发展研究院建设工作的通知（教技 [2012] 1 号），2012 年 2 月 3 日.

[6] 刘冬梅. 构建新型农村科技创业服务体系. 科技日报，2011–11–06 (2).

[7] 刘怀. 高等院校农业技术推广人员激励机制的探索. 西北农林科技大学硕士学位论文，2005.

[8] 卢小磊. 大学主导型农业推广服务的影响因素分析. 河北农业大学硕士学位论文，2011.

[9] 杨胜良. 西北农林科技大学产学研结合成效研究. 西北农林科技大学博士学位论文，2012.

[10] 以大学为依托的农业科技推广新模式探索宣传报道汇编. 西北农林科技大学内部资料，2009 年 9 月.

[11] Quizon, J. G. Feder and R. Murgai. A Note on the Sustainability of the Farmer Field School

Approach to Agricultural Extension. Washington. DC：The World Bank，2000.

［12］ FAO/World Bank. Agricultural Knowledge and Information Systems for Rural Development（AKIS/RD）：Strategic Vision and Guiding Principles. Rome：2000.

［13］ 农业科技推广的一种新模式——对西北农林科技大学创新实践的调查. 国务院研究室送阅件（总1842号）. 2010年11月11日.

［14］ 一种创新型的农业技术推广模式——西北农林科技大学面向区域主导产业建立试验示范基地的调查. 陕西省决策咨询委员会调查报告（陕咨字［2012］14号），2012年7月3日.

［15］ "一体两翼"：一个值得借鉴的农技推广模式. 农业科技报，2012 – 07 – 30.

［16］ 西北农林科技大学关于进一步加强农业科技推广工作 深入推进产学研紧密结合的意见. 2012.

［17］ 大学农业科技推广新模式探索工作进展报告. 西北农林科技大学内部资料，2012年6月.

［18］ 我校赴美考察团. 美国大学农业推广体系的特点与借鉴. 西北农林科技大学报，2011年9月21日第3版.

［19］ 杨凌示范区管委会，陕西省农村工作领导小组办公室，陕西省农业厅，陕西省科技厅，西北农林科技大学，杨凌职业技术学院. 关于探索建立政府推动下以大学为依托基层农技力量为骨干的农业科技推广新模式有关问题的请示. 2006年4月.

［20］ 张晴. 我国高校农业推广模式研究——以西北农林科技大学为例. 西北农林科技大学在职攻读硕士学位论文，2011年10月.

［21］ 丁振京. 中国农业科技推广制度创新研究. 中国人民大学博士学位论文，2001年.

［22］ 张光强. 加快科技成果转化，服务社会主义新农村建设. 中国教育报，2006 – 09 – 10.

［23］ 党国英. 有竞争力的农业是经济长期稳定发展的基础. 光明日报，2014 – 01 – 15.

［24］ 孙武学. 明确办学定位，科技服务三农. 科学时报，2009 – 04 – 28.

［25］ 孙其信. 产学研结合建世界一流农业大学. 中国教育报，2011 – 04 – 28.

［26］ 吴万兴. 大学农技推广新模式推动现代农业发展. 科技日报，2011 – 11 – 06.

［27］ 梁桂. 探索"三农"融合发展的新路径. 学习时报，2013 – 05 – 20.

附录 制度建构与模式创新

在中国，探索和推进以大学为主体（或依托）的新型基层农业科技推广模式离不开基层的大胆实践以及相应的制度设计。它们二者共同塑造了前所未有的发展格局，不仅形成和丰富了"中国经验"的具体内涵，还创造了标新立异并且具有低成本、高效的农业技术推广之路。为了让读者更好地考察和全面把握以大学为依托的基层农业科技推广新模式探索，本书特附上在作者看来以下5个重要的政策文本与制度安排。这些制度规定均在探索"农林科大模式"的过程中起到重要的引导、规范和支持的积极作用，具有重要的史料价值和政策研究价值。

西北农林科技大学"推广专家支持计划"实施办法（暂行）

（校人发 [2005] 457号）

第一章 总 则

第一条 为充分发挥学校产学研紧密结合办学特色，建立一支高水平农业科技推广队伍，不断提升学校社会服务功能，根据学校《关于实施人才强校战略、加强专业技术人才队伍建设的若干意见（暂行）》，特制定本实施办法。

第二条 本办法支持学校主要从事农业科技示范推广工作的人员，围绕国家和区域发展战略，积极开展科技示范与推广。

第三条 推广专家岗位原则上按区域农业产业发展方向分类设置。

第四条 本计划实行岗位聘任制，按需设岗、校内公开招聘、专家评审、择优聘任、目标考核、合同管理。

第五条 学校人才工作办公室会同科技推广处负责专家的选拔、聘任、管理和日常服务等工作。

第二章　申报条件

第六条　推广专家应符合以下基本条件：

1. 坚持产学研结合办学道路，热爱农业技术推广工作，全年深入农业生产第一线开展农业科技推广和实用技术普及工作180天以上，在促进区域农业主导产业发展方面做出突出贡献，具有较高的社会影响力和知名度。

2. 具有高级专业技术职务，本科以上学历，年龄55周岁以下（截至申报当年1月1日）。

3. 近三年主持承担省部级以上科技推广课题2项（可含1项重大横向合作项目或杨凌推广专项）以上，年均到校科技推广经费达到20万元以上。

4. 拥有自主研究、开发或推广的主导品种、产品或专利，近三年获得省部级鉴定的技术成果1项；或取得省部级二等奖以上科技推广成果奖1项；或获得省部级三等科技推广成果奖2项；或编写出版技术普及著作1本；推广工作产生较为显著的经济、社会和生态效益（需县级以上政府农业主管部门出具的效益证明）；或向省政府提供重要咨询报告2份，并在核心期刊发表相关论文3篇以上。

5. 具有相对完善和稳定的、能承担一定教学实习、试验任务的推广基地。

第三章　申报与评审

第七条　校内符合条件者填写《西北农林科技大学推广专家支持计划申请书》并附相关材料，经所在院（系、所）学术委员会评议合格后，报学校人才工作办公室。

第八条　学校人才工作办公室会同有关部门进行资格审查合格后，组织答辩评审，评审结果报学校人才工作领导小组审定。

第九条　审定通过人员在全校公示一周，无异议后学校与入选者签订聘任合同书和计划任务书。

第四章　支持措施

第十条　推广专家支持期为三年，学校给予以下支持措施：

1. 优先支持推广基地建设，学校安排配套资金，按项目管理，根据工作计划分年度下拨。

2. 资助参加一次国际或国内项目考察或学术交流活动。

3. 除享受规定的工资、津贴和福利待遇以外，学校给予推广专家津贴，每人每年 1.5 万元，考核合格后分年度发放。

4. 优先推荐参加国家、省部级各类人才计划、评奖及重大推广项目申报。

第五章 聘期岗位职责与考核目标

第十一条 推广专家聘期为三年，聘期内主要职责是坚持产学研紧密结合办学道路，致力于服务和推动区域主导产业、特色产业或优势农产品发展，增强和完善科技推广基地的试验示范功能，促进学校科技成果转化与产业化。

第十二条 新增主持省部级以上科技推广课题 2 项（可含重大横向合作项目 1 项）以上，年均到位科技推广经费 30 万元以上。

第十三条 建立固定的示范基地，推广一个新品种或一项新技术，带动当地主导产业的发展，产生显著的经济、社会和生态效益。

第十四条 以学校名义向省部及有关部门或地方政府递交重要报告或建议，至少被采纳 1 项。

第十五条 示范推广活动对当地农业生产发展起到明显促进作用，在推广基地所在地方政府、群众百姓中享有很高的知名度，推广工作先进事迹被省级以上媒体报道。

第十六条 获得省部级二等以上科技推广成果奖励 1 项（前 2 名）。

第十七条 组建一支跨学科的科技推广队伍，培养 2~3 名青年科技推广骨干。

第六章 考核与管理

第十八条 本计划实行目标考核、合同管理、末位淘汰，滚动实施。每届聘期三年，聘期届满，聘任合同自动解除。

第十九条 实行年度评估和聘期届满评估制度，所在院（系、所）负责日常管理。每个聘任年度末期，受聘任向所在院（系、所）递交工作进展报告，院（系、所）组织相关专家评议，将评议结果和相关材料报学校人才工作办公室。聘期届满 1 个月内，受聘人向学校人才工作办公室提交工作总结报告，经学校专家委员会评议（包括实地考察）后，将评议结果及相关材料由学校人才工作领导小组审定。

第二十条 年度考核任务未达标者，学校给予警告并停发当年推广专家津贴；两次年度考核任务未达标者，学校解除聘任合同；聘期总任务未达标者，停发第三年推广专家津贴并取消下次申报资格。评议结果优秀的，在下次选聘时优先考虑。

第二十一条 受聘人在聘期内及支持期届满五年内不得调离学校。聘期内有违反学校规章制度和违法违纪行为者，学校解除聘任合同。

第七章 附 则

第二十二条 本计划与学校其他人才支持计划不重复资助。如同时入选学校其他人才支持计划，按就高原则给予支持经费、相关待遇并进行考核。

第二十三条 本办法自公布之日起实施。

第二十四条 本办法由学校人事处负责解释。

西北农林科技大学农业科技推广新模式
探索工作先进集体和先进个人评选奖励办法（暂行）

为表彰在我校农业科技推广新模式探索工作中做出突出贡献的先进单位和优秀科教人员，激励全校科教人员深入生产一线，从事农业科技推广工作，探索实践以大学为依托的农业科技推广新机制、新模式，促进我校产学研紧密结合。经研究决定从 2008 年起，开展西北农林科技大学农业科技推广新模式探索工作先进集体和先进个人评选与奖励，特制定本办法。

一、评选范围

1. 先进集体。凡学校财政部推广模式建设专项经费支持的试验站、示范基地和项目组均可参加评选。

2. 先进个人。凡参与学校推广模式建设项目工作，并在示范基地建设、试验示范、科技培训和项目管理工作中做出显著成绩的科教人员，均可参加评选。

二、评选名额

1. 先进集体。按照试验站（基地）和推广项目数量确定适当比例，2008

年度初步决定评选先进集体 2～3 个。

2. 先进个人。按照试验站（基地）和推广项目参加人数确定推荐人数，参加人在 20 人以上的试验站（基地）和项目组可推荐 2 名，在 20 人以下的推荐 1 人。2008 年度初步决定评选表彰先进个人 10～15 人。

3. 先进管理工作者。2008 年度初步决定评选表彰 3～5 人。

三、评选条件

1. 先进集体评选条件

（1）全面完成项目年度计划任务，并在年度考核评中综合评分在 90 分以上的试验站（基地）或项目组。

（2）试验站（基地）或推广项目，在推广机制、模式探索方面思路创新、成效特别显著，并产生良好社会影响。

（3）试验站（基地）或推广项目组，团队结构合理，产学研结合紧密，内部管理制度健全，日常运行良好。

（4）试验站（基地）或推广项目组，与地方各级政府结合紧密，获得地方政府重大（30 万元以上）项目支持，或受到省级以上先进集体表彰。

2. 先进个人

（1）拥护党的领导，遵守国家的法律、法规和学校各项规章制度。热爱推广工作，富有团队精神，在本岗位上做出显著成绩。

（2）长期扎根生产一线，年均在试验站（基地）或示范点工作 160 天以上，并在基地建设、试验示范、科技培训和服务学校教学、科研工作方面成效显著。

（3）业务水平高，推广工作经验丰富，在区域主导产业发展中具有较强的影响力和号召力，在地方政府和农民群众中拥有较高的声望。

（4）在农业科技推广新机制、新模式探索实践中思路与方法创新且成效突显著、社会影响良好；或提交高水平的调研报告、政策建议等被地市级及以上地方政府采纳。

（5）在推广模式探索工作的组织管理中，工作积极主动，注重调查研究和思路、方法创新，工作效率高，科技人员满意度高，成效显著。

四、评选办法

1. 推广模式探索工作先进集体和先进个人每年评选和表彰奖励一次，结合推广模式建设项目年度总结考核进行。

2. 先进集体推荐数按照试验站（基地）和推广项目总数 5% 确定，通过联评后，每年表彰 3~5 个；先进个人按照试验站（基地）和推广项目参加人数确定推荐人数，参加人在 20 人以上的试验站（基地）和项目组可推荐 2 名，在 20 人以下的推荐 1 人，通过联评后，每年表彰 10~15 人；先进管理工作者，每年评选表彰 3~5 人，由科技推广处根据年度推广模式探索工作实施情况，向有关学院和单位下达推荐指标，通过联评后表彰奖励。

3. 评选程序

（1）科技推广处牵头组织相关专家成立推广模式建设项目年度考核评议组，通过实地检查和听取汇报形式，对照计划任务书（项目合同书）对项目年度工作完成情况进行综合考核评分。

（2）推广处下发通知，由学院、试验站（基地）或项目组根据评选条件和名额指标，填《西北农林科技大学农业科技推广模式探索工作先进集体和先进个人推荐表》，报科技推广处。

（3）由推广处牵头，汇同组织、人事和纪检部门成立资格审查组，对所推荐的先进集体和先进个人进行资格审查。并将资格审查结果在校园网上公示。

（4）由推广处组织相关专家成立先进集体和先进个人联评小组，对通过资格审查并公示后无异议的推荐单位和个人进行联评，确定拟表彰奖励单位和个人名单，并在校园网上公示。对公示期满后无异议的拟表彰奖励单位和个人，由推广处发文进行表彰奖励。

五、表彰奖励

1. 每年在推广模式建设项目年终总结大会上对先进集体和先进个人集中进行表彰奖励，分别颁发"推广模式探索工作先进集体"奖牌和"推广模式探索工作先进工作者"荣誉证书。先进单位和先进个人给予奖励。奖金由推广模式建设专项经费解决。

2. 凡获得先进集体表彰的试验站（基地）或推广项目组，在下次安排推广项目和经费时予以倾斜。先进个人的推荐评审材料将归入个人档案。

3. 推广处将组织相关媒体对先进集体和先进个人的典型事迹进行宣传报导，树立模范形象，在推广模式探索工作中形成争先创优，积极进取、竞创佳绩的良好氛围。

六、附则

1. 本办法自公布之日开始实施。

2. 本办法中未尽事宜可在实施过程中逐步修订补充。

关于进一步细化试验示范站（基地）内部运行管理的几点要求

（校推广［2010］2号）

各有关学院（单位）、试验示范站（基地）：

近几年来，在上级有关部门和学校的重视支持下，我校以大学为依托的农业科技推广新模式探索工作取得了良好进展，在区域农业主导产业中心地带初步建立了一批产学研三位一体的试验示范站和示范基地，成为学校科技推广与社会服务的新亮点，扩大了学校的社会影响。经过几年的建设，各试验示范站（基地）的设施条件基本完备，功能和作用开始全面发挥。根据《西北农林科技大学试验示范站（基地）管理办法（试行）》和学校有关要求，现就进一步细化和加强试验示范站（基地）内部运行管理提出以下几点要求。

一、人员管理

1. 人员聘用：各试验示范站（基地）要根据实际工作需要和发展规划，科学设定内部岗位数量和职责任务（附表1），并报主管学院和科技推广处备案；岗位所需人员由首席专家自主选聘，受聘人员必须与首席专家（负责人）签订岗位聘任目标任务书（附表2）。人员聘用在每年1~2月份进行，各试验示范站（基地）应在每年3月份前将所有受聘人员名单报主管学院和科技推广处备案。

2. 人员考勤：各试验示范站（基地）要建立严格的内部考勤制度，确定专人具体负责驻站专家、科研助理、外聘人员的日常考勤。并每两个月向主管学院和科技推广处上报一份考勤表（附表3）。同时，要求各驻站专家认真做好每天工作日志。

3. 人员考核：各试验示范站（基地）人员实行目标量化管理，每年年终进行综合考核考评，主要依据为年度岗位聘任目标任务书以及其他相关工作任务承担情况。综合考评由个人自评、专家互评和试验示范站（基地）考核小组总评三个步骤，采取量化打分形式进行（附表4），最终考评结果必须在站内进行公示，并上报主管学院和科技推广处，作为计发年度推广业绩津贴的重要依据。

二、财务管理

1. 经费管理：各试验示范站（基地）日常经费支出，严格按照《西北农林科技大学试验示范站（基地）管理办法（试行）》相关规定执行，各项资金严格专款专用，实行首席专家（负责人）一支笔审批。各试验示范站（基地）可确定兼职报账员及时办理报账事务。

2. 收入管理：试验示范站（基地）取得的相关收入，按照学校科技推广处与资产经营公司共同制订的《试验示范站（基地）相关收入管理细则（试行）》（正在制订之中）执行。

3. 奖酬金分配：各试验示范站（基地）获得的各级、各类先进集体奖金以及从收入中提留的奖酬金，应按实际参加工作人员贡献大小进行分配发放，并报主管学院和科技推广处备案。

三、资产管理

1. 土地及房屋管理：各试验示范站（基地）园区内的土地、房屋所有权（或使用权）归学校，未经学校同意，不得私自向第三方转租土地、房屋及其他有关设施。

2. 仪器设备管理：各试验示范站仪器设备管理遵照学校仪器设备采购管理办法执行，学校专门为各试验示范站（基地）购置的仪器设备，必须装配在试验示范站（基地），专家驻站期间配备的仪器设备，在离开试验示范站（基地）时，应履行内部转接手续。

3. 捐赠物资管理：地方政府、民间团体（或个人）捐赠给试验示范站（基地）的钱款以及车辆、设备等相关物资，应按照学校有关财务和国有资产管理制度办理入账或登记入库手续。

四、外聘人员管理

1. 长期临时工管理：各试验示范站（基地）聘用长期临时工（6个月以上），需签定临时用工协议，明确工作内容、工资待遇以及医疗、意外伤害等相关问题的处置办法，归避用工风险。

2. 科研助理管理：各试验示范站（基地）聘用学生科研助理，严格遵照学校《关于科研项目聘用毕业生担任研究助理试行办法》和学校相关规定执行。聘用前应根据实际工作需要向学校推广处和就业服务中心申报用人计划（附表5），计划批准后方可与相关学院共同进行公开招聘。各试验示范站（基地）学生科研助理的聘用期为1年，特殊情况可延期1年。对学生科研助理的考勤、考评等管理比照驻站专家考核办法进行。

五、其他事务管理

1. 流动科教人员管理：试验示范站（基地）欢迎多学科科教人员流动驻站开展相关工作，积极提供食宿、场地、数据资料等条件支持，流动人员需支付必要的成本费用。

2. 实习实践学生管理：试验示范站（基地）积极接纳学校相关专业本科学生实习和研究生科研实践，并提供食宿、场地等条件支持，实习实践组织方需支付必要的成本费用。

3. 数据信息资料报送：试验示范站（基地）应及时向主管学院和有关部门提供相关的数据信息资料，较重大活动应及时向校园网、校报撰写新闻报道。各试验示范站（基地）每半年向主管学院、推广处报送一次主要工作进展和相关数据信息统计表（附表6）。

六、重大事件的处置

各试验示范站（基地）日常运转过程中，如遇当地政府（县级以上）重大活动、省部级以上领导视察、重大信息发布等事件，或遭遇重大自然灾害、责任事故时，应先行向主管学院和科技推广处报告，并及时采取科学有效的应对措施，尽可能减小负面影响和降低损失。

请各单位务必于2010年3月31日前将本年度附件表格填报科技推广处基地科。

西北农林科技大学科技推广处
二〇一〇年三月十五日

附表1

<u>　　　　　　</u>试验示范站（基地）常驻科教人员岗位设置一览表

岗位及主要工作职责	聘用人员的专业、职称、能力要求	岗位人数	驻点时间要求	备注
合计				

附表 2

_____试验示范站（基地）岗位聘任目标任务书

项目负责人		联系电话	
受聘人		联系电话	
聘用期限		年 月 日——　年 月 日	

岗位职责与主要任务	（包括项目争取、试验研究、样板建设、科技培训、咨询指导、站务管理、材料撰写等方面。）
主要考核指标	（包括驻站时间、项目争取、科研进展、示范效果、培训场次、发表论文、材料撰写、站务管理等方面的量化指标。）
签字确认	项目负责人：　　　　　受聘人： 年　月　日 主管学院：　负责人：　　（盖章） 年　月　日

附表3

_____示范基地（站）推广人员驻点工作考勤表

_____年_____月

序号	日期\姓名	1	2	3	4	5	6	7	8	9	10	11	12	13	14	15	16	17	18	19	20	21	22	23	24	25	26	27	28	29	30	31	合计
1																																	
2																																	
3																																	
4																																	
5																																	
6																																	
7																																	
8																																	
9																																	
10																																	
11																																	
12																																	
合计																																	

考勤人：   负责人：

附表4

_____年_____试验示范站（基地）驻站人员综合考核评分表

考核项目及权重	考核内容、评分标准及综合评分	考核评分	加权后得分
年驻站工作时间 （20%）	驻站工作60天以下（3~5分）；驻站工作60~120天（5~7分）；驻站工作120~180天（7~9分）；驻站工作180天以上（10分）		
岗位目标任务完成情况 （50%）	对照岗位目标任务书进行考评。包括项目争取、试验研究、样板建设、科技培训、咨询指导、内务管理等岗位目标任务完成情况。按任务完成的百分比例打分。		
工作成效与社会影响 （10%）	主要指试验示范工作的针对性、创新性、科技水平、显示度及在当地产业发展中的影响力等方面。得到媒体宣传报导，在全国有影响的（9~10分），在省内有影响的（7~8分），县内有较大影响的（5~6分），其他情况（3~5分）。		
获得成果奖励情况 （10%）	1. 获得省部级成果奖主持人（10分），第2~5名序（8分），第6名以后（5分） 2. 获得省部级先进个人（10分）、市校级先进个人（8分）、县级先进个人（6分）		
撰写材料及发表论文 （10%）	1. 撰写材料及发表论文8篇以上（10分），5~7篇（8分），2~4篇（6分），1~2篇（5分）		
承担日常管理工作情况 （10%）	主要指承担完成试验示范站（基地）内部日常事务工作管理情况。分四个档次：积极主动承担较多任务的（8~10分），承担任务一般的（6~8分），承担较少的（4~6分），基本不承担的（0~3分）		

试验站名称：_____   考评人：_____

附表 5

_____试验示范站（基地）聘用学生科研助理岗位申报表

岗位及主要工作内容	聘用人员的专业、学历及基本能力要求	聘用人数	聘用期限	备注
合计				

附表6

_____试验示范站（基地）工作进展情况统计表

项目负责人		电话		电子邮箱	
人员组成	学校科教人员			地方科技人员	其他人员
	高级：　人；中级：　人；常驻：　人			人	人
资金项目投入情况	国家项目（个、万元）	省级项目（个、万元）	校级项目（个、万元）	横向项目（个、万元）	合计（个、万元）
示范推广的主要技术内容	优良品种（个）	关键技术（项）	繁育种苗（株）	扶持合作社（个）	指导企业（个）
示范样板建设情况	示范园（亩）	示范乡（个）	示范村（户）	示范户（个）	其他类型
技术培训开展情况	集中培训（场、人次）	现场培训（场、人次）	咨询指导（人次）	参观学习（人次）	其他类型
社会经济效益情况（万元）	中心示范园区	示范户	示范村	所在县区	辐射带动
	面积：　效益：	面积：　效益：	面积：　效益：	面积：　效益：	面积：　效益：
科研、教学工作情况	开展试验研究（项）	接待合作研究人员（人）	接待创业学生（人）	接待本科生实习（人）	接待研究生实践（人）
社会评价与影响	（接待参观考察，获得表彰奖励，各级政府、群众及各类媒体宣传报导评价等。）				

中共西北农林科技大学委员会、西北农林科技大学关于进一步加强农业科技推广工作深入推进产学研紧密结合的意见❶

校党发［2012］34 号

为深入贯彻落实《中共中央国务院关于加快推进农业科技创新持续增强农产品供给保障能力的若干意见》（中发［2012］1 号），增强学校对我国旱区现代农业发展的支撑引领作用，突出产学研紧密结合的办学特色，大力提升学校社会服务功能，加快推进世界一流农业大学建设步伐，学校就进一步加强农业科技推广工作提出以下意见。

一、充分认识加强农业科技推广工作的重要意义

2004 年以来，按照国家赋予的使命，学校在国家有关部委和地方政府的大力支持下，积极开展"以大学为依托"的农业科技推广新模式的实践探索。通过在农产品优势产区建立永久性试验站、示范基地等措施，初步构建了农科教、产学研结合的社会服务平台体系，有效解决了科技与农业生产脱节和科技成果转化"最后一公里"的问题。

这一探索性实践表明，走产学研紧密结合的特色办学之路，着力加强我校农业科技推广工作，是满足国家战略需求，为我国旱区农业现代化提供科技支撑的客观要求，是强化社会服务功能和提升教育教学水平的必然选择。走出校园，深入农业生产第一线，用科技服务"三农"，不仅体现国家的要求，人民的期待，而且对学校科技创新能力提升和人才培养质量提高都具重要作用。

二、主要进展和存在问题

学校办学历史上，始终秉承科技服务"三农"的优良传统。经长期积累，拥有一定的人才、工作基础和设施条件。以此为基础，学校在 2004 年召开的第一次党代会上，决定把这一传统定位为产学研紧密结合的办学特色，强调这是"立校之本"，要求立足特色，突出优势，采取有力措施，全面提升学校服务"三农"的规模、质量、效益和组织化程度，突显学校在区域农业产业发

---

❶ 2012 年 7 月 13 日校党委常委会会议研究通过，2012 年 7 月 14 日印发。

展中的地位和作用，为我国旱区农业现代化作出大的贡献。

第一次党代会报告明确指出，"要在不同产业区域，建立稳固的示范推广基地，探索学校与政府、企业、农民结合的成功模式"。在这一思想指导下，从2004年开始，我们提出建设"政府推动下，以大学为依托，以基层农技力量为骨干"的农业科技推广新模式。最主要的方式，就是在农业产业优势地区，建立服务农业产业发展需要的专业化、永久性试验站。

2005年，学校得到国家财政每年2000万元和陕西省每年500万元的稳定支持。先后建成了白水苹果，清涧红枣，眉县猕猴桃，山阳核桃、板栗，安康水产，阎良甜瓜，西乡茶叶、油菜，合阳葡萄和阎良蔬菜等9个永久性试验站。在海南建立了玉米南繁基地。目前在建的试验站还有9个，其中青海、甘肃各一个。为推广示范学校选育的作物新品种，从2008年开始，在河南省、安徽省、江苏省、山东省等区域建立了30个小麦、玉米、油菜新品种示范基地。学校有163名教师和推广专家长期驻站工作，有80人短期驻站工作，吸纳399名基层农技人员参与示范推广工作。各试验站累计承担了112个班3300名本科学生实践教学、136名研究生科研实践；接待了10个国家113名专家学者开展学术交流；通过举办培训班和现场指导，培训农技人员和农民36万人次。学校科教人员依托试验站和推广基地，选育审定良种21个，引进国内外品种865个，示范推广新品种和新技术350余项，鉴定成果11项，获批发明专利3件，获得省级成果奖6项，发表论文362篇，出版著作14部。学校技术推广累计新增社会经济效益300多亿元，得到地方政府的大力支持，农民的较高赞誉。

经过探索，这种新的推广模式，呈现如下特点：

一是技术拥有者直接为农民服务，为解决科技与农业产业实际脱节，提供了一种有效方法。

二是以一种农民最易于接受的方式，为农民提供多方面有效的科技服务。

三是探索出一种科研课题来自于实践，实践中的问题能较快发现和解决的机制。

四是初步解决了科技人员不能长期在农业一线扎根和进行持续研究的问题，创建了不断产出成果的条件和环境。

五是教师们在实践中获得的知识和经验，对丰富教学内容，提高教学质量有促进作用。

六是为面向学生的实践教学，提高学生解决实际问题的能力，提供了可靠的实践平台。

七是融科技推广和人才培养、科学研究、国际合作交流于一体，形成四位一体、相互促进的重要载体。

八是广泛吸纳基层农技力量参与，面向产业协同服务，构建了以产业需求为导向、以农产品为单元、以产业链为主线、以试验站为基点的新型农业科技资源组合模式。

实践已经证明，这种产学研紧密结合的方式是成功的，当年作出探索直接服务"三农"模式的决定是正确的。但是，这种探索性实践还是初步的，与国家战略需求，农民急切要求相比，存在较大差距，还有许多问题、不足需要进一步解决，主要是：

1. 试验站在管理体制和运行机制上，还不能适应承担职责应达到的要求。外部，如何完善政府、学校、基层农技人员紧密结合，如何实现试验站与服务对象（农民、企业、农业合作组织）有效互动，如何争取政府长期持续性支持。内部，如何科学界定学校、学院、试验站各自职能，形成协调协同、互动互进的工作机制，如何处理好首席专家与多学科专家团队的关系，如何建立科学的考核评价与激励、约束机制，如何提高试验站自我发展能力。

2. 试验站推广技术所辐射的区域还没有达到设站时的初衷，对北方旱区其他省份辐射带动力弱。需要探索能够针对不同地域的大面积推广、高效益示范的系统技术标准和规范。针对养殖业、食品加工等技术推广也需要探索新的模式。

3. 试验站研究推广队伍尚未真正形成紧密型的多学科团队。技术集成度较低，人员年龄结构不合理，年轻专家少，有后继乏人之虑。

4. 科技推广、人才培养、科技创新和国际科技合作四位一体的功能还有待进一步体现。

5. "科特派"、"科技加企业"等社会化服务方式的探索滞后，试验站自我发展能力弱，主要依靠财政投入的运行方式有待改变。

三、主要目标和基本要求

2010 年，学校第二次党代会报告进一步明确指出，"必须坚持特色发展，走产学研紧密结合办学道路。从服务国家战略需要出发，把人才培养、科学研究与服务现代农业有机结合起来，不断探索和完善面向旱区农业发展的科技推广模式，在惠及广大农民的同时，也有效促进人才培养和科学研究水平的提高"，这是对学校探索推广模式的基本目标和功能定位。

报告提出，今后的主要任务之一，就是要继续推进科技推广模式创新，开辟以服务求发展的特色办学之路。围绕旱区农业主导产业，加快试验站、示范推广基地、专家大院、农业科技成果转化型企业等科技推广平台建设。通过5～10年的努力，在省内外建设25个左右产业特色鲜明、功能设施完备、示范引领作用突出的试验站。立足出大成果，为我国旱区农业发展提供有效的技术供给，并实现全区域，广覆盖。逐步形成以杨凌为中心，立足陕西、覆盖西北、辐射我国旱区的农业科技示范推广体系。

这是第二次党代会确定的主要目标和要求。为实现这些目标任务，学校对负有科技推广服务责任的机构和人员，提出以下基本要求。

1. 完善体制机制。有关职能部门和承担任务的学院、学科，要积极探索建立能够实现任务、目标的管理体制和运行机制。这种新的体制机制要在"三个紧密结合"上实现创新：一要与政府、企业、农民合作组织间，以满足需求为纽带实现紧密结合；二要与学院、学科、相关学科团队和专家间，以解决问题为纽带实现紧密结合，形成责任、利益共同体；三要在站内"一主多辅"学科专家间，以共同任务目标为纽带实现紧密结合，形成集成创新服务的专业团队。要有长期的工作计划，调动起各方面的积极性，使每一个试验站管理有序、运行有效，使每一个科技推广人员工作目标明确、充满创造活力。

2. 扩大"覆盖"和成效。要对试验站及推广基地建设进行科学布局和长远规划，并根据不同学科特点探索不同的建设机制和推广模式。试验站技术服务要突破所在行政区域，面向整个旱区范围内的"产业区域"，努力扩大科技服务的覆盖面，着力在扩大推广成效上下功夫。对试验站和推广人员的业绩考核，主要是：一看技术的先进性、实用性和集成度；二看技术成果的转化率和贡献率；三看技术的覆盖面，在多大区域、给多少农民带来实实在在的效益。对首席专家和站长的考核还要看试验站的建设规划、产学研结合程度、开放共享程度和多学科团队建设情况。这要成为对从事推广服务机构和人员的重要考核指标，并建立与之相一致的政策导向。

3. 建设多学科团队。学校就某一产业建设专业试验站，但农业、农民的需求是多样性，试验站要解决的问题不是单一性的。这就要求必须树立开放办站的理念，积极吸引更多学科专业参与试验站的建设，建立实质性、紧密融合的多学科专家团队。团队目标不仅要创新技术，还要善于集成技术，善于把国内外的先进实用技术，引进来"为我所用"。不仅要解决单一问题，还要系统配套地解决综合性问题。每一产业，最终应有多学科协作完成的基本技术标准和技术规范体系。有关职能部门、学院与试验站要共同探索，逐步实现这一基本要求。

4. 扩充服务功能。要拓展试验站的功能，即以科技推广服务功能为主，兼有人才培养、科学研究和国际合作交流功能，并努力使这四项功能相互衔接，相互促进，成为互为支撑的有机整体。人才培养要体现在高质量承担实践教学任务。科技创新着重体现在新品种选育、疫病防治和创制优质、高产、安全技术。国际科技合作着重体现在开展有效技术合作，引进人才、技术，并通过消化、吸收、再创新，成为可广为普及的新技术。根据这一要求，试验站人员在自身成长与发展上，要逐步具备相对应的四种能力。

5. 建设推广队伍。坚持每个试验站有一定数量的专家长期驻站。驻站专家，要专职与兼职相结合。专职推广人员驻站时间每年不少于130天。兼职专家每年不少于60天。专兼职专家都应与农业企业、农村基层推广机构、农民专业合作组织以及基层政府机构建立广泛而紧密的联系，经常深入基层了解实际需求，并进行技术指导和技术培训。

6. 提高自我发展能力。学校探索的农业科技推广方式，是公益性为主的推广方式。但仅依靠政府和学校的投入难以满足可持续发展的要求。必须在争取政府支持、学校保障基本条件以及项目支撑的同时，在产业链推广服务的市场化环节，积极探索公益性与社会化相结合的推广方式，形成一定的自我循环发展的能力。

四、进一步加强农业科技推广工作的政策措施

为完成学校确定的主要目标、任务和要求，坚持已有经验，解决实践探索中出现的问题和不足，学校制订以下政策、措施：

1. 实质运行新农村发展研究院。经教育部、科技部批准设立的新农村发

展研究院，是全校科技推广与社会服务工作的统一管理和组织协调机构，全面负责学校科技推广事业的规划、实施和组织管理工作。新农村发展研究院办公室与科技推广处合署办公。新农村发展研究院实行开放办院，通过建立理事会治理制度，探索建立与地方政府、相关科研机构和企业的大协同科技服务机制。

2. 理顺科技推广平台管理体制。在探索大学推广模式过程中建设的试验站，是全校的公共平台，由新农村发展研究院与有关学院共建共管，实行开放共享。建立试验站建设委员会和学术委员会制度，按功能定位和学科构成聘请相关部门负责人、学院负责人和有关学科专家担任委员，研究决策试验站建设发展的重要事项。积极探索建立一支精干的试验站管理团队。规模较大的试验站，可设立首席专家、站长、副站长；规模较小的试验站，首席专家可兼任站长，根据工作需要配备一名副站长或兼职管理人员。首席专家和站长实行聘期制，由相关学院推荐，经试验站建设委员会或学术委员会研究通过，新农村发展研究院聘任。

3. 加强科技推广岗位管理。根据事业发展需要，设立推广二级岗位，并逐步增加科技推广岗位。教学、科研岗位人员从事科技推广工作，实行"双聘"机制，人事隶属关系保持不变，其推广业务由新农村发展研究院指导和管理。设立在校生推广助理岗位，支持试验站根据工作需要聘用大学生、研究生担任推广助理。鼓励试验站在人事关系不改变的情况下，按实施项目需要临时聘任基层政府农技推广人员到试验站工作。

4. 实施科技推广人才支持计划。学校面向试验站设立科技推广专家特聘岗位，吸引国内外高水平科教人员引领科技推广工作。支持试验站根据工作需要有计划地引进有志于推广工作的优秀博士毕业生。将科技推广优秀人才纳入学校人才支持计划和人才培养（培训）计划，给予重点培养和支持。对于新增推广岗位，探索以新的用人机制选聘优秀硕士毕业生到试验站工作。

5. 建立吸引教师参与科技推广工作机制。学校制订吸引教师参与推广工作的政策，试验站要为申请进站工作的教师提供必要的设施和条件。鼓励有能力、有意愿从事科技推广的教师进入专职推广队伍。有成果推广的教师，可随时委托试验站进行技术推广，也可申请进入试验站工作，学校科技推广专项给予支持。明确各类推广岗位人员的工作量要求，以推广工作为主者，其推广工

221

作量原则上应占总工作量的 60% 以上。

6. 建立青年教师基层一线实践锻炼制度。将青年教师深入实践第一线锻炼作为提升教学业务水平、拓展学科专业视野的重要举措。涉农学科 45 岁以下青年教师，应在五年内有累积一年左右时间到试验站或推广基地进行科研推广方面的实践锻炼。实践锻炼情况作为青年教师专业技术职务晋升的相应条件。青年教师参加试验站推广团队，申请自主科研和推广专项，学校给予一定的倾斜支持。

7. 完善试验站的育人功能。科学规划试验站的实践教学功能建设，鼓励和支持优秀科技推广专家承担大学生社会实践和教学实习指导任务；鼓励选聘优秀推广专家担任专业学位研究生指导教师，使试验站成为培养专业学位研究生的重要基地。建立试验站实践育人经费保障机制，促进学生进入试验站实习制度化、规范化。

8. 完善试验站的科研功能。坚持以高水平的科研支撑引领高质量的技术服务。把突破产业发展迫切需要解决的问题，作为试验站科技研发的主攻方向。将一些作物育种工作转向产业中心地带。学校每年科技推广专项经费、自主科研经费要有一定比例支持试验站研发工作。学校推广管理服务部门要为各试验站和科研推广人员实施相关科研项目创造条件。在试验站实施的科研项目学校免收土地费和水电费。积极支持具备条件的试验站建设成为相关产业的工程技术研究中心。做好试验站与国家产业技术体系的衔接工作，争取更多的试验站（基地）进入国家农业产业技术体系。

9. 完善试验站的国际合作交流功能。充分利用试验站与产业发展结合紧密的优势，扩大与国（境）外大学、研究机构的科技合作交流。鼓励试验站与国（境）外知名大学或研究机构及人员建立实质性合作关系。大力支持国内外专家学者依托试验站联合承担各类国际合作交流项目，支持试验站主办（承办）国际学术会议。鼓励各学院依托试验站实施外籍教师聘任计划和学科创新引智项目，吸引外籍专家到试验站工作。学校科技推广专项经费每年要安排一定经费用于试验站的国际交流活动。

10. 深化科技推广系列专业技术职务评审改革。科技推广系列专业技术职务面向受聘科技推广岗位人员设立，实行指标单列、标准单列和评审单列。加快建立以任务和绩效为核心的推广工作考评体系，着重考核推广工作的实绩。

主要包括：技术先进性和实用性、技术推广覆盖面、农民得到的实惠。对在科技推广工作中做出突出贡献及取得重大效益者，可申请破格晋升高一级推广技术职务。

11. 建立科技推广工作激励机制。继续实行推广人员驻点津贴政策，完善驻点人员津贴发放管理办法，强化激励作用。加大科技推广奖励力度，积极探索以推广绩效和农民增收为主要依据的奖励机制。鼓励科技推广人员与农业企业、农村经济合作组织合作，探索公益性与市场化相结合的有偿服务新模式，所得收益主要补充推广运行经费的不足，30%部分可用于提高驻点人员的津贴等收入。

12. 多渠道筹措经费，加大对科技推广工作的条件保障。为保证科技推广工作深入持续开展，建立试验站基本运转经费保障机制。未来5年，学校每年计划筹措不少于3000万元经费，主要用于科技推广平台建设、日常运行、试验示范、技术研发、培训及信息服务体系建设、推广专家驻站工作津贴和奖励等方面。加强各类推广项目的争取与管理，力争2015年到位推广项目经费达到1亿元。积极探索地方政府与学校联合共建机制，争取所在市、县给予试验站运行经费支持常态化。积极为新农村发展研究院提供良好的条件保障。

加强农业科技推广工作是学校弘扬传统、彰显特色、增强优势、实现使命的重要举措，任务光荣而重大。各有关部门和学院（系、所）要按文件精神尽快调整修订岗位设置、队伍建设、人员管理、考核评价、职称评定、津贴分配、教学管理、科技管理等有关政策规定，2013年元月开始实施。科技推广机构和有关单位要根据本意见精神，加快制定实施方案，落实工作举措，明确工作目标，奋力开创我校产学研紧密结合办学的新局面。

西北农林科技大学试验示范站（基地）运行管理办法（试行）

第一章 总 则

第一条 试验示范站（基地）是学校在大学农业科技推广模式探索工作中，根据区域农业产业发展需求，依托优势学科，建在区域产业核心地带、面向"三农"开展科技服务与科学研究及才培养的重要平台。其建设和发展纳入学校学科建设、人才培养与社会服务总体规划。

第二条 试验示范站（基地）的主要功能是：围绕农业区域产业发展需要，开展技术示范、应用研究、人才培养和国际交流合作，为产业发展提供科技支撑与服务，为学校人才培养、科学研究和社会服务提供平台。具体任务包括：

1. 围绕区域产业发展需要，开展新品种、新技术、新成果的试验示范，培训基层农技骨干和农民技术员，指导示范户和专业合作社，为产业发展提供科技服务。

2. 针对产业发展中全产业链关键技术问题，开展试验研究和技术创新，解决产业发展中的技术难题。

3. 开展田间气象及环境数据监测，积累观测数据资料；开展多渠道的农业科技信息服务，提供农业科技信息咨询服务。

4. 为本科学生实践教学、研究生科研实践、毕业生创业锻炼和大学生开展社会实践活动提供平台，服务学校人才培养。

5. 为开展国际国内交流合作提供平台，通过广泛开展国内国际学术交流、产业技术交流等活动，引进和消化吸收国内外先进技术成果，学习和借鉴国内外先进经验。

第三条 试验示范站（基地）运行管理主要包括人员管理、日常工作管理、经费管理、财产管理、档案管理、考勤考核等相关内容。

第二章　试验示范站（基地）管理运行机制

第四条 学校试验示范站（基地）由新农村发展研究院和有关学院共建共管，实行开放共享和多学院、多学科共建，使其成为全校的公共平台。

新农村发展研究院负责试验示范站（基地）建设规划、建设专项资金筹措、与地方政府合作、首席专家选聘、多学科参与的协调、管理办法制定、工作任务实施过程的监督检查、项目管理、津贴审核等宏观方面的管理工作。

学院作为试验示范站（基地）共建共管单位，负责试验示范站（基地）日常管理、驻站人员考核考勤、科研推广项目申报、本科生实践教学、研究生科研实践组织、国有资产管理等具体管理工作。

第五条 试验示范站（基地）实行首席专家负责制。规模较大的试验站，可设立站长、副站长，协助首席专家负责日常后勤、保卫、接待等行政事务的管理；规模较小的试验站，首席专家可兼任站长。首席专家和站长实行聘期制，由相关学院推荐，经试验站建设委员会或学术委员会研究通过，新农村发展研究院聘任。首席专家应积极申报国家和省部农业科研推广项目，争取市、县各级政府资金支持，保证试验示范站（基地）正常运行和持续发展。首席专家应积极创造条件，完善科研功能，吸引多学科专家参与工作，以高水平的科学研究支撑引领农业技术服务。首席专家应科学规划实践教学条件建设，完善育人功能，使试验示范站（基地）成为学校创新性人才培养的重要基地。首席专家应加强与国外大学、研究机构的实质性科技合作，完善国际合作交流功能。

　　第六条 试验示范站（基地）驻站工作人员由首席专家根据试验示范站（基地）工作需要，商有关学院面向全校专职推广或教学、科研岗位人员公开招聘，报新农村发展研究院审批、人事处备案，原人事隶属关系不变。试验示范站（基地）首席专家和驻站人员的业务工作考核，由所在试验示范站（基地）、共建共管学院和新农村发展研究院负责，将结果反馈给其人事关系隶属学院作为其年度考核重要依据。所有驻站人员的推广业绩津贴，经共建共管学院和新农村发展研究院审核确定后，由学校划转到驻站人员人事关系隶属学院统一发放。

　　第七条 鼓励试验示范站（基地）在人事工资关系不变的情况下，按工作需要以项目形式临时聘任地方政府农技推广人员和农技管理人员到站工作，构建校地结合的科技推广团队，充分发挥学校多学科专家和地方科技推广人员等多方面的积极性，共同推动产业发展。

第三章 试验示范站（基地）日常管理

　　第八条 试验示范站（基地）日常管理由首席专家负责。试验示范站（基地）的日常运转经费，由首席专家、共建共管学院和新农村发展研究院负责人共同审批。试验示范项目经费，按学校项目经费管理办法执行。采购大型仪器设备或采购大宗物料，须先报共建共管学院和新农村发展研究院同意，并按照学校相关办法执行。

　　第九条 试验示范站（基地）的土地、房屋、设施等财产为学校所有，未经学校同意，不得私自向第三方转租。试验示范站（基地）仪器设备管理遵照学校仪器设备采购管理办法执行，学校专门为各试验示范站（基地）购置的仪器设备，必须装配在试验示范站（基地）。地方政府、民间团体（或个人）捐赠给试验示范站（基地）的钱款以及车辆、设备等相关物资，应按照学校有关财务和国有资产管理制度办理手续。

第十条　试验示范站（基地）的技术服务收入和示范过程中取得的各类收入，严格按照收支两条线管理，由计划财务处为每一个站试验示范站（基地）设立技术服务收入专户。技术服务收入的使用支出审批，按学校科研推广项目经费管理办法执行，主要用于补充推广运行经费的不足。

第十一条　试验示范站（基地）建设与工作过程中涉及到科技成果与知识产权问题时，按照《西北农林科技大学科技成果与知识产权管理办法》执行。

第十二条　各试验示范站（基地）应结合实际需要和学校要求，建立健全内部考核、责任分工、安全保卫等管理制度和多学科专家驻站工作、青年教师驻站实践锻炼、学生科研助理工作、学生实践教学、学生社会实践、毕业生创业锻炼等方面的具体管理制度。

第十三条　各试验示范站（基地）的人员考勤工作，由首席专家安排专人负责，考勤表由首席专家签字交共建共管学院审核签字盖章后，报学校新农村发展研究院，考勤每季度报一次。人员往返试验示范站（基地）路途或在外地出差，不得按驻点考勤，可按学校标准报销差旅费。若农忙季节驻站（基地）专家未休节假日，首席专家应安排农闲季节补休。有固定业绩津贴人员参与试验示范站工作，不得按驻点考勤，可按学校标准报销差旅费。

第十四条　各试验示范站（基地）必须制定科学规范的档案管理制度，并建立档案室（档案柜）等设施，明确档案管理责任人，做好科研与示范推广技术档案、文书档案的收集整理，为试验示范站（基地）长期发展积累资料。各试验示范站（基地）环境监测数据实行开放共享，为全校教学和科研推广工作服务。

第四章　考核与奖惩

第十五条　学校新农村发展研究院和共建共管学院根据农时季节和试验示范站（基地）工作进展，进行督促检查。每年年末，新农村发展研究院会同共建共管学院，邀请相关专家组成考核小组，对照计划任务对各试验示范站（基地）工作进行年度考核检查。

第十六条　经考核检查，对在示范推广、科学研究、人才培养和国际合作交流方面成绩显著，社会影响良好的试验示范站（基地）和成绩突出的科教人员，学校将给予表彰奖励。对于考核不合格的限期整改，直至冻结项目经费，解聘首席专家。

第十七条　学校设立科技推广业绩津贴，凡在学校推广模式试验示范站（基地）长期驻点工作的科教人员，可享受推广业绩津贴。推广业绩津贴标准，按照学校试验示范站（基地）推广业绩津贴发放办法执行，由试验示范站（基地）、学院和学校新农村发展研究院共同考核发放。

第五章　附　　则

第十八条　本办法自发布之日起试行。

第十九条　本办法由学校科技推广处负责解释。

2013 年 1 月 6 日印发

后　记

　　中国改革开放总设计师邓小平同志曾指出："中国有百分之八十的人口在农村。中国社会是不是安定，中国经济能不能发展，首先要看农村能不能发展，农民生活是不是好起来。"他把农业发展和农村稳定提高到中国社会稳定和全面进步的高度，并强调"农业是根本，不要忘掉❶"。1982 年 10 月 14 日，邓小平同志同国家计委负责人谈话时旗帜鲜明地提出了"农业的发展一靠政策，二靠科学"的重要论断。时至今日，重温这些论述并结合中国国情与世情，邓小平同志的高瞻远瞩依然清晰可见、栩栩如生，其科学论断、真知灼见仍然是那么富有生命力，同时也十分贴近中国的实际。

　　发展现代农业既是中国农业现代化的必由之路，也是持续发展我国经济，协同推进新型工业化、信息化、城镇化和农业现代化"新四化"建设的重要支撑，更是富裕农民、改善民生的重要基础。在推进国家治理体系和治理能力的现代化进程中，如何"打通最后一公里"，提高农业科技成果的转化率，是中国农业现代化进程中不可回避的重大现实问题。现代大学不能只是"象牙塔"，更不能脱离社会而独善其身，而要主动走向社会、服务社会，肩负起应有的社会服务职能。只有如此，现代大学才能获得更多的社会认同，充分彰显自身优势并获得长足发展。

　　自从来到西北农林科技大学任教，本人就对其探索的"政府支持下的以大学为依托、基层农技力量为骨干的新型基层农业科技推广服务模式"及其取得的显著经济社会效益，产生了较为浓厚兴趣并有所关注。然而，尽管如此，在 2011 年之前，本人对这一议题的关注仅仅停留在"关注"、观察层次上，并未对其进行深入的思考和详细的考察。2011 年以来，本人在做好基层

---

❶ 邓小平. 邓小平文选（第 3 卷）［M］，人民出版社，1993：23.

治理研究的同时，将研究领域（或者说研究视野）拓展到了基层农业科技推广体制改革，并进行了大量的文献阅读和实地调研，在《中国科技论坛》、《科技管理研究》、《生态经济》、《农业经济》等刊物上也发表了多篇关于大学主导型农技推广服务模式的学术论文和调查报告，初步取得了一些成绩。

对于主要从事公共资源与基层治理研究的我来讲，之所以从 2011 年以来对中国基层农业科技推广体制改革，特别是对大学主导型的基层农技推广服务模式创新的"农林科大模式"开展较为系统的研究，主要有以下几条原因：

一是主要得益于本人承担西北农林科技大学重大科研项目"西北农林科技大学农业科技推广模式研究"和陕西省社会科学基金重点项目"陕西农业现代化进程中农业科技推广体制创新的社会学研究"等多个课题的部分重要研究任务，使得本人能够有机会对我国农技推广体系、机制和实践有更多地接触与了解。这为本书的写作提供了较为坚实的基础。

二是要得益于西北农林科技大学原校长孙武学教授对本人的充分信任和大力支持，他对"农林科大模式"探索所付出的心血以及满腔热情，深深地感染了我、激励了我，使得本人对基层农技推广模式问题的研究兴趣逐渐增强，认识也更加全面、科学和深刻。事实上，该模式也充分体现出大学公益性农技推广、服务三农的先进做法，某种程度上也是"中国经验"的一个组成部分。这无疑为本书的撰写提供了难得的素材。

三是来源于对我国基层农业科技推广"理论与实践之间非均衡发展"现象的观察与反思。虽然中国大地已有多元化的农技推广服务，也有为数众多的实践者，但是这些将"论文书写在大地"的农技推广人员和相关组织，尚未对这波澜壮阔、丰富多彩的历史进程和有益探索进行理论上的提炼和总结。表现最为明显的是：基层农技推广存在"重物（技）而不重人"现象，推广主体客体化。与此同时，学术界对这些议题的探讨和关注，无论是从广度，还是从深度来看，都存在着明显的不足之处，有待进一步提升、拓展和丰富。缺乏理论指导的实践，尽管具有重要价值，也会创造出一定的生产力，但是为了更好更快地发展，实践最终还是离不开"理论"的指导，离不开理论的力量。这是本人对大学主导型农技推广模式进行梳理和总结的重要原因。

四是源于对中国现代农业发展的观察以及为了纪念农村改革 35 周年。这是本人撰写此书非常重要的动力。众所周知，中国是农业大国，但还不是农业强国；中国有不计其数的农业科技成果，但是转化为现实生产力的还远远落后于很多国家；中国解决了 13 亿人的吃饭问题，但是尚未达到全面"小康水平"；目前中国农业可谓"自给自足"，但是农业竞争力"弱"则是不争的事实。也就是说，在城镇化、市场化、国际化要求面前，中国农业和农产品的竞争力仍较低，"干活在城市，根基在农村"的"半城镇化"突出，农民仍无法摆脱增产难增收的困局。"三十多年前的改革是从农村开始，现在农村改革又到了新的阶段。"❶ 现任国务院总理李克强对农村发展形势作出的这种新研判值得每一个学人认真思索和努力。如何构建科学的"农业治理体系"和提升"农业治理能力"，将成为推进国家治理体系和治理能力现代化进程中的一项重要而紧迫的研究课题。

---

❶ 李克强. 发展现代农业要靠改革 牢记尊重基层首创［OL］. 中国新闻网，2013 - 11 - 07.

致 谢

很多愿望或设想总是十分美好，但是进入到现实往往是比较艰辛的。可谓"知易行难"。在进入推进中国农业治理体系和治理能力现代化研究这一领域并系统探讨基层农技推广改革创新这一主题之后，笔者发现自己尽管努力前行，有所发现、有所探索，但还是未能很好地达到预期的效果，也时常遇到一些困难或干扰。然而令人高兴的是，在成长和探索的道路上，有幸得到了诸多机构和人士的大力支持和有力指导，才逐渐朝着既定目标不断迈进。于是，才有本书的写作和诞生，拥有一个尽管不够完善，但至少可以与同行交流的"文本"。在本主题的探讨和本书的写作过程中，以下的机构和人士给予了本人前行的"力量"。

首先，真诚感谢我的家人对本人教学科研工作一直以来所给予的充分理解、亲切鼓励和大力支持。否则，我将难以抽空和腾出精力到学校创建的试验示范站开展调研、查阅资料、进行访谈和予以思考。家是温暖的港湾，家人的支持是我前进的动力源泉。今后我将认真处理好工作与家庭之间的关系。

其次，十分感谢西北农林科技大学科技推广处、党委校长办公室、档案馆等部门对本书资料收集等工作的鼎力支持。特别要感谢校长秘书李万强先生、推广处基地科科长张正新先生、校档案馆馆长王文慧女士等人所给予的热情帮助。

再次，非常感谢人文与社会发展学院的各位领导和老师对本人科学研究等工作的关心、信任、指导和帮助。特别是付少平院长、王亚平书记、朱宏斌副院长、王有强副院长、罗建峰副书记等领导在不同方面都对我予以"成长的正能量"。同时，还要感谢"2011 计划"农村改革发展协同创新中心、西北农林科技大学农村社会研究中心、西北农林科技大学资源经济与环境管理研究中心等平台所给予的广阔"舞台"，感谢这些单位诸多前辈的指导以及各位同事

231

的关心，特别要感谢付少平教授、姚顺波教授和邓大才教授。

第四，特别感谢导师党国英研究员对本人的鼓励、提携、支持和帮助。能够师从中国社会科学院农村发展所宏观经济室主任、著名农村问题研究专家党国英先生攻读博士学位，是我一生的荣幸和自豪；非常感谢党老师对学生的接纳、指导、宽容和提携，尽管学生很少到北京与恩师一起探讨学术、认识社会，但是他依然给学生不少的指点并带来深刻的积极影响。党老师学富五车，兢兢业业，他的睿智、诚恳，他的为人、为学都深深地激励着我成长。学生将努力前行，力争不辜负先生的期望。非常感谢党老师在百忙之中抽空为拙著作序，序言本身就是中国基层农技推广改革之路的精彩之作。

第五，真诚感谢我所在的公共管理系各位同事的理解、指导和帮助。一直以来，本人都认为很荣幸能够成为西北农林科技大学公共管理系这个充满凝聚力、富有活力和充满创造力的团队的一员。年轻的我们一定会在不久的将来，促使学校的公共管理学科迅猛发展。十分感谢杨学军主任、苏燕平老师的带领和支持，感谢王倩、王华、运娟、王兵、樊凡、赵丹、戴谨、利鸽等同龄人的鼓励和关心。感谢各位党员老师的信任并推选我当教工党支部书记。

最后，最想感谢的是西北农林科技大学原校长孙武学教授对本人的大力提携、鼎力支持和亲切指导。孙校长是我人生中遇到的"贵人"，先生对我的指点和抬爱是全方位的、永生难忘的，对我的帮助也是无私的、真诚的，这些都是学生难以报答的。本人以为，只有牢记他的教导不断前行，取得优异成绩才能对得起他的栽培和期盼。衷心祝愿为"农林科大模式"探索做出不懈努力和杰出贡献的孙武学老校长身体安康、幸福快乐！

2014年是"农林科大模式"值得纪念的一个年份，因为从它真正在三秦大地"扎根"时计算，走过了十年的时光，并且在实践中呈现出蓬勃的发展态势，基本具有了"星星之火可以燎原"的重要特征。实践已经证明并将继续证明：以区域创新发展和新农村建设的实际需求为导向，以机制体制改革和推广服务模式创新为重点，这些创新性做法将有利于发挥现代大学人才培养、科学研究、社会服务和文化传承创新的多功能优势，更好地服务区域社会主义新农村发展，更好地为"美丽中国"建设添砖加瓦！因此，我要将本书献给为这一模式成长付出努力、给予关心的所有单位和人士，感谢你们对它的呵护、对它的帮助，使它茁长成长。相信在不久的将来，它的作用将进一步凸显，地位也将得到提升，影响将会不断扩展。

　　在中国，以大学为依托的基层农技推广服务模式是一个新生事物并且还在成长之中，对它的研究也就难免"挂一漏万"、有失偏颇。与此同时，由于本人才疏学浅、能力有限，拙著还存在很多不足之处。本人以为，这些有待今后继续探索、不断完善和持续提升，尤其是要更多地援借多学科的视角、多元化的方法和更为广阔的研究视野。在此恳请和欢迎各位读者朋友给予批评、指正，真诚希望与各位同仁共同探讨中国基层多元化农技推广重要力量之一的大学主导型农技推广服务新模式，为推进农业治理体系和"农业治理"能力现代化以及实现中华民族伟大复兴的"中国梦"而一起努力！

何得桂

二〇一三年十二月二十六日于杨凌